其重役所々ニ至リ地ニ海ガ岸人実業派会
中、故書ヘシ、my-之越リ収会ニ、由出
方……付剛紙全聯合會規則ヲ血印而來
除ニ禹衆考ル:貼ニ中建術故果

漢口ニ本人実業協公
天津ニ本人南工会議公
大連南京商会議ヲ
北京実業会
青島実業協会
安東南業会議会
……商業会議会

费 驰◎著

近代在华日本商业会议所对中国的调查

社会科学文献出版社
SOCIAL SCIENCES ACADEMIC PRESS (CHINA)

本书为国家社会科学基金项目"近代日本商业会议所在华调查资料整理与研究"（项目号：18BZS089）成果

目　录

导　论 ……………………………………………………………… 1

第一章　日本商业会议所在近代中国的设立与变迁 ……………… 15
　第一节　近代中日建交与日本对华经济扩张 …………………… 15
　第二节　在华日本商业会议所的创办、扩展
　　　　　与改组、合并 ………………………………………… 26

第二章　在华日本商业会议所的组织系统 ………………………… 49
　第一节　在华日本商业会议所的本体系统 ……………………… 49
　第二节　跨区域日本商业会议所的组织系统 ………………… 60

第三章　在华日本商业会议所对中国调查的机构、方式、
　　　　资金来源与出版物 ………………………………………… 92
　第一节　调查机构 ………………………………………………… 92
　第二节　调查方式 ………………………………………………… 94
　第三节　调查资金来源 ………………………………………… 101
　第四节　出版物 ………………………………………………… 112

第四章　在华日本商业会议所对中国调查内容 ………………… 123
　第一节　上海日本商业会议所的主要调查活动 ……………… 124

第二节 安东日本商业会议所对鸭绿江流域的调查⋯⋯ 138

第三节 北京日本商工会议所的调查活动⋯⋯⋯⋯⋯ 155

第四节 台北日本商工会议所的调查活动⋯⋯⋯⋯⋯ 172

第五章 在华日本商业会议所与日本的对华政策⋯⋯⋯⋯⋯⋯ 187

第一节 在华日本商业会议所与"山东问题"⋯⋯⋯ 187

第二节 在华日本商业会议所与九一八事变⋯⋯⋯⋯ 199

第三节 在华日本商业会议所与经济统制政策⋯⋯⋯ 217

结 语⋯⋯⋯⋯⋯⋯⋯⋯⋯⋯⋯⋯⋯⋯⋯⋯⋯⋯⋯⋯⋯ 225

附 录⋯⋯⋯⋯⋯⋯⋯⋯⋯⋯⋯⋯⋯⋯⋯⋯⋯⋯⋯⋯⋯ 234

参考文献⋯⋯⋯⋯⋯⋯⋯⋯⋯⋯⋯⋯⋯⋯⋯⋯⋯⋯⋯⋯ 266

导　论

　　本书以近代在华日本商业会议所及其对中国的调查活动为主要研究对象，力图揭示该经济团体在日本制定对华政策中的"隐秘"作用。在此，拟对日本商业会议所的起源与发展、对华调查的缘起、史学界的相关研究状况等，做一简要说明。

一　日本商业会议所的起源与发展

　　商业会议所（chamber of commerce）是在西方资本主义兴起过程中，由一定区域内的商工业精英组成的，以反映商工业者诉求及维护商工业者利益为成立宗旨的社会经济团体。商业会议所一般由行会发展而来，通常被定义为"一些为达到共同目标而自愿组织起来的同行或商人的团体"，[①] 具有非营利性、中介性和民间性等特点。商业会议所主要为商工业经营者提供经济情报，同时充当政府与商工业者之间的桥梁，即政府制定的有关经济方面之政策法规通过商业会议所下达给商工业者，商工业者的建议与要求又通过商业会议所上传给政府。

　　世界上最早的商业会议所出现于 1599 年的法国马赛，该机构在

---

① 〔美〕道格拉斯·格林沃尔德主编，李滔等主编译《经济学百科全书》，中国社会科学出版社，1992，第 452 页。

1650 年获政府颁发的特许状，从而得到官方的正式认可。继法国之后，其他欧美国家也陆续成立商业会议所。

产生于明治维新时期的商业会议所是日本历史悠久的经济团体。明治维新以后，日本政府大量引进欧洲先进的生产技术和管理方法，商工业经济得到飞速发展，企业也急剧增加，与此同时，日本旧有封建垄断性质的行会却渐渐无法适应资本主义近代化时代的需要。19 世纪 70 年代，明治政府试图与欧美国家修订条约，需要建立居间沟通官民交涉的民间工商业者和实业家团体，日本政府便开始鼓励设立由传统的町商业会议所制度与国外的商业会议所制度相结合的"商法会议所"。① 1878 年 3 月，大藏卿大隈重信与内务卿伊藤博文授意时任日本第一国立银行总裁的涩泽荣一出面组建东京商法会议所。同年，大阪商法会议所和神户商法会议所也宣告成立。之后，日本全国主要城市都建立了类似组织。但由于地域或经济状况的差别，一些商法会议所的活动颇不活跃，甚至处于休眠状态。故日本当局与商法会议所的主要人物认为，仿照法国，由政府赋予商法会议所"公法性机关"的地位，以工商业者代表机关与政府咨询机关双重身份参与国家各项经济活动之模式，更符合日本传统和经济制度。于是，1890 年 9 月 12 日，日本政府参照欧美国家的相关制度颁布了《日本商业会议所条例》，② 该条例规定商业会议所成员的资格为依法设立而纳税的商行、工厂作坊、交易所、矿场、各种公司的业主或经营者，将日本所有的工商业者都包括在成员范围之内。1902 年 7 月，日本政府正式颁布实施《商业会议所法》。③ 这样，日本

---

① 麦丽臣：《浅谈日本商工会议所的地位及其作用》，《日本研究》1988 年第 4 期。

② 農商務大臣岩村通俊等「商業會議所條例」『公文類聚・第十四編・明治二十三年・第七十八巻・民業七坑業附・商事五/商業會議所条例ヲ定ム』、1890 年、JACAR（アジア歴史資料センター）、Ref. A15112182300（国立公文書館）。

③ 内閣總理大臣子爵桂太郎等「商業會議所法案」『公文類聚・第二十六編・明治三十五年・第十五巻・産業一・農事・商事/商業會議所法ヲ定ム』、1902 年、JACAR（アジア歴史資料センター）、Ref. A15113439300（国立公文書館）。后于 1910 年及 1916 年做过两次修改。

原有的商法会议所、商工会等组织一并改组为商业会议所。在明治政府的推动下，东京、大阪、名古屋、神户、长崎、函馆、横滨、京都等主要城市均设有商业会议所并逐渐林立于日本其他中小城市。① 20 世纪 20 年代末期，日本国内工业高度发达，但与之不匹配的是，"工业法"始终没有取得法律地位。于是，为适应工业经济高质量发展的需要，在《商业会议所法》的基础上，日本政府修改并增加条款，于 1927 年 4 月颁布了《商工会议所法》（详见附录一），②据此，日本国内外的商业会议所改称为商工会议所。1943 年，受第二次世界大战时期日本国内经济统制政策的影响，商工会议所被改组为商工经济会，③ 二战结束后，又恢复商工会议所的称呼，直至今日。

随着日本对外活动范围的不断扩大，日本在中国、朝鲜、东南亚、北美等地也仿照日本国内相关制度陆续建立了商业会议所。日本商业会议所的总部设在东京，广布于日本国内外的其他商业会议所均为分支机构。

二　日本商业会议所与对华调查

近代以来，出于政治、经济、军事及"学术考察"等目的，日本的一些组织与个人在中国各地从事形形色色的调查活动，并留下了浩瀚

---

① 参见王力《政府情报与近代日本对华经济扩张》，中国人民大学出版社，2013，第 94—98 页。

② 裕仁「商工會議所法」『御署名原本・昭和二年・法律第四九号・商工会議所法制定 商業会議所法廃止（勅令第二百七十四号参看）』，1927 年、JACAR（アジア歴史資料センター）、Ref. A03021636400（国立公文書館）。

③ 由可见的相关法令来看，商法会议所、商业会议所、商工会议所、商工公会、商工经济会都是与日本商业会议所相关联的不同时期的名称，为方便起见，本书标题统称为"商业会议所"，但行文时仍以不同阶段的称呼为是。

庞杂的调查资料。日本商业会议所就是披着"合法"外衣对中国进行调查的重要经济组织。

明治时期，日本农商务省和国内商业会议所建立了依托外务省所属驻外领事馆和独立开展调查活动两条情报收集途径，[①] 逐渐形成以外务省和农商务省为核心、以驻外领事馆为中心的官民一体化的经济情报网络。多渠道搜集来的情报，通过汇编整理后，通达地方自治体和各商业会议所，再由各自治体和商业会议所转达至一般商工业者和农民，为国内各部门和基层生产者免费提供海外各类经济信息，推动国内经济和对外贸易发展。日本国内商业会议所参加了对华调查活动，[②] 而在华日本商业会议所从成立之初便开启了对中国的各项调查。

按照在华日本商业会议所的规则，商业会议所的主要活动包括商工情况通报、贸易中介、纠纷调停、证明鉴定、商工业调查及编纂、贸易统计、政策建议以及各类咨询服务等。[③] 对中国各类商工业的调查是在华日本商业会议所最重要的日常活动，还包括对当时发生的重大政治、经济等事件的调查。在华日本商业会议所的中国调查活动具有持续时间长、涉及地域广、参与人员多、调查内容多样、调查资料数量巨大等特点。其中，除了秘密上报给日本军政机关的调查资料，日本商工业者可以共享调查资料，为日本国内外工商业的发展提供助力。

---

① 王力:《政府情报与近代日本对华经济扩张》，第30页。

② 近代参与对华调查的日本国内商业会议所主要有函馆、东京、横滨、名古屋、京都、大阪、神户、长崎商业会议所。除函馆、长崎商业会议所外，其他六个均处于各城市经济中心位置，在日本商业会议所联合会中发挥着核心作用。而函馆、长崎两地与中国通商贸易的历史较长，也存在大量华侨经济。

③ 奉天商業會議所「奉天商業會議所定款」『本邦商業会議所関係雑件/在支ノ部/1.奉天商業會議所』、1907 年、JACAR（アジア歴史資料センター）、Ref. B10074314500（外務省外交史料館）。

三　相关研究状况

（一）国外相关研究

从相关成果发表时间看，对日本商业会议所及其在华调查研究始于20世纪80年代，日本学者为始耕耘者且始终为该领域研究之主力，以日本学者为研究主体的日本商业会议所及其对华调查资料研究大致分为如下两个阶段。

第一阶段，20世纪80—90年代，相关研究的起步阶段。

日本学者首先关注并逐渐形成研究群体，这表现为成立了"在外经济团体史研究会"，并整理出版了共同研究成果。

20世纪80年代，部分日本殖民地史研究者开始思考在国外的日本人经济、社会、社会团体等问题，其先行者为间宫国夫，他以1910年代大连商业会议所会员构成为个案，探讨日本在殖民统治地区的商业会议所活动。① 随后，山村睦夫②和村井幸惠③分别对九一八事变和华北事变中的上海日本商工会议所进行初步探讨。

"在外经济团体史研究会"的成立。1990年，在日本历史学研究大会近代史部会上，木村健二发表了题为《近代日本的移民、殖民活动及其中间阶层》的报告。以此为契机，关于亚洲各地域的日本经济

---

① 間宮国夫「日本資本主義と植民地商業会議所——1910年代の大連商業会議所会員構成を中心として」早稲田大学社会科学研究所編『日本の近代化とアジア』早稲田大学社会科学研究所研究シリーズ、第16号、1983年。

② 山村睦夫「満州事変期における上海在留日本資本と排日運動——上海日本商工会議所を中心に」『和光経済』第20巻第2—3号、1988年。作者以上海日本商工会議所为中心，讨论20世纪20年代后半期日本军事力量侵入中国过程中日本资本的应对，同时揭示上海日本居留民社会的特点。

③ 村井幸惠「上海事変と日本人商工業者」近代日本研究会編『政党内閣の成立と崩壊』山川出版社、1984年。

团体的共同研究逐渐活跃起来。1990 年 9 月，木村健二、柳泽游、山村睦夫、波形昭一四人就组织"在外经济团体史研究会"之事进行商谈，之后又号召小林英夫、幸野保典、桥谷弘、须永德武、堀本尚彦、今泉裕美子等人加入进来。该研究会在日本企业在亚洲的扩张史以及在外日本人史等领域取得了显著的研究成果。1991 年 8 月，由于饭岛涉、塚濑进两人的加入，该会的研究地域进一步扩大，研究视角也更加丰富，即逐渐由中国经济史研究转向积极关注日本的商工会议所史的研究。从 1990 年 10 月到 1993 年夏，该研究会共召开了 24 次讨论会。起初对日本国内既存的有关商业会议所研究进行了梳理，之后对在外经济团体的个别报告进行了分析。在此期间，幸野保典编写了在外经济团体相关文献资料的目录，从而能够方便会员间相互交换和利用这些文献资料。

1997 年，"在外经济团体史研究会"整理出版了具有引领性的共同研究成果，即波形昭一编著的《近代亚洲日本经济团体》①，该书意图探明在亚洲建立的日本经济团体在国家近代化中的历史作用。该书认为，日本在外经济团体往往是配合日本政府的国策而成立，其成员也多与日本政府关系紧密，日本政府对这些经济团体除了补助部分资金外，还提供情报支持。在遭遇如抵制日货等事件时，常会出现日本政府与日本商人紧密结合的状况。同时，日本政府与日本商人、同一商业会议所内的日本商人、不同地区的商业会议所之间也各自有其明确的利益诉求及主张。该书分别对以下地区进行了研究。（1）殖民统治-委任统治地域：台湾（波形昭一《台湾经济团体的形成及商业会议所设立问题》② ）、朝鲜（木村健二《朝鲜商业会议所联合会的决议事项》③ ）和塞班岛（今泉裕

---

① 波形昭一编著『近代アジアの日本人経済団体』同文館出版、1997 年。
② 波形昭一「台湾における経済団体の形成と商業会議所設立問題」波形昭一編著『近代アジアの日本人経済団体』、17—38 頁。文章以商业会议所的设立为主线，探讨了台湾被日本殖民统治的过程中日本经济团体的萌芽、建立过程及原因等。
③ 木村健二「朝鮮における商業会議所連合会の決議事項」波形昭一編著『近代アジアの日本人経済団体』、39—64 頁。

美子《在塞班岛的南洋兴发株式会社与社会团体》①）。（2）中国的东北
（塚瀬进《奉天的日本商人与奉天商业会议所》②、柳泽游《"满洲"商业
会议所联合会的活动》③）、天津（幸野保典《天津居留民团的低利资金请
愿运动》④）、上海（山村睦夫《上海日本人实业协会与居留民社会》⑤）
及香港（饭岛涉《香港—日本关系下的香港日本商工会议所》⑥）；
（3）东南亚（桥谷弘《东南亚的日本人会和日本商业会议所》⑦）及
新加坡（堀本尚彦《新加坡的华人抗日运动及日本经济团体》⑧）、泰国
（小林英夫《泰国的日本社会经济团体的活动》⑨）。另外，须永德武

---

①　今泉裕美子「サイパン島における南洋興発株式会社と社会団体」波形昭一編著
　　『近代アジアの日本人経済団体』、65—88頁。
②　塚瀬進「奉天における日本商人と奉天商業会議所」波形昭一編著『近代アジアの
　　日本人経済団体』、115—132頁。文章首先对奉天城及日本商人的情况进行了划分，
　　然后详细探讨了奉天日本商业会议所的成员构成类型、组织构成及商业会议所的请
　　愿运动，并对商业会议所要求改革币制、取消张作霖政权"非法征税"的请愿运动
　　进行了分析介绍。
③　柳沢遊「『満州』における商業会議所連合会の活動」波形昭一編著『近代アジア
　　の日本人経済団体』、91—114頁。柳泽游利用朝鲜、"满洲"商业会议所的相关档
　　案文书，分析了"满鲜一体化"政策下"满鲜"商业会议所联合会的成立及中国东
　　北各地商业会议所的分歧和共同利益。
④　幸野保典「天津居留民団の低利資金請願運動」波形昭一編著『近代アジアの日本人
　　経済団体』、133—158頁。该文以20世纪20年代末30年代初的天津居留民会员的构
　　成、存在意义、行政组织等为研究对象，考察了天津居留民团的低利资金请愿运动。
⑤　山村睦夫「上海日本人実業協会と居留民社会」波形昭一編著『近代アジアの日本
　　人経済団体』、159—186頁。文章对上海日本商业会议所的前身——上海日本人实业
　　协会和上海居留民会的构成及活动进行了梳理介绍，明确指出上海日本人实业协会
　　与日本政府间的紧密关系。
⑥　飯島渉「香港—日本関係のなかの香港日本商工会議所」波形昭一編著『近代アジ
　　アの日本人経済団体』、187—212頁。文章以香港日本人的经济活动和香港日本商工
　　会议所为考察对象，从经济上揭示香港与日本关系的特征，并以此为前提，探讨香
　　港日本商工会议所的构成与活动及其在战争中的作用等内容。
⑦　橋谷弘「東南アジアにおける日本人会と日本人商業会議所」波形昭一編著『近代
　　アジアの日本人経済団体』、215—236頁。
⑧　堀本尚彦「シンガポールの華人抗日運動と日本側経済団体」波形昭一編著『近代
　　アジアの日本人経済団体』、237—256頁。
⑨　小林英夫「タイにおける日本人社会経済団体の活動」波形昭一編著『近代アジア
　　の日本人経済団体』、257—278頁。

（《商业会议所的亚洲经济情报网络》）则论述了日本国内外商业会议所情报接收路径和流通系统及与外务省、农商务省的交换机制等。①

另外，有日本学者将商业会议所作为连接企业和市场的中间组织，其中比较有代表性的是松本贵典。他认为商业会议所主要承担以下四方面的职能：一是情报中心，商业会议所通过成员之间交换情报信息，开展情报信息收集活动；二是统一协调不同行业间会员组织之意志目的；三是作为地区利益的代言人，积极推动执行各项既定政策；四是作为压力团体，以提出建议、请愿等方式发表政治主张。②

与此同时，有关日本商业会议所对华调查资料的整理也取得了初步的成果，主要是饭岛涉的《关于商业会议所资料——商业会议所资料的利用与中国近代史研究》《战前日本商业会议所（中国）及国内主要商业会议所中国相关出版物目录（稿）》等。③

---

① 须永德武「商業会議所のアジア経済情報ネットワーク」波形昭一編著『近代アジアの日本人経済団体』、281—304頁。他的相关成果集中体现在『近代アジアの日本人経済ネットワークの形成過程』(立教大学、2005年)一书中，主要探讨近代日本商业会议所构筑的亚洲经济情报网等内容。

② 参见松本贵典編『戦前期日本の貿易と組織間関係：情報・調整・協調』新評論、1996年。

③ 详见饭岛涉「『商業会議所資料』について——『商業会議所資料』の活用と中国近代史研究」『中国近代史研究』第7集、1992年；饭岛涉「戦前期日本人商業会議所(中国)及び国内主要商業会議所中国関係出版物目録(稿)」『参考書誌研究』第42号、1992年11月。饭岛涉整理的目录是按照在外（中国）和国内（日本）的顺序整理。主要是对当时已经搜集到的在中国的日本商业会议所出版物目录进行整理，但延吉商工公会、基隆商工会议所、佳木斯商工公会、台中商工会议所、台南商工会议所、台湾商工会议所、图们江商工公会以及滨江商工公会的出版物尚未得到确认。同时，饭岛涉对东京、横滨、名古屋、京都、大阪、神户、长崎等国内商业会议所内与中国有关的出版物目录也进行了整理。但仅仅是初步整理了商业会议所对华调查资料中部分出版物目录，而各商业会议所的月报等定期刊物，及数量更多的内部资料都没有得到整理。同时，饭岛涉对如何利用已经掌握的相关资料展开中国近代史研究的可能性提出自己的观点。他认为，第一，作为资料性课题，在中国的日本商业会议所的文书资料值得注意；第二，利用商业会议所资料，能够考察中国近代经济、社会实际情况的一面；第三，从政治史的角度进行分析也十分必要；第四，关于人物研究的问题。总之，正式、系统地利用商业会议所资料对今后中日关系史的研究也有推动作用。

第二阶段，21 世纪初至今，日本商业会议所及其对华调查资料研究的推进阶段。

由于进一步展开了对华调查资料的整理工作，日本学者也能够大量运用各商业会议所编纂的月报、事务报告等刊物，同时又参考满铁资料，使相关研究得到了拓展和深化。

日本学者又经过将近十年的积累，2004 年，"在外经济团体史研究会"的柳泽游、木村健二编著出版了共同研究成果《战时亚洲的日本经济团体》。① 该书从比较史的视角考察了 20 世纪 30 年代后半期至 40 年代前半期日本对外侵略之际，在亚洲建立的日本经济团体之机构改革及其对日本经济扩张与国家政策推行的作用。该书从人员构成、职能及地位变化等角度考察了台北日本商工会议所、大连日本商工会议所、奉天商工公会、上海日本商工会议所等在华日本经济团体的变迁。幸野保典在《华北经济扩张与天津日本商工会议所的机构改革》一文中认为，在日本经济统制施行过程中，天津日本商工会议所进行规则修订与机构改革后，其官方附属团体色彩得以加强，逐渐沦为领事馆与华北联络部管理华北地区经济的委托机构。② 在上海日本总领事馆的指令下，上海日本商工会议所也进行了规则修订，其主旨同样是赋予当地商业会议所对经济事务的全面控制权，以加强总领事馆自身对经济领域的指导能力。结果如山村睦夫所说，上海日本商工会议所成为完全受总领事馆支配的"上意下达、协助国策"的机构。③ 另外，须永德武④、

① 柳沢遊・木村健二編著『戰時下アジアの日本経済団体』日本経済評論社、2004 年。
② 幸野保典「華北経済の膨脹と天津日本商工会議所の機構改革」柳沢遊・木村健二編著『戰時下アジアの日本経済団体』、207—254 頁。文章从天津日本商工会议所成员构成、职能变化以及日本外务省、总领事馆对天津日本商工会议所的态度与控制情况等方面，分析天津日本商工会议所在日本占领华北地区过程中承担的角色。
③ 山村睦夫「日本占領下の上海日本商工会議所」柳沢遊・木村健二編著『戰時下アジアの日本経済団体』、255—290 頁。文章主要讨论九・一八事变后在日本逐步加强战时经济统制的政策下，上海日本商工会议所的主要活动。
④ 須永徳武「商工会議所の機構改革と商工経済会の活動」柳沢遊・木村健二編著『戰時下アジアの日本経済団体』、11—52 頁。

柳泽游①、塚濑进②、波形昭一③、木村健二④、今泉裕美子⑤也分别讨论了中国东北、中国台湾、朝鲜、东南亚等地日本商工会议所的制度变迁及活动情况。

此外，西村成雄在《中国东北地区废厘·新设营业税政策与日本奉天商工会议所——九一八事变前夜日中经济关系的一个侧面》一文中讨论了奉天日本商工会议所面对国民政府在东北废厘改征营业税的反应及影响。⑥

（二）国内相关研究

从目前笔者可见到的研究成果来看，中国学界最早的相关探讨是陆伟的《日本在沪资产阶级与一二八事变——九一八事变前后的上海商工会议所》⑦，文章主要对上海日本商工会议所九一八事变前后的经济状况、政治态度和它对中日关系的影响进行了研究，探讨了"一·二

---

① 柳沢遊「大連商工会議所から関東州経済会へ」柳沢遊・木村健二編著『戦時下アジアの日本経済団体』、135—174 頁。柳泽游对大连日本商工会议所的主要研究成果集中体现在该文及『日本人の植民地経験：大連日本人商工業者の歴史』（青木書店、1999 年）等论著中。柳泽游系统地梳理了大连日本人实业会、大连日本商业会议所、大连日本商工会议所、关东州经济会四个阶段的发展情况。

② 塚瀬進「奉天商工公会の設立とその活動」柳沢遊・木村健二編著『戦時下アジアの日本経済団体』、175—206 頁。

③ 波形昭一「台北商工会議所の設立と展開過程」柳沢遊・木村健二編著『戦時下アジアの日本経済団体』、53—94 頁。作者以台北日本商工会议所为中心，考察了台湾日本商工会议所的成立和主要活动等。

④ 木村健二「朝鮮における経済統制の進行と経済団体」柳沢遊・木村健二編著『戦時下アジアの日本経済団体』、95—134 頁。

⑤ 今泉裕美子「南洋群島経済の戦時化と南洋興発株式会社」柳沢遊・木村健二編著『戦時下アジアの日本経済団体』、299—328 頁。

⑥ 参考〔日〕西村成雄《中国东北地区废厘·新设营业税政策与日本奉天商工会议所——九一八事变前夜日中经济关系的一个侧面》，中国社会科学院近代史研究所编《第三届近代中国与世界国际学术研讨会论文集》第 4 卷，社会科学文献出版社，2015，第 1856—1872 页。

⑦ 参见陆伟《日本在沪资产阶级与一二八事变——九一八事变前后的上海商工会议所》，《上海党史与党建》1997 年第 4 期。

八”事变爆发的原因。文章认为在沪日本资产阶级是“一·二八”事变发动的决定性内在因素之一。

王力所著《政府情报与近代日本对华经济扩张》一书第四章对日本国内外商业会议所的分布、机构设置、主要活动进行了比较全面的梳理，并从“经济情报学”角度分析了日本在华商业会议所在日本对中国侵略过程中的重要作用。该书认为从日本在外商业会议所的设立、管理和运作模式来看，其具有受政府指导的“半官半民”性质。

张传宇的《广东日本商工会议所的制度创设与人事构成探析》一文，从“抗战史”的视角对广东日本商工会议所进行了考察。文章以《广东日本商工会议所章程》和之后的两次商工会议所改组为线索，勾勒出广东日本商工会议所的基本结构，以及自1937年创建到太平洋战争期间广东日本商工会议所与日本政府的关系。[①] 另外，张传宇还在《抗战与华南日本经济团体的蜕变》中对广东日本商工会议所1940年重设后的财务状况及从事事务进行了分析，认为广东日本商工会议所虽然在1940年重设后实现了财务自立，但在会务上受制于殖民当局。[②]

费驰的《“在华日本人商业会议所联合会”相关“山东问题”的“极密”议案研究》《近代在华日本商业会议所对中国经济调查研究》主要依据日文档案资料，对在华日本商业会议所及联合会的成立、对中国调查内容及对日本制定对华政策的影响等进行研究，据此揭示出，近代日本商业会议所是以“民间经济团体”的“合法”身份，在保护日本商人权益的同时，为日本“国家利益”服务。[③]

王耀振《在华日本商业会议所对抵制日货运动的因应（1915—1923）》认为，在华日本商业会议所是日本应对1915—1923年中国发生

① 参见张传宇《广东日本商工会议所的制度创设与人事构成探析》，《抗日战争研究》2016年第4期。
② 张传宇：《抗战与华南日本经济团体的蜕变》，《暨南学报》2018年第4期。
③ 参见费驰《“在华日本人商业会议所联合会”相关“山东问题”的“极密”议案研究》，《东北师大学报》2019年第5期；费驰、孟二壮：《近代在华日本商业会议所对中国经济调查研究》，《史学集刊》2022年第4期。

三次抵制日货运动的主要力量。在华日本商业会议所在面对抵制日货运动时，一面极力维护自身利益，一面在客观上积极配合日本对华经济扩张，其与日本政府亦步亦趋，成为消解中国抵制日货运动的重要因素。①

韩笑介绍了大连日本商业会议所在大连日本人实业会、商业会议所、商工会议所三个发展阶段的人员构成及组织机构概况，并对该组织向日本行政官厅提供咨询及情报调查与收集活动进行了分析；② 卢仕豪对奉天日本商业会议所的成立、演变及主要调查活动进行了研究；③ 任润元考察了近代齐齐哈尔地区日本经济团体的演变、组织结构及主要活动；④ 孟二壮对近代中国东北日本商业会议所的建立、演变、性质、调查活动等内容进行了探讨。⑤ 上述博硕士学位论文均推动了在华日本商业会议所研究的深入。

除了以上专题研究外，张传宇的《沦陷时期广州日本居留民研究》⑥、万鲁建的《近代天津日本侨民研究》⑦、陈传平的《济南的日本侨民及其政治活动（1903—1945）初探》⑧ 等文章，在探讨其论文主旨的同时，对近代广州、天津、济南的日本商业会议所均有分析介绍。另外，涂文学主编的《沦陷时期武汉的经济与市政》中有一章为"日本商工商业会议所调查武汉工业概况"，根据武汉日本商业会议所的调查资料，分析了当时武汉的工业状况。⑨ 郭铁桩、关捷主编的

① 王耀振：《在华日本商业会议所对抵制日货运动的因应（1915—1923）》，《日本侵华南京大屠杀研究》2021年第4期。
② 韩笑：《近代大连日本商业会议所研究》，硕士学位论文，东北师范大学，2019年。
③ 卢仕豪：《奉天日本商业会议所研究》，硕士学位论文，东北师范大学，2020年。
④ 任润元：《伪满时期齐齐哈尔日本人经济团体研究》，硕士学位论文，东北师范大学，2021年。
⑤ 孟二壮：《近代中国东北地区日本商业会议所研究》，博士学位论文，东北师范大学，2021年。
⑥ 张传宇：《沦陷时期广州日本居留民研究》，《抗日战争研究》2014年第2期。
⑦ 万鲁建：《近代天津日本侨民研究》，博士学位论文，南开大学，2010年。
⑧ 陈传平：《济南的日本侨民及其政治活动（1903—1945）初探》，硕士学位论文，曲阜师范大学，2016年。
⑨ 参见涂文学主编《沦陷时期武汉的经济与市政》，武汉出版社，2007。

《日本殖民统治大连四十年史》一书对大连的日本商工会议所进行了简要介绍。①

综上可见，日本学者首先发起对在华日本商业会议所的研究，他们推动成立"在外经济团体史研究会"，并逐渐形成以波形昭一、木村健二、柳泽游、须永德武、山村睦夫、幸野保典、塚濑进、饭岛涉等为主的研究群体，集中出版了《近代亚洲日本经济团体》《战时亚洲的日本经济团体》这些标志性研究成果。上述成果基本勾勒出包括中国在内的近代亚洲各地日本经济团体的状况。关注的问题也比较集中，主要包括：日本对外扩张政策的展开以及在殖民地、占领地等处日本商工团体及经济势力的主要动向；亚洲各在外日本商业会议所的设立过程、成员构成、政治经济活动、亚洲情报网络形成以及最终改组等。总体来看，日本学界对商业会议所的研究已经比较深入。

其中，学界对大连、奉天、天津、上海、广州等在华日本商业会议所的设立过程、成员构成、主要活动以及最终改组等问题进行了梳理，对这些商业会议所的发展脉络有了比较清晰的认识。但由于日本经济团体极其复杂，涉及各地区错综的经济、政治状况与近代亚洲的复杂局势，仍有许多问题值得系统探讨，如关于日本商业会议所对华调查活动的性质及作用等揭示不多，对北京日本商工会议所等其他重要城市的经济团体、中日商会间的关系等问题几乎没有给予关注。

此外，相关资料挖掘整理滞后，缺乏对商业会议所资料系统性的研究与利用。截至目前，主要是日本学者饭岛涉整理了在华及日本国内商业会议所部分出版物目录，而诸如各商业会议所的月报、统计年报、所报、事务报告等数量巨大的定期、不定期出版物，及数量更多的内部资料至今都没有得到系统整理。同时，从商业会议所资料的运用情况而言，上述资料群已经逐渐被运用到实际研究中，但与满铁、东亚同文书院等的调查资料相比，商业会议所资料群并未得到系统的整理、翻译、

① 郭铁桩、关捷主编《日本殖民统治大连四十年史》，社会科学文献出版社，2008。

研究与利用。

有日本学者认为，满铁与东亚同文书院及日本商业会议所的对华调查资料是研究近代中国社会经济史的重要资料群。① 目前，学界对前两者的研究已成绩斐然，但对日本商业会议所的在华调查却关注寥寥。从日本政府解密的档案资料及商业会议所出版的日文刊物内容可以看出，在华日本商业会议所收集的巨量资料及据此提出的诸多建议，在为日本商工业者及企业提供经济情报，助力日本经贸发展从而在"商战"中打败对手的同时，一些标注为"密"、"机密"或"极密"的对华调查资料秘密上报给日本政府与军部后，为日本制定对华政策提供了重要参考依据。因而，研究日本商业会议所及其对华调查，可以拓展日本对华调查史研究的广度与深度，并进一步推动中国近代社会经济史研究。

---

① 飯島渉「戦前期日本人商業会議所（中国）及び国内主要商業会議所中国関係出版物目録（稿）」『参考書誌研究』第 42 号、1992 年 11 月；アジア経済研究所『在外日本人経済団体刊行物目録』アジア経済研究所、1997 年。

第一章

日本商业会议所在近代中国的
设立与变迁

近代商会组织起源于西方，类同于商会的日本商业会议所也是仿效西方而建立起来的。明治维新以后，由于日本商工业经济的飞速发展及对外扩张的需要，日本国内外逐步建立起诸多经济团体。日俄战争后，随着日本对华侵略政策的持续推进，及日本商工业者在华经济实力的逐步增强，1907 年 2 月 2 日，根据日本驻华总领事馆令第 12 号，奉天首设日本商业会议所。① 此后，直至抗战结束，日本人在中国侵略势力所及之处设有 44 个商业（工）会议所。

第一节　近代中日建交与日本对华经济扩张

1871 年《中日修好条规》的签订，使日本人旅居中国具有了近代国际法意义上的依据与保障，日侨在华的合法地位也得以确立。此后，在华日侨人数及在华投资额均迅速增长。随着日本工业化进程的

---

① 奉天商業會議所「奉天商業會議所定款」『本邦商業會議所関係雑件/在支ノ部/1.奉天商業會議所』、1907 年、JACAR（アジア歴史資料センター）、Ref. B100743 14500（外務省外交史料館）。

加快及对华经济活动的全面展开，日本开始逐步推行全面对华经济调查政策。

一 《中日修好条规》的签订与日本人来华

有日本研究者认为，近代日本对外经济扩张的基本模式为：先在商埠地、通商口岸或租借地内设立领事馆，之后在该地区拓展海运、商社、银行等贸易相关企业。[①]

1871年9月13日，中日在天津签订《中日修好条规》及《中日通商章程》，宣告近代中日关系的确立。《中日通商章程》第一款指定了中日通商各口，中国准向日本开放15个港口，即上海、镇江、宁波、九江、汉口镇、天津、牛庄、芝罘、广州、汕头、琼州、福州、厦门、台湾、淡水，而日本仅准通商横滨、箱馆、大阪、神户、新潟、夷港、长崎、筑地8个口岸。该约章同时规定两国商民准在前述议定各口租地营业，并听从本国领事管理。[②]《中日修好条规》签订后，日本按《中日通商章程》所定各口，首先在上海（1872年），继之在福州、厦门、天津、牛庄（实际为营口）等地建立日本领事馆。中日贸易也因此开始有了一定程度的发展，如1873年的中日贸易总额仅4351004海关两，1893年就增至17180043海关两。[③]并且到20世纪以后，日本最终取代19世纪60年代之后一直独占中国国际贸易鳌头的英国，成为中国最大的贸易国。

甲午战后，日本依据《马关条约》、《公立文凭》及《中日会议东三省事宜附约》等约章，取得在中国十余个通商口岸开辟专管租界的权利。开放通商口岸及租界的建立为日本人居留中国大开方便之门。《马关条约》使日本获得在华投资办厂的特权，而1896年中日签订的

---

① 金子文夫『近代日本における対満州投資の研究』近藤出版社、1991年、27頁。
② 王铁崖编《中外旧约章汇编》第1册，三联书店，1957，第320—322页。
③ 杨端六、侯厚培等：《六十五年来中国国际贸易统计》，《国立中央研究院社会科学研究所专刊》第4号，1931年，第105页。

《通商行船条约》使日本获得在华"领事裁判权"、"最惠国待遇"及"协定关税"之特权后，[①] 日商抢占中国市场更获得了便利。凡此种种，在不平等条约及片面特权的护航下，日本商工业者纷纷来中国投资"淘金"，在华日侨及其资产迅速增长。兹以上海为例，1870 年上海仅有 7 个日本人，1880 年为 168 人，1890 年为 386 人，1900 年为 736 人，1905 年更是一下子就增加到 2157 人。[②] 早在 1868 年，日商田代源平在上海开设首家日本商店"田代屋"，售卖陶瓷器，兼营旅馆。上海日本侨民早期的商业活动是以日本人为对象的梳妆用品、陶器、杂物买卖等。1890 年以后，扩展到海产业、药业等多个行业，但都规模小且不稳定。最早在上海开设分店的大公司是三井物产（1877 年）。日俄战争后，大仓组、铃木商店、三菱商事、伊藤忠商事等日本大公司也在上海开设了分店。1910 年以后，日本商社大量进入上海。由于大银行分店的开设、综合商社的进入，上海的日本大型企业的活动基础在金融、原料调配、销路拓宽等方面显著增强。[③] 1913 年，日本人在上海一地就建立了 58 家商行，1918 年达到 1196 家。[④] 东北、上海是日本在华棉纺织业的中心，据雷麦估计，至 1930 年末，日本在华棉纺织业的投资额，总数约为 19565.3 万日元，其中东北地区为 1223.1 万日元，上海为 14400 万日元。[⑤]

在 1905 年日本外务省制定居留民法之前，中国通商口岸及租借地的日本居留民组织了许多自治团体。如 1880 年，在驻上海日本总领事品川忠道的指导下，广业洋行、三菱汽船上海分公司、三井物产上海分公司和津枝洋行等日本商企成立了上海商同会，这是日本人在上海的第一个商业联合组织。为统一管理各地日本居留民组织，1905 年 3 月 7

---

① 王铁崖编《中外旧约章汇编》第 1 册，第 662—666 页。

② 植田捷雄「上海の共同租界と日英の論争」『外交時報』第 746 號、1936 年 1 月 1 日、221 頁。

③ 〔日〕高纲博义、陈祖恩主编《日本侨民在上海（1870—1945）》，上海辞书出版社，2000，第 69 页。

④ 中国国民经济研究所编《日本对沪投资》，商务印书馆，1937，第 10—11 页。

⑤ 〔美〕雷麦：《外人在华投资》，蒋学楷、赵康节译，商务印书馆，1959，第 370—371 页。

日，日本公布实施《居留民团法》，其第一条规定："根据居住在专管居留地、各国居留地、杂居地及其他地区的日本国民的情况，经外务大臣必要的认可或确定地区后，设立由居住在该地区内的日本国民组成的居留民团。居留民团的废除解散、合并或变更到其他地区等事项，皆依靠命令确定之。"① 依据《居留民团法》第一条及此后的外务省相关训示，天津、上海、汉口、青岛等地相继成立日侨居留民团。② 居留民团的成立，促使来华日本商工业者数量迅速增长。随着日本在华商工业的发展，天津、大连、上海等地相继成立了日本经济团体，其中许多团体成为在华日本商业会议所的前身或者母体机构，如 1911 年 11 月，上海日本人实业协会成立，1919 年 12 月与上海日本居留民会一起被改组成上海日本商业会议所。而天津日本商业会议所的前身是设立于 1903 年4 月的天津商谈会，大连日本商业会议所的前身是成立于 1906 年的大连日本人实业会，铁岭日本商业会议所的前身则是成立于 1909 年的铁岭日本人商业组合。③

二　日本对华扩张政策的形成与战略资源调查的缘起

日本对华扩张政策的思想渊源，可追溯至德川幕府末期形成的"海外雄飞论"，代表人物是佐藤信渊。1823 年，佐藤信渊在其著作中提出，"皇国开拓他邦，必由吞并支那始"，并进一步指出，"满洲一得，支那全国之衰微必由此而始。鞑靼既得，则朝鲜、支那次第可图也"。④ 他明确提出了日本欲征服世界，必先征服中国，

---

① 睦仁『御署名原本・明治三十八年・法律第四十一号・居留民団法』、1905 年、JACAR(アジア歴史資料センター)、Ref. A03020618700（国立公文書館）。
② 英修道『中華民國に於ける列國の條約權益』丸善株式會社、1939 年、591—592 頁。
③ 商業會議所聯合会編『日本商業會議所之過去及現在』商業會議所聯合会、1924 年、591—612 頁。
④ 佐藤信淵「混同秘策」大川周明編『佐藤信淵集』誠文堂新光社、1935 年、306、309 頁。

欲征服中国，必先征服东北的"三步走"侵略路线。在此侵略路线基础上，佐藤信渊又设计了详细的对外军事扩张计划。这一系列主张后来受到明治时期著名政治家大久保利通和山县有朋的重视，成为日本"大陆政策"的思想基础和内容蓝本。[1] 随着日本近代化国家体制的确立，以"大陆政策"为核心的日本对外扩张政策也基本形成。

1877—1894 年，日本一度视中国为头号"假想敌国"，并由此制定了诸多对华军事作战及谍报计划。甲午战后，日本的对外扩张政策出现转变，"攻势作战"成为其国防方针的根本。日俄战争后，日本夺取了俄国在中国东北地区的利益，并将维护自身在中国东北的利益视为重中之重，甚至写入国防方针。1907 年的《日本帝国的国防方针》第一条便指出，"扶植在日俄战争中牺牲数万生灵和庞大财产收获的在满洲和朝鲜的利权、拥护正在亚洲南部及太平洋彼岸扩张的民力的发展是毋庸赘言的，使它们进一步扩张是帝国施政的重要方针"。[2] 1918 年，日本参谋本部和海军司令部再次将中国列入"假想敌国"，位居俄、美之后，这当然是为了日本的对外扩张而做的必要准备。

同时，第一次世界大战使日本认识到战争胜败主要取决于国家的综合国力，对资源匮乏的日本来说，确保充足的资源供给是左右战争的关键。小矶国昭（历任关东军参谋长、朝鲜军司令官、首相等职）认为，"利用并消耗中国资源是战时独立经济经营上最必要的"，[3] 提出了使用中国资源弥补，将中国特别是"满蒙"地区作为日本资源供给地的构

---

① 薛子奇、周彦：《海外雄飞论——日本"大陆政策"的思想渊源》，《北方论丛》1997 年第 1 期。

② 陆军省「櫻秘　日本帝国の國防方針」『日本帝国の国防方針　明 40/日本帝国の国防方針』、1907 年、JACAR(アジア歴史資料センター)、Ref. C14061024600 (防衛省防衛研究所)。

③ 防衛研修所戦史室「第 4 章 帝国平時経済策/第 4 節 結言」『帝国国防資源』、1917 年、JACAR(アジア歴史資料センター)、Ref. C12121560400 (防衛省防衛研究所)。

想。1922 年初，日本参谋本部完成了《有关中国资源利用的观察》。报告认为，除了锑外，日本战时重要矿物资源根本无法自给自足，粮食、棉花、牛羊皮毛等也是如此，所以"战时帝国的绝对不足资源只能从中国获得"。[①] 于是，1923 年，日本天皇批准的针对中国的国防方针明确指出，中国"丰富的资源是我经济发展和国防上必不可缺的，因此，我对华政策以亲善互助互荣为旨，以期平时和战时都能确实利用其资源"。[②]

为掠夺中国资源，日本官民利用各种手段对中国资源进行了翔实的调查，获取了大量的经济情报。众所周知，煤炭是发展工业的主要燃料之一，是不可或缺的战备资源。日本经过调查得知，其地下煤炭埋藏量为 79.6 亿吨，1915 年前后日本的产量（统计包括朝鲜、台湾）仅为 2190 万吨，而一旦战争发生，经计算，日本战时所需各种工业用煤炭将增长为平时的 3.3 倍，估计为 2650 万吨，铁道用煤炭约为平时的 1.5 倍，即 290 万吨，船舶用 592 万吨，制盐用 80 万吨，其他用 360 万吨，这样算来，战时缺口为 1782 万吨。[③] 那么，这巨大的缺口如何补齐？自然是中国！因为日本调查后发现，中国资源居世界之冠，但中国工业落后，交通不便，因此开采量极小。当时，首先为东三省年产量为 254 万吨（埋藏量有 5.98 亿吨），其次为山西年产量 250 万吨（储藏量为 1200 亿吨），再次为直隶年产量 220 万吨（埋藏量 4.2 亿吨），又次为山东年产量 100 万吨（储藏量 3.3 亿吨），即使不包括储量非常丰富但具体数据不明的四川省、安徽省、湖南省、湖北省等，所探明的中国地

---

① 参谋本部總務部長岸本鹿太郎「支那資源利用に関する観察予想作戦地域自動車道の研究」『密大日記』、1923 年、JACAR（アジア歴史資料センター）、Ref. C030226 22500（防衛省防衛研究所）。

② 島貫武治「第一次世界大戰以後の国防方針、所要兵力、用兵綱領の変遷」下、『軍事史学』通巻 33 号第 9 巻第 1 号、1973 年、66—69 頁。

③ 防衛研修所戦史室「第 2 章平戦両時に於ける帝国国産原料の動態/第 6 節燃料」『帝国国防資源』、1917 年、JACAR（アジア歴史資料センター）、Ref. C12121559100（防衛省防衛研究所）。

下埋藏量已有 120207.2 亿吨之多。① 所以，日本认为，无论中国是否支持其对外战争，都必须把中国绑在日本的战车上，为其提供资源，以确保其战时资源的供应。

三　近代日本对华投资及经济调查的展开

日本在近代中国的调查事业随着其包括投资事业在内的在华侵略势力的扩张而发展。②

日本通过甲午战争割占台湾，并攫取 23000 万两的"赎辽费"，通过参加八国联军侵华战争获得赔款本息共 7600 万两，又通过日俄战争确立了在东北的势力范围，这三次战争为日本打开对华投资的局面奠定了基础。③ 甲午战后，根据《马关条约》，日本获取在中国通商口岸城邑"任便从事各项工艺制造，又得将各项机器任便装运进口，只交所订进口税"的权利，且规定"日本臣民在中国制造一切货物，其于内地运送税、内地税、钞课、杂派，以及在中国内地沾及寄存栈房之益，即照日本臣民运入中国之货物一体办理，至应享优例豁除，亦莫不相同"。④ 也就是说，日本在华制造的各种工业产品，不像中国工厂的产品，它们可以享受与日本输华商品一样的特殊待遇，这些产品在纳税5%后，可以免纳"厘金"及其他一切捐税。由此，日本对华投资蓬勃发展起来。日俄战争后，日本在华投资从以适应进出口贸易的需要为中

---

① 防衛研修所戦史室「第 3 章支那国産原料/第 5 節薬物第 6 節燃料」『帝国国防資源』、1917 年、JACAR（アジア歴史資料センター）、Ref. C12121559800（防衛省防衛研究所）。日本人对中国煤炭储备量进行长期且广泛的勘测，不断修正更新发现的中国煤炭储量估计数字，其中，东北总煤炭资源估计在 1930 年就已经达到 48 亿吨，1941 年更是刷新为 200 亿吨，与此同时，在日本为主的外资主导下，中国东北地区煤炭的出产量从 1908 年的 49 万吨飙升到 1930 年的 720 万吨（南满洲铁道公司：《第三次满洲发展报告》，1932 年），在 1944 年已经超过 3000 万吨（《中国新闻周报》1946 年 11 月 14 日，第 7 页）。

② 杜恂诚：《日本在近代中国的投资》，上海社会科学院出版社，2019，"前言"第 1 页。

③ 杜恂诚：《日本在近代中国的投资》，第 33 页。

④ 王铁崖编《中外旧约章汇编》第 1 册，第 616 页。

心，逐步发展到其他各个领域，同时，随着进出口贸易额的增加而加大有关行业的投资。至第一次世界大战爆发的 1914 年，日本在华商行数已经达到 955 家，侨民约 8.5 万人，占在华外侨总数的 51.5%，此后更是逐年增加。由于地缘优势，日本"在进行对中国的贸易上是站在一个特别有利的地位，同时对华贸易往往占据着能够左右日本整个贸易的比重"。① 日本除了在中国直接投资兴办企业，还采用中日合办事业和借款等投资形式。所谓中日合办企业，即"中日双方当事人，依据明示的意思表示，共同出资，共同经营的企业"。② 根据《马关条约》等不平等条约，外国人只能在中国对外开放的通商口岸设立各种企业，而且有明文规定禁止外国人独立经营，"通过合办，日本侵略者便可到非中国人不得开办实业的地方，开办非中国人不能开办的企业"，③ 也就是说，日本通过"中日合办"突破了通商口岸的地区限制，也突破了投资行业的限制。一战期间及稍后的几年，西方列强忙于欧战无暇东顾，日本在华投资扩张最为迅速。④ 1903—1913 年大约 10 年间日本在中国大陆新设工厂 154 家，而在 1914—1921 年的 7 年间新设的较大规模的工厂有 222 家，⑤ 同时期新建中日合资企业多达 151 家。九一八事变前，中日合办企业的总资本为 26909.4 万日元，其中日方资本为20454.7 万日元。⑥ 1916 年 10 月至 1918 年 9 月，日本对华借款从 1200万余日元猛增到 38645 万日元。⑦ 资料显示，日本对华借款的合同数额非常庞大，中国中央政府借款（扣除庚子赔款和山东胶济铁路、青岛公有财产及制盐业的补偿款）458210832 日元，地方政府借款 58497564日元，非政府借款 148632484 日元，合计 665340880 日元，其中中央和

---

① 〔日〕樋口弘：《日本对华投资》，北京编译社译，商务印书馆，1959，第 70—71 页。
② 张雁深：《日本利用所谓"合办事业"侵华的历史》，三联书店，1958，第 10 页。
③ 张雁深：《日本利用所谓"合办事业"侵华的历史》，第 15—16 页。
④ 杜恂诚：《日本在近代中国的投资》，第 37 页。
⑤ 陈真等编《中国近代工业史资料》第 2 辑，三联书店，1958，第 421 页。
⑥ 杜恂诚：《日本在近代中国的投资》，第 37、349 页。
⑦ 王芸生编著《六十年来中国与日本》第 7 卷，三联书店，1981，第 238—239 页。

地方政府的借款合同额为 516708396 日元。①

明治维新以后，日本确立了近代领事制度。领事馆的作用是保护当地的日本侨民，但在国际贸易激烈竞争的情形下，广泛搜集情报并推动日本商人的贸易活动逐渐成为在外日本领事馆工作的主要内容。1872 年，随着日本首个驻华领事馆——上海日本领事馆的设立（1891年升级为总领事馆），日本在华开始进行领事经济调查工作，对日本商品输出入情况进行汇总，并形成了详细的贸易报告。这些驻外领事调查报告最早为政府内部资料，自 1882 年起，外务省向社会公开发行主要形式为《通商汇纂》的定期出版物，以及大量的单行本非定期出版物，这些出版物成为日本商民了解中国市场的主要信息媒介。此外，日本大藏省、内务省、农商务省等部门也选派留学生、专家、官员等来华进行实地考察，其上交的调查报告，1875 年有岩崎小二郎的《玛港·广东·香港视察报告书》、武田昌次的《清国派出复命书》、南部陈的《江浙蚕桑纪事》；1876 年有多田元吉的《清国商况视察报告书》，西村贞阳的《清国商况视察报告书》《出口清国货物调查书》；1877 年有吉原重俊的《上海商况视察报告书》；1879 年有品川忠道的《清国贸易振兴意见书》及《天津商况视察复命书》；等等。上述这些信息都被日本政府广泛运用在制定国内外经济政策等方面，并经农商务省转发给国内商业会议所来指导地方商工业者开展对华经贸工作。同时，日本国内各地商业会议所也通过参与农商务省调查计划、独自派遣调查员、民间外交等方式开展对华经济情报收集。日本商业会议所派遣调查员对华进行直接调查始于甲午战后，如名古屋商业会议所高柳丰三郎和京都商业会议所中野忠八、田村武志调查团对中国长江新开港口岸的商业调查，前桥商业会议所深则利重调查团以及熊本商业会议所、东京商业会议所、京都商业会议所都曾经派专员来华调查，并提交了《清国新开港场商业视察报告》《清国新开港场视察报告》

───────

① 〔日〕樋口弘：《日本对华投资》，第 169 页。

《清国蚕业视察报告》《北清商业调查报告书》《清国商业视察报告书》等调查报告。[①] 但在日俄战争之前，由于种种限制，日本国内商业会议所的对华直接调查工作根本无法做到全面系统，更多的是依靠外务省的经济调查。

在幕末到明治初年就已经开始的日本海外经济调查，其重点始终是中国。最初承担海外经济调查工作的主要是大藏省、陆军省、外务省、农商务省等政府机关。同时，"兴亚会"等政治组织，在日在朝的商业会议所等经济组织，三井物产和日本第一银行等民间企业，都是日本东北亚经济调查网络中的重要组成部分。它们进行的经济调查在促进日货外贸、开通日中航路、落实日中通商条约、商议日中借款等方面发挥了作用。但是，随着日本对外扩张的全面展开，并非由日本商人前往海外实地搜集情报，而是由政府官员、专家、军官、留学生、浪人、侨民等其他各类人士负责调查，再由各机关中转传达给商人的间接收集经济情报的方式就会出现弊端，即相对来说，间接调查存在调查员不专业，信息不准确、不全面、不具备时效性、与日本商人的需求不够契合等问题。但在日俄战争之前，中国国内还没有日本商业会议所，限于经费、人手、交通等问题，日本国内商人没有足够的实力经常发起直接调查。

甲午战争及八国联军侵华战争等的赔款帮助日本进一步扩大了海外调查的规模。1902 年，大藏省鉴定官山冈次郎巡回考察了中国华北、东北地区，他在给外务大臣小村寿太郎的呈文中指出，由于中国人情风俗、土地物产、气候等"千差万别"，若想在中国"谋求物品之销路，开辟通商之途"，就需要"精密探知"中国各地之人情、风俗、爱好等，并熟悉中国商贾组织、金融状况及交通运输便利与否。[②] 他在天津、青岛、营口、芝罘等地看到日本侨民组织的"俱乐部""同志会"

---

① 参见王力《政府情报与近代日本对华经济扩张》，第 100—106 页。

② 山冈次郎『大藏省鑑定官山冈次郎提出对清贸易ニ关スル上申书』、1902 年、JACAR（アジア歴史資料センター）、Ref. B10073730200（外務省外交史料館）。

"协会"只注重娱乐与联络感情，并不从事工商贸易等调查，无法在扩大对华贸易活动中发挥作用，因此建议在日本国内成立"强有力的支那协会"，把上述日本在华成立的组织当成"在清国之支部"，为其提供"补助经费"，对中国进行各种调查，从而推进日本对中国之"国家经营"。[1] 在神户海关的委托下，宫崎骏儿于 1901—1903 年来华考察，并撰写出版了《清国商况视察报告》。[2] 他认为，在对华贸易中，欧美与中国商人仍拥有强大的力量，要想改变这一现状，进一步发展对华贸易，就要设置"通商观察官"，考察中国工商业及物产销售，并了解中国人的习惯嗜好等，通过日本政府转达给商人，改良商品、拓宽销路等。同时，他看到欧美商人在华都设有商会组织，便于协商，而日本没有类似组织，是"对清贸易不能发展之重要原因"。因此，他建议在开展对华贸易的日本主要城市大阪等地建立商会本部及分部，在中国的上海、天津、汉口等地设立其分部组织，以加强联络，沟通信息，根据"通商视察官"的情报改良商品，再发往中国等国际市场。1906 年，驻福州领事高桥橘太郎的调查报告说，在华日本商人一般是"尽管资本不多却忙于同志间的竞争"，"十分缺乏关于当地的知识"，建议"以合资合志之方法，进行有组织的竞争"。[3] 这些建议被日本政府采纳，是在华设立日本商业会议所的直接促成因素。

总之，近代中日关系确定后，随着日本对华扩张政策的展开及中国口岸城市的渐次开放，更多的日本人涌入中国长期从事经济活动，为了联合在华日本商工业者及进一步扩大对华调查的需要，日本政府批准驻华领事馆提出的仿照其国内制度在中国设立商业会议所等经济团体的请求。

---

[1] 山冈沈郎『大藏省鑑定官山冈沈郎惺山对清贸易一関ヌル上申书』、1902 年、JACAR（アジア歴史资料センター）、Ref. B10073730200（外務省外交史料館）。

[2] 宫崎骏児『清国商況视察报告』神戸商業会議所、1903 年、104—105 頁。

[3] 外務省通商局『清国事情』第 2 辑、外務省通商局、1907 年、521—528 頁。

第二节　在华日本商业会议所的创办、扩展
与改组、合并

根据《中日修好条规》及《中日通商章程》，日本相继在上海、天津等开埠城市建立领事馆或总领事馆。为了协调组织管理日本在华商工业者，搜集经济情报以助力日本国内外工商业发展，并服务于日本对华侵略政策，日本驻华领事建议将国内的商业会议所制度引进中国。

近代在华日本商业会议所首先在奉天设立，并在日本侵华势力所及之中国城市渐次设立（见表1-1）。在华日本商业会议所历经商工会议所、商工经济会等阶段，在华存续期间进行了大量的以经济内容为主的调查活动。

表 1-1　近代在华日本商业（工）会议所申请设立时间

地点	设立时间	地点	设立时间	地点	设立时间
奉天	1907 年 2 月	厦门	1935 年 3 月	屏东	1938 年 4 月
安东	1908 年 8 月	齐齐哈尔	1935 年 12 月	台南	1938 年 5 月
天津	1908 年 9 月	本溪	1935 年 2 月	新竹	1938 年 3 月
上海	1911 年 12 月	吉林	1935 年 3 月	彰化	1938 年 4 月
汉口	1914 年 5 月	海拉尔	1936 年 1 月	台北	1938 年 3 月
大连	1915 年 7 月	鞍山	1936 年 8 月	嘉义	1938 年 6 月
营口	1920 年 4 月	锦州	1936 年 8 月	高雄	1938 年 3 月
长春	1920 年 6 月	香港	1937 年 7 月	基隆	1938 年 5 月
哈尔滨	1921 年 6 月	图们	1937 年 2 月	台中	1938 年 3 月
青岛	1921 年 12 月	广州	1937 年 4 月	徐州	1941 年 1 月
开原	1922 年 11 月	牡丹江	1937 年 4 月	烟台	1941 年 11 月
铁岭	1923 年 4 月	北京	1938 年 5 月	花莲港	1941 年 10 月
福州	1924 年 6 月	承德	1938 年 6 月	宜兰	1942 年 5 月
辽阳	1933 年 2 月	南京	1939 年 1 月	石门	1942 年 6 月
济南	1933 年 1 月	张家口	1940 年 4 月		

续表

资料来源：『本邦商業会議所関係雑件/在支ノ部』、JACAR（アジア歴史資料センター）、Ref. B10074314200（外務省外交史料館）；『在外邦人商業（商工）会議所関係雑件』第一卷、JACAR（アジア歴史資料センター）、Ref. B08061529400（外務省外交史料館）；『在外邦人商業（商工）会議所関係雑件』第二卷、JACAR（アジア歴史資料センター）、Ref. B08061532500（外務省外交史料館）；『在外邦人商業（商工）会議所関係雑件』第三卷、JACAR（アジア歴史資料センター）、Ref. B08061535800（外務省外交史料館）；臺灣商工會議所『臺灣全島商工會議所一覧』、1942年11月27日、1—45頁；柳沢遊・木村健二編著『戦時下アジアの日本経済団体』、53—94頁。

一　东北开埠、设领与奉天首设日本商业会议所[①]

日俄战争后，根据《朴次茅斯条约》，俄国在中国东北南部的权益全部转让给日本，后者逐渐控驭了东北全域。为了"开发"东北，掠夺财源，进一步推行侵略中国的"大陆政策"，日本一方面促使东北全面开放，鼓励国内商工业者来东北开展经济活动，另一方面在中国开埠城市设立日本领事馆或者总领事馆。根据日本驻华领事制度，领事在职权范围内保护日本在华商民。为了搜集经济情报和扩张在华势力，在日本驻奉天总领事的申请下，奉天首设日本商业会议所，其设立背景具体如下。

第一，东北开埠通商与日本在华经济势力的增长。

鸦片战争后，随着东北亚国际环境的变化，中国东北地区逐渐成为新老帝国主义角逐的场所。在以日俄为主的争夺东北的过程中，促使中国东北大量开辟商埠成为列强侵略的重要政策。[②] 根据中英《天津条约》，[③] 牛庄（营口）成为东北地区首先开放的商埠。1899年8月，沙

[①] 相关研究参见塚瀬進「奉天における日本商人と奉天商業会議所」波形昭一编著『近代アジアの日本人経済団体』、115—132頁；卢什豪：《奉天日本商业会议所研究》；孟二业：《近代中国东北地区日本商业会议所研究》；等等。

[②] 关于东北商埠开放过程，参见费驰《清代中国东北商埠研究》，吉林文史出版社，2012，第41—74页。

[③] 王铁崖编《中外旧约章汇编》第1册，第97—98页。

皇被迫下令开放大连为商埠。① 1903 年 10 月 8 日，中美《通商行船续订条约》正式签订，其最重要内容之一，便是规定"将盛京省之奉天府又盛京省之安东县二处地方，由中国自行开埠通商"。② 同时签订的中日《通商行船续约》也载明："将盛京省之奉天府，又盛京省之大东沟两处地方，由中国自行开埠通商。"③ 日俄战后，根据《中日会议东三省事宜附约》，从 1907 年起，东北又陆续增开凤凰城（今凤城）、辽阳、新民屯、铁岭、通江子、法库门、长春、吉林省城（今吉林市）、哈尔滨、宁古塔、珲春、三姓、齐齐哈尔、瑷珲、海拉尔、满洲里等处为商埠。④ 1909 年 11 月 2 日，清政府按照《图们江中韩界务条约》第二款的规定，⑤ 开放龙井村（今六道沟）、局子街（今延吉）、头道沟（今三河镇）、百草沟（今汪清）为商埠。⑥ 清末民初，东北凡沿海、沿边、沿线、沿江的交通、商业甚至军事要地，大多辟为通商口岸。东北开埠后，其与国际市场发生越来越紧密的商业联系，作为通达国内主要市场和联系国际市场的商埠口岸，汇集了众多专营进出口贸易的洋行、货栈等经济机构。

清末东北开埠设关后，由于日本对东北南部控制的稳固及对北部持续渗透的加强，在日本的极力排挤下，英美等国在东北乃至全中国的经济势力都在减弱，而日本在中国的影响却日渐扩大。在 19 世纪 60 年代独占中国国际贸易鳌头的英国，在美、俄、日等国的竞争下，到 19 世纪末已经失去垄断地位，并且到 20 世纪以后，英国对华贸易额逐年下降，而日本最终取代英国成为中国最大的贸易国。日本对华贸易总量的

---

① 王铁崖编《中外旧约章汇编》第 1 册，第 742 页。

② 王铁崖编《中外旧约章汇编》第 2 册，三联书店，1959，第 187 页。

③ 王铁崖编《中外旧约章汇编》第 2 册，第 194 页。

④ 《奉天开埠总局》，辽宁省档案馆藏，档案代号 JB18，案卷号 35、52、106、5；孔庆泰：《1921 年前中国已开商埠》，《历史档案》1984 年第 2 期；王铁崖编《中外旧约章汇编》第 2 册，第 340 页；《东方杂志》第 7 卷第 6 期，1910 年，第 86 页。

⑤ 王铁崖编《中外旧约章汇编》第 2 册，第 601 页。

⑥ 《宣统元年九月大事记》，《东方杂志》第 6 年第 11 期，1909 年，第 436 页。

飙升与其在中国东北的贸易优势直接相关。1899 年，在东北粗布的进口中，日货还不到美货的 1/80。[1] 在东北市场，由日本进口的全部商品总值才 200 万海关两，勉强达到美国进口商品额的 1/4。[2] 但日俄战争后，日本对东北贸易已经占据绝对优势。以东北对外贸易最重要的港口大连港为例，1907 年到 1911 年各年度输往日本的货物分别占输出总吨数的 66.7%、64.9%、31.3%、47.1% 和 54.6%，由日本输入的货物分别占各年度输入总吨数的 48.2%、66.3%、72.6%、67.8% 和 68.4%。[3]

第二，日本在东北设领及对东北的"经营"。

《中日修好条规》签订后，日本按《中日通商章程》所定各口，于 1876 年在开埠的牛庄（实际是营口港）设立领事馆，这是东北最早的日本领事馆。营口开埠、设领后，日本人开始进入中国东北地区，但初期尚未形成一定规模的经济活动，直至 1890 年，日本邮船公司先后开辟神户—营口、长崎—营口两条航线后，三井物产株式会社和横滨正金银行[4]始派员前往营口从事贸易相关活动，并设立办事处。据不完全统计，至甲午战争前，营口已经有数十名日本人，并在当地设有海仁洋行、三井洋行农场、松村洋行、东肥洋行等民营企业及日本农商务省出资的赛珍珠商品陈列馆。[5] 甲午战后，日本占领了朝鲜并获得了 23000

---

[1] 严中平：《中国棉纺织史稿》，科学出版社，1955，第 133 页。

[2] 朱显平：《浅谈十九世纪末二十世纪初美国对中国东北的商品输出》，东北三省中国经济史学会编《东北经济史论文集》，东北三省中国经济史学会，1984，第 59—70 页。

[3] 孔经纬主编《清代东北地区经济史》，黑龙江人民出版社，1990，第 552 页。

[4] 横滨正金银行（The Yokohama Specie Bank），1880 年成立，总行设于日本横滨，以经营对外汇兑、贴现为主要业务。1884 年，在英国伦敦成立第一家海外分行，接着陆续在法国里昂、美国纽约等地设立分行，1893 年在上海设立分行，之后在香港、天津、牛庄（营口）、北京，大连、沈阳、青岛、济南、哈尔滨、汉口、广州等地陆续开设分行，也在旅顺、辽阳、开原、铁岭、安东、长春等地设立营业所，是日本帝国主义对华进行经济侵略的重要金融机构。抗日战争胜利后，在华分支机构被国民党政府指定银行接收清理，横滨总行于 1945 年改组并改名为东京银行。

[5] 王希亮：《近代中国东北日本人早期活动研究》，社会科学文献出版社，2017，第 23 页。

万两的"赎辽费",这使日本在东北亚贸易商路中的势力大增。与此同时,在东北对日大豆三品贸易发展和中东铁路修建的影响下,一些日本人开始前往中东铁路沿线城市定居。

日俄战争后,日本控制了朝鲜,夺得库页岛南部,并在中国东北南部确立了势力范围,这样,日本便"取得了超过本国总面积76%以上的广大殖民地,并将超过本国数倍的南满洲置于半殖民地势力范围内"。[①] 日本从此以朝鲜及中国东北南部为侵略基地,极力推进其"大陆政策"并为全面侵华战争做准备。根据中美《通商行船续订条约》、中日《通商行船续约》,1906年春,东北最大的商品销售中心——奉天开放为商埠。同年5月26日,日本在奉天设立了总领事馆。[②] 之后,日本在开埠的吉林、哈尔滨、长春、安东、齐齐哈尔等地也相继设立领事馆或者总领事馆,作为日本外务省派驻中国东北地区的外交办事处。中国东北开埠设领后,留居此地的日本人呈几何级数上升趋势。例如,1903年时,奉天省城日本在留人数仅37人,[③] 至1906年夏天已增至1780人,[④] 其主要分布在小西边门外被称为"十间房"的商埠地。[⑤] 同年,横滨正金银行、三井物产等日本大型财团公司相继进入奉天,并多以高收益的商业和金融业为投资目标,[⑥] 这为日本在奉天从事工商业活动提供了资金保证。在日本大财团的引领和扶助下,诸多中小商工业者也随之进入奉天省城地区,至1908年时,奉天已经有各类日本商工业经营者470户,以杂货店、料理店及游戏场经营者为主。由于中日消费

① 〔日〕井上清、铃木正四:《日本近代史》上册,杨辉译,商务印书馆,1959,第278—279页。

② 外务省外交史料馆日本外交史辞典编纂委员会编『日本外交史辞典』大藏省印刷局、1979年、附录第383页。

③ 在牛庄领事瀬川浅之进『牛荘帝国領事館管内在留本邦人戸口及職業別』、1903年、JACAR(アジア歴史資料センター)、Ref. B13080450100(外務省外交史料館)。

④ 佐佐木孝三郎編『奉天経済三十年史』奉天商工公会、1940年、19頁。

⑤ 塚瀬進「奉天における日本商人と奉天商業会議所」波形昭一編著『近代アジアの日本人経済団体』、119頁。

⑥ 〔日〕満史会:《满洲开发四十年史》上卷,东北沦陷十四年史辽宁编写组译,东北师范大学出版社,1988,第44页。

习惯不同，当时的日商杂货店基本是专门从事对华贸易或专门从事对日贸易。

日俄战争后，由于英美等国的外在压力（日本的军事管理使英国等在东北贸易受到重重限制），及中国收回利权呼声高涨，为了因应当时局势，日本在东北不得不由军政改行民政。经过讨论，日本最终决定效仿东印度公司对印度殖民控制的办法，以国家和政府为强大后盾，以民间公司的形式对东北进行管理经营。① 1906 年 6 月 7 日，日本宣布成立南满洲铁道株式会社。在其成立之初，日本政府即赋予其殖民"满洲"的任务，并计划以此作为伸张势力于中国大陆的据点。② 后藤新平是满铁首任总裁，他曾直言不讳地说，当初设立满铁，并不把其"看成是一个营利的铁路事业，而拟使之成为帝国殖民政策或我帝国发展的先锋队，其本质确实如此"。③ 日俄战争结束后，日本在中国东北地区的经济扩张不断加剧，在此背景下，以"增进在满实业家相互之福利，敦促各方之结交"为目的之日本人实业会或者实业协会等经济组织陆续在东北各地设立。④ 但这种由商工业者自发组成的民间经济组织较为松散，难以满足日本在东北政治经济扩张的需求。⑤ 于是，在以民间名义建立国策性公司满铁的同时，日本筹划将日本国内的商业会议所制度引进中国东北，以便统一管理在华日本商工业者。在华日本商业会议所是独立于满铁之外的经济团体。

驻奉天日本总领事馆建立后不久，总领事萩原守一就上报外务大臣

① 胡赤军：《近代中国东北经济开发的国际背景（1896—1931）》，商务印书馆，2011，第 194 页。
② 黄福庆：《论后藤新平的满洲殖民政策》，《"中央研究院"近代史研究所集刊》第 15 期上，1986 年，第 371 页。
③ 参见张福全《辽宁近代经济史（1840—1949）》，中国财政经济出版社，1989，第 63 页。
④ 南满洲铁道株式会社庶务部编『满洲国に於ける商工团体の法制的地位』南满洲铁道、1937 年、6 頁。
⑤ 永田正臣『明治期経済団体の研究：日本資本主義の確立と商業会議所』日刊労働通信社、1967 年、252 頁。

称："近年来，奉天在留日本人及商店数量不断增加，在奉天设立负责调查商工业情报，向政府提供情报咨询，接受民众质询，并推动商权发展的公共机关尤为必要。"① 上述建议迅速得到日本外务大臣的首肯。1906 年 12 月 24 日，在驻华总领事馆的授意下，正金银行杉原泰雄、三井物产株式会社远藤藤次郎及三谷末次郎三人作为发起人，制定《奉天商业会议所规则》。1907 年 1 月，经日本外务大臣批准后，《奉天商业会议所章程》正式公布，②这是在华日本商业会议所最早的一部组织规章。从其内容上看，是根据 1902 年日本政府颁布实施的《商业会议所法》制定出来的，③ 此后成立的在华商业会议所基本是以这一章程为参考，或改组或新设。

日本商业会议所的名称和组织制度经历过几次变化。最早于 1878 年在东京、大阪、神户三地设立了商法会议所，由于有些商法会议所很不活跃，甚至处于休眠状态，为了加强对商业会议所的管理，规范商业会议所的组织行为，20 世纪之后，日本政府先后颁布了《商业会议所法》《商工会议所法》，它们同样是在华日本商业会议所制定规则或条例的根本依据。

1890 年 5 月 13 日，日本政府颁布《商业会议所条例》。为了进一步促使其组织、权限、经费征收方式和监督手续等相关规定的完备，1902 年 3 月 25 日，日本国会众参两院表决通过《商业会议所法》。④

① 在奉天總領事萩原守一「奉天商業會議所設立ノ件」『本邦商業會議所関係雑件/在支ノ部/1. 奉天商業会議所』、1906 年、JACAR（アジア歴史資料センター）、Ref. B10074314500（外務省外交史料館）。

② 奉天商業會議所「奉天商業會議所定款」『本邦商業會議所関係雑件/在支ノ部/1. 奉天商業会議所』、1907 年、JACAR（アジア歴史資料センター）、Ref. B10074314500（外務省外交史料館）。

③ 貴族院議長公爵近衞篤麿等「商業會議所法ヲ定ム」『公文類聚・第二十六編・明治三十五年・第十五巻・産業一・農事・商事』、1902 年、JACAR（アジア歴史資料センター）、Ref. A15113439300（国立公文書館）。

④ 貴族院議長公爵近衞篤麿等「商業會議所法ヲ定ム」『公文類聚・第二十六編・明治三十五年・第十五巻・産業一・農事・商事』、1902 年、JACAR（アジア歴史資料センター）、Ref. A15113439300（国立公文書館）。

在华日本商业会议所是根据《商业会议所法》来制定规则或条例的。以 1906 年的《奉天商业会议所规则》为例，其内容如下：

一、奉天商业会议所由奉天及其附近在留日本帝国臣民通过公选组织而成。

二、本会议所权限为：

1. 为谋图工商业发达，采取必要的方案进行调查。

2. 向行政官厅呈报涉及工商业法规的修改、废除与实施的意见，并表达关于商工业发展利害之意见。

3. 回应行政官厅关于商工业事项的咨询。

4. 调查、发表关于商工业的状况及统计数据。

5. 根据官厅的命令或商工业者的委托，调查有关工商业的事项及证实商品的产地、价格。

6. 根据官厅的命令，鉴定工商业及推选参考人。

7. 根据关系人的请求，仲裁有关工商业的纠纷。

8. 在总领事馆同意下，建设有关工商业的建筑物及管理为促进工商业发达的其他必要设施。

三、本商业会议所议员数定为 15 人，凡在奉天居留民会缴纳五等及以上赋税金者，拥有选举议员和被选为议员的权利。

四、议员任期为一年。

五、本会议所设置会长一人，副会长一人。由会长负责统筹会议所事务并担任会议议头。

六、会长、副会长为议员互选产生，并须受领事官认可。会长、副会长任期均为一年。

七、本会议所经费由拥有议员选举权者承担。①

---

① 奉天商業會議所「奉天商業會議所規則」『本邦商業会議所関係雑件/在支ノ部/1. 奉天商業會議所』、1906 年、JACAR（アジア歴史資料センター）、Ref. B10074314500（外務省外交史料館）。

从 1906 年的《奉天商业会议所规则》来看，该商业会议所职能基本沿袭了日本《商业会议所法》的规定，主要从事工商业情报的统计、调查及编纂，提供工商业发展咨询与建议，仲裁工商业纠纷等，并承担一些官方委托的任务。① 在事务权限上日本国内外商业会议所的规定基本相同，主要区别就是《商业会议所法》第七条规定"经农商务大臣许可"，建设及管理工商业相关建筑设施，另外设立为促进工商业发展所必需的公共设施，而在华日本商业会议所如《奉天商业会议所规则》第二条规定"在总领事馆同意下"，② 这是因为日本国内外商业会议所的直接管理者虽不同，但规定的事务权限并无轩轾。1916 年 10 月 27 日上海总领事有吉明在致外务部大臣寺内正毅的文件中明确指出，在华日本商业会议所的性质"等同于"日本商业会议所。③

1907 年 2 月 2 日，根据日本驻华总领事馆令第 12 号，④ 日本在奉天设立了日本商业会议所，这是近代日本在中国设立的第一个商业会议所。设立之初的奉天日本商业会议所借用日本红十字会奉天分部的房屋开展活动，其部分经费由奉天居留民会征收一般居留民税金充抵。奉天日本商业会议所事务所位于奉天城内的小西关，监管官厅为奉天日本总领事馆，初设时商业会议所会员 401 人。

奉天日本商业会议所创办后，日本在设有领事馆的安东、天津、上海、汉口、大连、营口、长春、青岛、开原、铁岭、福州等地相继建立

---

① 貴族院議長公爵近衛篤麿等「商業会議所法ヲ定ム」『公文類聚・第二十六編・明治三十五年・第十五巻・産業一・農事・商事』、1902 年、JACAR（アジア歴史資料センター）、Ref. A15113439300（国立公文書館）。

② 奉天商業會議所「奉天商業會議所規則」『本邦商業会議所関係雑件/在支ノ部/1. 奉天商業會議所』、1906 年、JACAR（アジア歴史資料センター）、Ref. B10074314 500（外務省外交史料館）。

③ 在上海總領事有吉明「在支日本人商業會議所聯合會規則」『在支那本邦商業会議所連合会関係一件／分割1』第一巻、1916 年、JACAR（アジア歴史資料センター）、Ref. B10074349400（外務省外交史料館）。

④ 奉天商業會議所「奉天商業會議所定款」『本邦商業会議所関係雑件/在支ノ部/1. 奉天商業會議所』、1907 年、JACAR（アジア歴史資料センター）、Ref. B10074314 500（外務省外交史料館）。

了商业会议所。其中，上海、大连、营口、铁岭等处商业会议所都是在日本人实业会或者实业协会的基础上改组成立的。

例如，营口日本商业会议所是由营口日本人实业会发展而来。1861年营口开埠后，迅速发展成东北的第一个通商口岸，当时"舶来之品，土产之货，水陆交通，皆以此为总汇"。① 1876 年，日本在营口设立了领事馆，日本在该地区的经济实力得到增强。1909 年，为扩展在营口地区的商业贸易，日本商人在营口成立营口日本人实业会，其宗旨包括：便利日本与中国的商业贸易；提高日本商人的商业信用；对商业经济情况进行调查；为日本官厅或实业者个人提供咨询建议。② 营口日本人实业会成立后，在对营口地区进行经济调查的同时，积极参与东北地区日本商工业发展，并提供相关咨询建议。1919 年 5 月，营口日本人实业会向日本领事申请设立商业会议所，次年 4 月，经牛庄领事批准后，营口日本人商业会议所正式设立。同年 3 月，营口日本人实业会解散，实业会财产全部移交商业会议所。营口日本商业会议所之事务所设立在营口新市街本街，初设时有会员 92 人，其监管官厅为牛庄领事馆。③

二　在华日本商工会议所阶段

1927 年 12 月 27 日，日本政府宣布废除《商业会议所法》，于 1928年 1 月 1 日在日本正式实施《商工会议所法》（见附录一）。④ 据此，日本国内外原有的商业会议所改称商工会议所，在华日本商业会议所也统

---

① 王树楠等纂《奉天通志》卷 162《交通》，东北文史丛书编辑委员会点校、出版，1983 年影印本，第 3775 页。
② 营口商業会議所「営口商業会議所規則」『在外邦人商業（商工）会議所関係雑件/営口商工会議所/分割 1』、1920 年、JACAR（アジア歴史資料センター）、Ref. B08061547200（外務省外交史料館）。
③ 参见南满洲鉄道株式会社総裁室地方部残務整理委員会『満鉄附属地経営沿革全史』上巻、龍渓書舎、1977 年、1266 頁。
④ 裕仁「勅令第三百七十四号」『御署名原本・昭和二年・勅令第三七四号・商工会議所法施行期日』、1927 年、JACAR（アジア歴史資料センター）、Ref. A03021674600（国立公文書館）。

一改称商工会议所。接着，辽阳、济南、厦门、齐齐哈尔、本溪、吉林、海拉尔、鞍山、锦州、图们、广州、牡丹江、北京、承德、南京、张家口、徐州、烟台，以及香港、台湾等地区相继设立了日本商工会议所。据不完全统计，近代在华日本商业（工）会议所至少有 44 个，其中，在东北地区的日本商业（工）会议所总数最多，达到 17 个，台湾地区次之，台中、嘉义、高雄、台北、基隆、彰化、新竹、台南、屏东、花莲港、宜兰等处皆设有日本商工会议所。另外，为将台湾岛的日本商工会议所统一起来配合日本的侵略扩张政策，1939 年 3 月，日本又推动设立了台湾商工会议所。

下面以香港日本商工会议所为例展开相关论述。

香港自古以来就是中国的领土，很早就有居民在这里进行渔猎和采集活动，在清代隶属于广东省新安县。① 资料显示，近代香港第一次人口普查数据为 7450 人，② 到 1941 年香港沦陷前已经达到 160 多万人。③ 19 世纪末 20 世纪初，来港的日本人持续增加，尤其是第一次世界大战期间及战后，日本人逐渐成为在港外籍移民主要群体之一。据统计，1883 年，在香港外国人有 10686 人，其中日本人 206 人，占比为 2%；1900 年，香港有外国人 14778 人，其中日本人 387 人，约占 3%；1910 年，香港有日本人 1034 人，占外国人总数（20806 人）的 5%；1921 年约占 12%；1930 年在香港的日本人有 1868 人，约占外国人总数（19400 人）的 10%。④ 由于战争等原因，1930 年之后在港日本人急剧减少，1936 年下降到 1423 人，1938 年减少到 584 人。但随着香港的沦陷，在港日本人又骤然增加，到 1943 年达到约 6300 人（这个数字包含

---

① 张晓辉：《香港近代经济史（1840—1949）》，广东人民出版社，2001，第 1 页。

② *Hong Kong Government Gazette*（《香港政府宪报》），1841 年 5 月 15 日。

③ 数据来自陈栋康《香港的人口地理》，《经济地理》1986 年第 1 期。文中具体数据是 1639357 人，作者注明是非官方人口统计数据。

④ 参见副岛円照「戦前期中国在留日本人人口統計（稿）」『和歌山大学教育学部紀要（人文科学）』第 33 集、1984 年 2 月。

中国台湾人和朝鲜人，不包含日本军人）。[1]

自 1842 年中国与英国签订《南京条约》，香港岛连同邻近的鸭脷洲被割让给英国，英国宣布香港为自由港，之后，香港变为国际贸易中转港。五口通商后，中国对外贸易枢纽由广州逐渐北移至上海，并兴起了一批区域性的外贸中心口岸。在中国沿海唯一能与上海匹敌的口岸只有香港，香港转口贸易的辐射范围至日本、印度、东南亚国家，还远达美洲、欧洲等地，重要性不亚于上海。

香港是日本重要的海外市场。近代日本与香港的贸易盛况出现在 20 世纪初。1903 年时，日本对香港的进出口贸易额占其对外总贸易额的 1/2，之后开始呈下降趋势，但最低时也有将近 1/4，[2] 并且出口远大于进口，日本始终处于出超的有利地位。

日本企业刚进入香港时，以个体商店和分店为主。据记载，日本人最早在香港开设的店铺，是横滨骏府屋贞太郎商店于 1872 年在香港开设的分店"骏浦号"，以售卖漆器和妇女用品为主，1877 年因经营困难倒闭。1873 年，日本驻香港领事馆成立后，到港的日本人在商贸领域不断发展。基于香港在转口贸易中的有利地理位置，许多日本大公司在香港开设分店，如三菱汽船香港分店（1879 年）、三井物产香港分店（1878 年）、日本邮船公司香港分店（1893 年）、正金银行香港分行（1896 年）、台湾银行香港分行（1903 年）、大阪商船公司香港分店（1907 年），这六大日本商业企业在一战前港日贸易中发挥了巨大的作用。除了这些大财团，还有许多贸易公司和个人经营的杂货店、家具店、摄影店、玻璃厂、餐馆及旅馆，甚至还有文身店等。[3] 由于日本经济的发展，日本在香港成立的公司逐渐增多，尤其一战后显著增加。[4]

---

① 大蔵省管理局『日本人の海外活動に関する歴史的調査』第 28 册、1947 年，107—108 頁。

② 外務省通商局編『香港事情』啓成社、1917 年、228 頁。

③ 陈湛颐编译《日本人访港见闻录（1898—1941）》，三联书店（香港）有限公司，2005，第 516—527 页。

④ 香港日本商工会議所編『香港年鑑』香港日本商工会議所、1941 年、129 頁。

1920 年，日本企业在香港开设的分店达到 18 家：日本邮船公司、东洋汽船公司、大阪商船公司等 3 家从事航运的公司；正金银行、台湾银行等 2 家银行；三菱公司、古河公司、日信洋行、三井洋行、日森洋行等 5 家从事输出入贸易的公司；东胜洋行、鹤谷洋行、嘉门洋行、加藤洋行、福记洋行、汤浅洋行等 6 家经营棉花、棉纱、砂糖、肥料、杂货、陶具的洋行；东亚烟公司（烟草进口）、八重山炭矿（煤炭进口）等公司。除了上述日本公司在香港的分店，还有日本商人在香港当地设立的 20 家公司，主要经营烟酒、药品、杂货等。① 据调查，到 1941 年 3 月，香港的日本公司有上百家，其中贸易公司 54 家，银行 2 家，航运公司 3 家，其余杂货、饮食、旅馆、理发等店铺 37 家。可见，旅港日商以从事贸易者占多数，但大部分的贸易公司规模较小，日本有实力的贸易公司在港分店约有 10 家，② 这些日商多从事港日贸易，偶尔也从事港台贸易。

在日本对外经济关系中，进入香港的日本资本在香港并没有占据主导地位，尤其在广东商人贸易网下开展经济活动，使得日本对香港贸易无法全面施展。同时，在港日本商人始终没有建立起一个强有力的经济团体。直到 20 世纪 30 年代，在香港有影响力的主要商事机构有两个。一个是包括香港当地商企与外籍在港商企的香港总商会（Hong Kong General Chamber of Commerce，1861 年设立）。③ 到 1920 年，仅有 6 家日本香港分公司，即正金银行、日本邮船、三井物产、大阪商船、台湾银行、三菱商事加入香港总商会，1934 年东棉加入。也就是说，30 年

---

① 古川浩「南支南洋諸統計 南支南洋に於ける邦人會社商店調」『南支那研究誌』大阪経済新聞社、1920 年、439—442 頁。
② 香港日本商工會議所編『香港年鑑』、129 頁。
③ 随着人口的增长，商业和航运的联系也逐渐扩大至港口周边以外的地方。最重要的是与日本、菲律宾和暹罗建立了航运联系。1861 年，香港总商会的成立说明了商业利益的增长情形，商会的成立是"鉴于监督和保护商业总体利益的需要"。商会以及后来的工业社团在港口发展中所起的主要作用在于它们早期对政府的影响。

代加入香港总商会的日本企业不过 7 家。① 而据统计，到 1936 年，日本国内企业在香港投资的分店有 21 家，日本人在香港当地建立的企业已经有 61 家。② 另一个是 1913 年 11 月 22 日成立的香港华商总会（The Chinese General Chamber of Commerce，Hong Kong）。③ 香港的中国人经济团体，橡胶制品、烟草等制造业者以及染色业者结成了中华华商联合会，从金融业、航运业到制造业，甚至是小商品从业者等广阔范围内结成了同业公会或同乡公会，④ 最终结成了华商总会。1935 年的《香港华商总会会则》规定：维持和增进商业、航运业、工业；研究商业、航运业、工业；整备商业、航运业、工业法则；翻译法律规定，并与政府交涉；商事仲裁；发行证明书；统计、收集以及出版；教育以及图书馆事业；为了经营事业，运用资金。可以说，香港的中国企业因入会而获得了同业者很大的支持，特别是通过商事仲裁和资金运用对企业产生影响力，香港政厅也把华商总会当成与中国人社会交涉的一个通道。华商

---

① 参照各年度的 *Hong Kong General Chamber of Commerce Report*，List of Members。

② 香港日本商工会議所編『香港年鑑』、129—137 頁。

③ 作为香港唯一的华商总机构，它的前身是成立于 1900 年的香港华商公局。为维护中国商人的权益、参与社会福利、加强香港与内地的联系，经过交涉，该局从成立的那一天起即得到香港政府的承认。中华民国成立后，香港各行业纷纷成立商会，"华商公局"主席鉴于各商会都加入该局，提出将其改为总商会性质的团体，"香港华商总会"由此诞生。不久，会员发展到千名，成为港地华商各大公司、行号及行业商会的总代表。至 1952 年，总商会实行会董制，改名"香港中华总商会"，一直沿用至今，成为香港历史最悠久、影响最大的华商总代表机构之一。

④ 据东亚同文书院学生的调查报告可知，1938 年，香港华商同业公会及同乡公会主要有以下几类。第一类，南北行（1938 年，13 家店）、制造行（将从英国、美国、日本采购的棉织品贩卖到菲律宾、泰国的商店的同业公会，32 家店）、洋货行（从事进出口百货店的同业公会，72 家店）、燕梳（保险业者同业公会）、输船行（航运业者同业公会），还有银行、当铺的同业公会；第二类，金山庄行（从中国收购商品，贩卖到美国、澳大利亚的同业公会，46 家店）、上海庄行（从上海、天津、青岛输入油及大豆，输出到中国南部以及东南亚的商店的同业公会），还有面向石腊庄（新加坡）、秘鲁庄（秘鲁）、安南庄（越南）、云南庄、汕头庄、潮州庄，及福建厦门庄、福州庄等地贸易商的同业公会；第三类，南海商会、东莞工商总会、顺德商务局、中山侨务商业会议所、新会商会、旅港潮州八邑商会和福建商会等同乡公会。参见下條義克「香港華僑概説」『東亞同文書院大学東亞調查報告書』東亞同文書院大学、1940 年。

总会在香港构筑了牢固的地位，形成了针对香港经济的中国商人网。

在加入香港总商会及香港华商总会等团体受到限制的情况下，日本为了与香港华商竞争并寻求日本本国商工政策在香港的推行，便开始筹划在香港设置日本商工会议所。

1937 年 4 月 10 日，驻香港日本总领事水泽孝策向日本外务大臣提出了筹建商工会议所计划并申请政府补助金。① 同年 6 月，在港日商认为时机已经成熟，在向日本政府提交的《宗旨书》中指出，在香港设立日本商工会议所是"当下最紧急"的要务，必要性有三：第一，香港国际经济地位的重要性；第二，香港在日本对外贸易中占据重要地位；第三，为应对统制经济而设立统一组织是筹划设立香港日本商工会议所的关键因素。《宗旨书》具体阐述如下：

> 香港是世界上屈指可数的贸易港，1936 年的进出口总额超过 10 亿美元，仅远洋航行的进出港船舶就达到 10980 艘，总吨数 2996.9666 万吨，其中日本船舶有 1954 艘，总吨数 563.2584 万吨，占到了八分之一。香港对日贸易额是 7.6 亿美元（进口 58043841 美元、出口 17975303 美元），占到了总贸易额的七成以上，这充分显现出香港对日贸易的重要性。而且最引人注目的是，粤汉铁路不日即将通车，所以说，香港作为东亚航线的中转地名副其实，这也更加强了它的重要性。在这样的情势下，从地理以及其他方面来看都处于最有利的时机，而且也可以预想到，香港在对日贸易上更将有一段飞跃的发展期。另外，我们与在留香港的同胞钻研推行统制发展对策时，奈何没有统一的机关，甚是遗憾。在香港的日本人对于设立商工会议所已经提倡了多年，但是由于时机不成熟，最终没有成形。时至今日，世界一般经济界正式进入统一管理时代，鉴于

① 在香港總領事水澤孝策「香港日本商工會議所設立計畫ニ關スル件」『在外邦人商業（商工）会議所関係雑件／香港商業会議所』、1937 年、JACAR（アジア歴史資料センター）、Ref. B08061555000（外務省外交史料館）。

各国竞相绞尽脑汁拟结成经济同盟的现状，舍去小我争取大同，大力拥护统一团结和共同利益，谋求我国贸易的发展是最紧要的。因此，我等在留的国人商工业者结成一体，寻求与国内以及各地的商工业团体紧密联络，了解商业形势变化，同时探究当地市场的动向以及经济形势和外国市场的趋向，期望对商业者提供便利，以促进对日贸易的发展。①

1937 年 6 月 30 日，香港日本商工会议所在皇后大道中 9 号召开创立大会，7 月 1 日正式成立。从创立伊始，香港日本商工会议所就得到日本外务省的资金扶持。② 根据《香港日本商工会议所章程》，③ 会员的会费是每月 2 美元，设立正副会长各 1 名，评议员 12 名。香港日本商工会议所成立之初的会长是前根寿一（日本水产株式会社支店长），副会长是增川治男（大连汽船株式会社支店长），入会的会员有平冈贞（平冈贞商店主）、鹿野克明（横滨正金银行支店长）、胜沼敏行（大阪商船株式会社支店长）、久住良太郎（东胜洋行支配人）、松本武夫（东洋棉花株式会社支店长）、沼田孝造（三井物产株式会社支店长）、中泽几太郎（中泽商店主）、大野义中（台湾银行支店长）、斋藤静也（中日贸易公司支配人）、高垣胜次郎（三菱商事株式会社支店长）、樱井铁次郎（樱商行主）、渡边康策（日本邮船株式会社支店长）等。④

① 香港日本商工會議所會頭前根壽一等「香港日本商工會議所設立趣意書」『在外邦人商業(商工) 会議所関係雑件/香港商業会議所』、1937 年、JACAR(アジア歴史資料センター)、Ref. B08061555000 (外務省外交史料館)。
② 在香港總領事水澤孝策「香港日本商工會議所ニ對シ補助金交付ノ件」(機密公第二七二號)、『在外邦人商業(商工) 会議所関係雑件/香港商業会議所』、1937 年、JACAR(アジア歴史資料センター)、Ref. B08061555000 (外務省外交史料館)。
③ 香港日本商工會議所編「香港日本商工會議所定款」『在外邦人商業(商工) 会議所関係雑件/香港商業会議所』、1937 年、JACAR(アジア歴史資料センター)、Ref. B08061555000 (外務省外交史料館)。
④ 香港日本商工會議所會頭前根壽一等「香港日本商工會議所設立ニ關スル件」『在外邦人商業(商工) 会議所関係雑件/香港商業会議所』、1937 年、JACAR(アジア歴史資料センター)、Ref. B08061555000 (外務省外交史料館)。

1939 年香港日本商工会议所的会长是矢岛安造（日本邮船株式会社），副会长是大杉孝平（南满洲铁道株式会社）。[1] 1940 年 6 月时，会长是沼田孝造（三井物产株式会社），副会长是平冈贞（平冈商店），会计监督是鹿野克明（横滨正金银行），评议员由大阪商船、香港日报社[2]、三菱商事株式会社、台湾银行、泰福洋行、美术杂货商组合、东洋棉花株式会社、江商株式会社、日本水产株式会社、樱商行主、日本邮船株式会社派人组成。[3] 1941 年 4—5 月，会长是天野信义（三菱商事株式会社），副会长是南里英俊（东洋棉花株式会社），会计监督仍然是鹿野克明（横滨正金银行），评议员由大阪商船、香港日报社、平冈商店、日本水产株式会社、南满洲铁道株式会社、东胜洋行、泰福洋行、江商株式会社、三井物产株式会社、日本邮船株式会社、樱商行主、台湾银行派人组成。[4] 9 月，三井物产株式会社的南部信次郎为会长，三菱的筱原喜三郎为评议员。1942 年 6 月又换成三井物产株式会社的沼田孝造任会长，副会长是平冈贞（平冈商店），会计监督仍然是鹿野克明，评议员由三菱商事株式会社、台湾银行、日本邮船株式会社、南满洲铁道株式会社、日本水产株式会社、江商株式会社、泰福洋行、美术杂货商组合、香港日报社派人组成。[5]

---

[1] 「香港日本商工會議所會員」『香港日本商工會議所月報』第 1 卷第 7 号、1939 年 11 月 25 日。

[2] 《香港日报》是在日本驻香港总领事代理船津的建议与帮助下，1909 年 9 月 1 日，松岛宗卫创办的日文报纸。创刊费由香港的日资企业与船津负担各半。在《香港日报》存续期间，在港日资企业如三井物产、日本邮船等给予其资助，由于总领事馆经常需要利用该报，加上其在日侨中的媒介作用，领事馆及外务省也会不定期地给予其资助。该报是日本总领事馆和国策会社支持的香港唯一的日文报纸，代表日本政府的声音，还不时受到多方关注，香港的中文报刊也会利用、转译其登载的有关日本及上海方面的内容。见许金生《近代日本对华宣传战研究（1868—1937）》，复旦大学出版社，2021，第 281—282 页。

[3] 「昭和十五年度役員」『香港日本商工會議所月報』第 2 卷第 6 号、1940 年 7 月 10 日。

[4] 「昭和十六年度役員」『香港日本商工會議所月報』第 3 卷第 4 号、1941 年 4 月 30 日。

[5] 香港日本商工会議所编『香港年鑑』、137 頁。

总之，香港日本商工会议所的成员在不断增多，而创会的 14 家会员是主干，尤其 20 世纪初即在香港开设分店的三菱、三井物产、日本邮船、正金银行、台湾银行、大阪商船公司，始终把持商工会议所的主要职位，正副会长一直在它们中间产生，再加上后加入的南满洲铁道株式会社，这些大的日本商业机构在战前港日贸易中发挥主导作用，而日本总领事馆和国策会社支持的香港唯一的日文报纸《香港日报》的加入，对日本加强在香港的舆论渗透及统制政策宣传等方面起着"喉舌"的作用。香港横滨正金银行支店长鹿野克明一直充当会计监督。

遍布中国主要城市的在华日本商工会议所，通过搜集共享经济情报、提供咨询建议、助推统制政策等方式为日本武力侵华及经济扩张推波助澜。

三　被解散后与中国商会合并成商工公会或被改组成经济会议所

随着日本对华侵略的深入，在华日本商工会议所根据日本对华政策的需要，一部分被解散后与中国商会一起组成了商工公会，一部分被改组成经济会议所。

（一）伪满商工公会的设立

为把伪满经济力量纳入日本"总体战"架构中，实现"日满经济融合"，在日本的策动下，1937 年 11 月 27 日，伪满政府在"国务院"会议上表决通过了"商工公会法"，[①] 并于当年 12 月 1 日正式实施。该法详细规定了商工公会的各项职能，即调停、调查、指导、仲裁工商业

---

① "商工公会法"具体规定如下：商工公会以改善和发展工商业为目的；商工公会设置固定职员，包括会长 1 名，副会长 3 名以内，理事 10 名以内，职员由经济部大臣任命，为各地行政区域内拥有丰富工商业经验的人士；商工公会设置参事 50 名以内，半数由经济部大臣任命，半数由选举产生；各市、县行政区域内营业税达 20 日元以上的商工业者强制成为商工公会会员，并将征收营业税的 10% 作为税款；根据各区域的情况，设置产业、工业、金融、交通、指导仲裁、调停等部门及下属组织委员会，并通过职员会、参事总会进行具体实施；商工公会的事务包括工商业的联络调整、调停或仲裁、通报、指导、中介或斡旋、证明或鉴定、调查、建筑物的修建或管理，其他改善、发展工商业的必要事务等。《满洲日日新闻》1939 年 8 月 11 日—1939 年 8 月 15 日。

相关事宜，并于第 51 条、第 52 条分别规定，"本法施行之际，现存商会、其他准此之团体视为于本法施行同时根据本法设立之商工公会"，"前条之团体，本法实施之际在同一地区内存有二以上者，于本法施行六个月内应依合并之手续，设一商工公会"。① 据此，除大连日本商工会议所外，东北原有的日本商工会议所被撤销，与中国商会及其他经济团体一起重新整合成立商工公会。至抗战结束，在东北设立的伪满商工公会已经如血管一样遍布各市县旗，多达 239 个。② 与商工会议所相比，商工公会显示出为伪满经济统制服务的特点。正如齐齐哈尔商工公会第一届会长王玉堂在该会成立时发表的演讲所说，"商工公会的使命是强化组织，完善机能，便于工商业统制"。③

以奉天商工公会为例。④ 根据伪满"商工公会法"，并存在奉天市的由中国人组织的奉天商会和日本人组织的奉天商工会议所被解散重新合并成奉天商工公会。1938 年 4 月 1 日，奉天商工公会正式开展业务，并于同年 5 月 6 日召开举办仪式。⑤ 在人员构成上，以原奉天商工会议所会长石田武亥为会长，日塔治郎（日）、陈维则（中）、方煜恩（中）为副会长。同时，设中日常务理事各 1 人，理事各 4 人。在机构设置上，奉天商工公会下设总务科、业务科、调查科、产业科四个部门，每科各设正副科长。总务科下设经理股与庶务股，业务科下设指导股、联络股，调查科下设统计股与调查股，产业科下设工业股与商业股。在这些下设机构中，中国人和日本人的人数是大致相当的，但实际上会务操纵于日本人手中。⑥ 除此之外，商工公会还附设职员会、参事

---

① 『満州日日新聞』1937 年 11 月 28 日。
② 李茂杰主编《伪满洲国政府公报全编》第 54 册，线装书局，2009，第 171 页。
③ 王玉堂「齊齊哈爾商工公會発會式ニ際シテ」『康徳五年度齊齊哈爾商工公會事業報告書』齊齊哈爾商工公會、1939 年、3～4 頁。
④ 参见卢仕豪《奉天日本商业会议所研究》。
⑤ 奉天商工公會編『康徳五年度業務報告書』奉天商工公會、1939 年、1 頁。
⑥ 王承霞：《伪满时期奉天商会研究（1932—1945）》，硕士学位论文，辽宁大学，2015 年，第 20 页。

总会等两个决策机构和工业部、金融部、交通部、指导统制部、仲裁调停部等五大具体职能部门。五大职能部门之下根据具体行业和职能设立各类委员会。具体决策和执行流程是：首先由商工公会事务局提出审议事项交给五大职能部门，五大职能部门议决后，将结果交给商工公会事务局，再经由议员会审议议定；如非章程规定的事项，则交由参事总会议定。最终，审议内容经职员会或参事总会议定通过后再由奉天商工公会负责执行。[①]

商工公会成立时标榜其宗旨是"推进满洲商工业之发展，对业者进行联络调整，促进其共同利益，以发展产业经济"。[②]但相比商工会议所时期，商工公会更突出了服务于经济统制的目标。正如奉天商工公会会长石田武亥在成立大会的致辞中所言，"组成商工公会，非只将从前之商务会，或商工会议所形式合并而已。较前更须使之有强力组织及机能，以图民间商工业者之整束统制，完成有重大使命之机关，是可谓为民间经济团体"。[③]在1943年修订的"商工公会法"条文中，更是明确规定"本法以商工业者及其团体设立社团，使其协力关于商工业之国策"，并在商工公会的职能中新增"对于商工业统制之协力""商工业从业员之练成"等内容，同时新设了关于违反"商工公会法"的惩罚条例。[④]从组织性质来看，奉天商工公会从社团法人变为公法人，即从民间社团性质转变为政府组织性质。商工公会提出了拟将全体中日工商业统一组织化之目标。商工公会由主管部大臣监督，这就更便于伪满洲国对商工公会的直接管控。自愿加入商工公会变为强制成为会员，自愿认缴会费变为强制征收赋税。在具体工作上，奉天商工公会负责统筹消费品，其内容也逐渐由限制商品流通变为配给制。但随着各类工商业

---

①　奉天商工公會『奉天經濟事情』奉天商工公會、1940年、78頁。

②　「満洲事情案内所報告」81、満洲事情案内所編『満洲商業事情』、1940年、129頁。

③　石田武亥「奉天商工公會發會式致辭」『奉天商工公會月報』第1卷第1號、奉天商工公會、1938年7月、55—56頁。

④　李茂杰主编《伪满洲国政府公报全编》第143册，第257—263页。

同业组织的设立，其具体职能被让渡给同业组织。① 可见，通过建立商工公会这种方式，日本经济团体"合法"吞并了中国东北各地的大小商会、商务会，表面上实现了"日满经济融合"，日本利用把控厚植于中国本地城市县镇的商会平台，试图建立起为侵略战争服务的"经济基地"。

（二）改组成经济会议所

1911 年《美日商约》签订后，根据最惠国待遇条款，日本军事扩张所需的金属、石油和其他原材料都以优惠价格购自美国，直到 1940 年 1 月，美国废止了这个协议，但日美贸易仍然存在，1941 年，日本的进口货中依旧有大量美国产品，只不过数量大幅度降低，其中至关重要的战略物资石油，进口额只有 1940 年的一半左右。太平洋战争爆发后，美国停止了对日本的所有军需物资供应，并转而向中国正面战场提供贷款和军事援助，这导致日本的石油等战略物资严重短缺。为继续支撑对外侵略战争，日本加紧对占领区域战略物资的掠夺。1942 年 12 月 21 日，日本召开御前会议，制定了《为完成大东亚战争所需要的对华处理根本方针》，指出当前对华经济施政是以增加获得完成战争必需之物资为主要目的，重点开发和取得占领地区内的重要物资，并积极获取敌方物资；当实行经济措施的时候，要力戒日本方面的垄断行为（主要指同业公会等日本组合），同时有效地利用中国方面官民的责任与创见，以使其体现积极对日合作的实效。②

为配合上述方针的推行，天津、青岛、上海等在华日本商工会议所决定改组成立经济会议所。

1921 年 12 月，青岛实业协会改组成青岛日本商业会议所（1928 年改称商工会议所）。1943 年 7 月，"为适应华北统制经济之进展，以及

---

① 塚瀨進「奉天商工公会の設立とその活動」柳沢遊・木村健二編著『戦時下アジアの日本経済団体』、200 頁。

② 〔日〕服部卓四郎：《大东亚战争全史》上卷，张玉祥等译，世界知识出版社，2016，第 499—500 页。

确立决战体制，除积极协力日本当局诸项施策外"，改组成立经济会议所，其改组要点如下。

（1）名称与性质：名称改为青岛日本经济会议所，实质上完全一致，除过去企业组合之色彩，改向完遂公益性经济团体所担负之使命。

（2）地区之变更：经济会议所为积极协力当局诸施策，尽量发挥综合之经济团体机能起见，将过去事业地区扩大为总领事馆管辖区域。

（3）扩大会员资格：统制组合等各种事业团体亦有加入会员资格。

（4）增加官选职员：为发挥经济会议所之作用，官选职员原为1/3，今后增加至与民选职官相同之数。

（5）理事会之组织：增加副会长2名。①

华北区域最早出现的商业会议所是天津日本商业会议所，成立于1908年9月，1927年改名为天津日本商工会议所。天津日本商业会议所在日本逐步占领华北地区的过程中承担着重要角色。

九一八事变爆发后，天津日本商工会议所的主要活动包括配合日本在华北经济利益的扩大，确立商工会议所财政性、法定化基础问题，改良输出入税，汇兑等贸易相关事宜，多为维护会议所会员相关利益问题，同时接受日本国内外商工业者及外务省的委托调查。七七事变后，华北地区涌进大量日本商工业者。日本外务省、驻华总领事馆希望通过天津日本商工会议所统辖华北地区的日本商工业者，为战时日本国防建设提供支持。1939年以后，天津日本商工会议所的主要活动转向接收租界等直接与占领地行政相关的事宜，天津日本商工会议所成为日本驻天津领事馆与华北联络部管理华北地区经济的委托机构。1942年后，天津日本商工会议所虽然被摆放在经济统制中枢的位置，但是未配备相应的下属机构，随着天津输入配给组合联合会与华北贸易总联合会的强大，天津日本商工会议所日渐衰微。1944年，天津日本商工会议所被改组进大津日本经济会议所，该会议所逐渐带有经济参谋本部的性质，

---

① 《青岛商工会议所改组》，《社会日报》第4878号，1943年7月25日。

活动范围以统制指导商工业、产业，调整劳务以及消除中小企业不满情绪为主。[1]

1944 年 11 月，日本驻上海总领事馆宣布成立完全协助日本国家政策的机关——上海日本经济会议所，[2] 上海日本商工会议所随之被解散。

综上所述，近代在华日本商业会议所建立过程中存在以下特点。

第一，数量多、分布地域广。日本在中国的开埠设领之地，包括香港、台湾地区均设有日本商业会议所，其中有些是实业协会改组而来，后又改组为商工会议所、经济会议所。据不完全统计，近代在华日本商业会议所的数量至少达 44 处。另外，根据伪满"商工公会法"，中日商会解散后又重新合并建立的商工公会遍布东北各市县旗，达 200 多个。

第二，从在华日本商业会议所分布区域及设立进程看，主要是沿着日本对华扩张的路线建立起来的。日本商业会议所最早在东北地区出现且具有绝对多的数量，以奉天、大连的日本商业会议所为中心；天津、北京日本商业会议所是华北区域的中心；在以上海为中心沿长江进入中国腹地的侵略线路上，上海、汉口在 1911 年和 1914 年就已经正式设立了日本商业会议所；华南地区的厦门、广州、香港、台湾等地商业会议所设立时间较迟。

---

[1] 幸野保典「華北経済の膨脹と天津日本商工会議所の機構改革」柳沢遊・木村健二編著『戦時下アジアの日本経済団体』、207—254 頁。

[2] 「上海に於ける経済会議所創立とその意義」『経済月報』第 22 号、1944 年 11 月、4—9 頁。

第二章

在华日本商业会议所的组织系统

分设于中国各地的日本商业会议所，基本上独立自主、自成体系，彼此之间并不存在直接统属关系，也就是说，在内部结构上，一般都有自己比较严密的组织系统，其选举和运转有一套相应的程序。但除了本体组织系统外，为了行动一致，解决利益相通的重要问题，在华日本商业会议所及实业协会还通过区域内或者不同区域甚至跨国的互动联合，构筑范围更大、组织形式更复杂的全国性或跨区域组织，因而产生了在华日本人商业会议所联合会、华北日本人商业会议所联合会、"满洲"日本人商业会议所联合会、"满鲜"日本人商业会议所联合会等组织。日本商业会议所通过纵横交错的组织系统与日本国内外其他调查机构一起构筑成范围广大的信息网，在日本对华经济调查、情报网络中起着不可或缺的作用。

第一节　在华日本商业会议所的本体系统

从组织构成上看，在华日本商业会议所成员一般分三等：会长、议员、会员。

在华日本商业会议所的领导层通常由四个层级组成：第一层是会长，包括正会长 1 名，副会长 1—2 名不定，在议员总会中选举产生，负责商业会议所的领导事务；第二层为议员、顾问、理事、会计监督等，负责决策及行政、监督等工作；第三层是各职能机构负责人，通常称部长，负责商业会议所的具体事务，部长由议员担任；第四层是职员，负责基础办公事务，一般经役员会决议后由会长批准产生，有一定的报酬。所有商业会议所的领导人都通过推荐或者选举产生，由驻华日本领事上报日本外务部，经政府批准后方可任职。

一　会长

在华日本商业会议所的正、副会长，由不记名投票选举产生，如得票相同则抽签决定。从整体而言，商业会议所的会长几乎始终由在华日本大企业、金融业分店长等政商型商工业者担任。如表2-1所示，奉天日本商业（工）会议所的正、副会长一直由县佐吉（三井物产）、中村准辅（三井物产）、庵谷忱（煤炭商）、石田武亥（奉天仓库金融会社）、向野坚一（茂林洋行）、小西春雄（朝鲜银行分店奉天分店长）等把持。20世纪初即在香港开设分店的三菱、三井物产、日本邮船（三菱合资会社的关联企业）、正金银行、台湾银行（日本在台湾的"中央银行"）、大阪商船公司（住友持有大比例股份）始终占据香港日本商工会议所的主要职位，正、副会长一直在它们中间产生（见表2-2）。尤其三井、三菱这样的大财阀（或者与其相关联的企业）① 在

---

① 明治时代，日本航海业界的先驱是创办三菱会社的岩崎弥太郎。从1870年起经营日本国内的船运业，运输事务所设在神户。1874年，为服务官役，将总部设在东京。在日本准备侵略台湾期间，岩崎弥太郎表示愿以"所有汽船数艘，以报国恩于万一"。为输送军队和军需物资，日本投资156.8万日元购买13艘汽船，经过商议，将此事交付给三菱，命其承担军队及与军需品有关的一切任务。战后，日本政府为酬报其"功绩"，将13艘汽船无偿交给三菱会社。在日本侵略台湾中发迹之后，在日本政府支持下，1875年1月，三菱会社在上海设立支店，同年2月，开辟了横滨至上海的航路，"踏上了进入世界航运业的第一步"。1875年，日本政府收买邮便蒸汽船会社18艘船，也一并无偿交给三菱会社，同时驿递长官给三菱会社发出命令17条，包括输送邮件、随时提供船只供政府使用、维持上海航路、培养海员（政府提供1.5万日元培训费），并每年提供补助金25万日元。三菱会社改名为邮便汽船三菱会社。在日本政府的支持下，三菱会社收购美国的太平洋邮船公司在上海线上航行的

华各地分店长担任多地日本商业会议所的领导层职务。天津日本商业会议所也是如此，比如其 1930—1935 年的领导层中，邮船、三井、正金、三菱等大企业皆位列其中（见表 2-3）。据研究，被称为大财阀的三井、三菱、住友等大型企业集团，在二战前的日本经济活动中扮演了重要角色。有数据显示，在 1914—1929 年企业总资产前百名的日本公司中，隶属于上述三大财阀的企业占比一直维持在 30% 左右。[1]

这些政商型财阀始终与日本政府在外官厅、满铁及总领事馆保持着密切联系。如 1917 年 7 月，奉天总领事馆为解决在奉天金融兑换的问题，与奉天省联合成立金融调节委员会，互推 9 名委员，奉天日本商业会议所议员藤田九一郎、石田武亥、伊藤小三郎、西宫房次郎、中村准辅、高木成德人选。[2] 其中石田武亥（奉天仓库金融会社）自 1915 年至 1937 年连续多年被选为奉天日本商业会议所议员，并在 1920—1936 年多次连任奉天日本商业会议所的会长或者副会长。其实，石田武亥从 1913 年起便是奉天总领事馆的行政委员，更因在九一八事变中带领奉天日本商业会议所配合日军侵略而"功绩显著"，被日本政府授予勋章。[3]

---

4 艘船及其在上海、日本等地的所有资产，80 万日元收买费由日本政府提供。与东西汽船公司订立契约，30 年内绝对不允许在日本内海航行。这样，在日本政府的支持下，三菱会社成为东洋航运业的第一大航运公司。1883 年 4 月，涩泽荣一等人成立了共同运输株式会社，两者进行了激烈的竞争，后日本政府插手命令两者合并。1885 年 9 月 26 日，邮便汽船三菱会社与共同运输株式会社合并成立日本邮船株式会社，继承了三菱会社的神户、香港间，以及横滨、神户、长崎、上海间的定期航行，随后又开辟长崎、芝罘、天津间的航路。以中日甲午战争、日俄战争为契机，日本航运业得到了飞跃式发展。为侵夺长江流域的航行权，提高与在长江流域航行的中国及欧美各公司的竞争力，在日本政府的倡议下，1907 年，大阪商船会社、大东汽船会社、湖南汽船会社、日本邮船株式会社合并成中日汽船株式会社，总社在东京，上海、汉口均有分社。日本政府在 5 年内给予其年补助金 80 万日元。这样，在日本政府的支持下，日本在华航运业势力得到了极大扩张，在中国的日本商业会议所领导层中占据重要地位。

① 〔日〕武田晴人：《财阀的时代》，王广涛译，社会科学文献出版社，2021，第 3 页。
② 参见奉天商工会议所『奉天经济三十年史』奉天商工会议所，1940 年，79—80 页。
③ 内阁总理大臣东条英机「故石田武亥位记追赐の件」『叙位裁可书·昭和十八年·叙位卷四十四·临时叙位』，1943 年，JACAR（アジア历史资料センター）、Ref. A12090358800（国立公文书馆）。

表 2-1　1907—1936 年奉天日本商业（工）会议所历届正副会长

	1907 年	1908 年	1909 年	1910 年	1911 年	1912 年
会长	松茂直顺	阿部孝助	谷口武一郎	三谷末治郎	县佐吉	藤田九一郎
副会长	千贺环	杉隆精	县佐吉	县佐吉	原口闻一	余村松之助
	1914 年	1915 年	1916 年	1917 年	1918 年	1919 年
会长	藤田九一郎	江藤丰二	伊东小三郎	中村准辅	吉野小一郎	小西春雄
副会长	石井久次	石井久次	中江十五郎	向野坚一	向野坚一	向野坚一
	1920 年	1922 年	1924 年	1926 年	1928 年	1930 年
会长	堀谏	石田武亥	石田武亥	庵谷忱	庵谷忱	藤田九一郎
副会长	石田武亥	向野坚一	庵谷忱	吉川康	富村顺一	富村顺一
	向野坚一	原口闻一	吉川康	富村顺一	三谷末治郎	石田武亥
	1932 年	1934 年	1936 年			
会长	庵谷忱	石田武亥	石田武亥			
副会长	上田利一	上田利一	山本盛正			
	向坊盛一郎	向坊盛一郎	池田隆雄			

资料来源：奉天商工会議所『奉天経済三十年史』、576—578 頁。

表 2-2　1939—1941 年香港日本商工会议所的赞助会员情况

赞助会员	负责人	行业类别	职务
三井物产株式会社	★沼田孝造、★南部信次郎	商社	评议员
三菱商事株式会社	高垣胜次郎、本田松治、★天野信义	商社	评议员
横滨正金银行	鹿野克明	银行	会计监督
台湾银行	大野义中、工藤耕一、寺山繁三	银行	评议员
日本邮船株式会社	渡边康策、★矢岛安造、小野六郎	航运	会长
大阪商船株式会社	胜沼敏行、枝吉正保	航运	评议员
大连汽船株式会社	#曾川治男	航运	评议员
东洋棉花株式会社	#南里英俊、井内忠造	商社	评议员

续表

赞助会员	负责人	行业类别	职务
南满洲铁道株式会社	#大杉孝平、滨本一人	特殊会社	评议员
日本水产株式会社	★前根寿一、斎藤茂治、船山巍	渔业	评议员
江商株式会社	西村之夫	商社	评议员
东胜洋行	久住良太郎、小岛源助		评议员
中日贸易公司	斎藤静也	贸易	评议员
平冈商店	# 平冈贞	贸易	评议员
樱商行	樱井铁次郎	贸易	评议员
加藤洋行	中尾梅吉	贸易	评议员
泰福洋行	村上勇八	贸易	评议员
美术杂货商组合	中泽几太郎、中村秀二		评议员
香港日报社	卫藤俊彦		评议员

注：名字前面标有★为做过会长，# 为做过副会长。

资料来源：香港日本商工會議所會頭前根寿一等「香港日本商工會議所設立ニ關スル件」『在外邦人商業(商工) 会議所関係雑件/香港商業会議所』、1937 年、JACAR(アジア歴史資料センター)、Ref. B08061555000 (外務省外交史料館)；「香港日本商工會議所會員」『香港日本商工會議所月報』第 1 卷第 7 号、1939 年 11 月 25 日；「昭和十五年度役員」『香港日本商工會議所月報』第 2 卷第 6 号、1940 年 7 月 10 日；「昭和十五年度役員」『香港日本商工會議所月報』第 2 卷第 8 号、1940 年 9 月 25 日；「昭和十六年度役員」『香港日本商工會議所月報』第 3 卷第 4 号、1941 年 4 月 30 日；香港日本商工會議所編『香港年鑑』、137 頁。

表 2-3　1930—1935 年天津日本商工会议所的正副会长与评议员

商号	人名	职务
近海邮船会社	松尾丰实	会长
大福公司	植松真经	副会长
横滨正金银行	伊东爱吉	评议员
三井物产株式会社	今井润三	评议员
朝鲜银行	山上逸	评议员
大阪商船会社	岸田菊耶	评议员
东京建物会社	牧尚一	评议员

续表

商号	人名	职务
三菱商事株式会社	相原俊夫	评议员
大连汽船会社	松业重隆	评议员
东洋棉花会社	浅山伊三郎	评议员
日本棉花会社	越谷寿藏	评议员
武斋洋行	武内进三	评议员
三昌洋行	冈本九雄	评议员
清喜洋行	佐佐木敏丸	评议员
金山洋行	金山喜八郎	评议员
伊藤忠商事会社	大鬼顺策	评议员
增幸洋行	上田茂	评议员
中国土产公司	野崎诚近	评议员
裕兴公司	内山春吉	评议员
增田洋行	小林成夫	评议员
德丰洋行	渡边德太	评议员
中华磷寸会社	上野寿	评议员
中日公司	吉野久七	评议员
松本洋行	原田万造	评议员

资料来源：天津日本人商業會議所「天津日本人商業會議所役員名簿」『在外邦人商業（商工）會議所関係雑件/天津商工会議所/分割1』、1930年、JACAR(アジア歴史資料センター)、Ref.B08061552000(外務省外交史料館)。

政商型的商业会议所领导阶层，使商业会议所在开展经济活动中，与总领事馆、当地驻华日本军政机关有更多的政治联动，使商业会议所的调查、建议、咨询等活动带有更明显的为日本军政服务的色彩。当然，也因此能为商业会议所争取到日本政府的各项优惠政策，从而使会员即大、中、小商工业者皆能获得更大的经济利益。

二　议　员

议员，不同时期又称为常议员、评议员等，由选举产生，是商业会议所中十分重要的群体，正、副会长也是议员。1907 年的《奉天商业会议所章程》规定，每年 11 月 1 日，奉天日本商业会议所根据会员名单制定拥有选举权者名册。议员的选举于每年 12 月进行，由拥有选举权者每人一票选举产生。卸任者可重新当选。如有议员因故不能完成任期，可临时遴选代理议员完成其未完成的任期，但须经领事馆认可。每年议员选举结束十日之内，从议员中选举产生奉天日本商业会议所理事。理事由会长、副会长及 5 名常议员组成。5 名常议员由议员通过不记名选举产生，以得票最高的 5 人为获选者。①

商业会议所的议员都来自具有较强政府背景的一些大企业在华分支机构，如三井物产、三井银行、三菱商事、朝鲜银行等，还有当地日本领事馆、"兴亚院"等政界人士，天津驻防军司令、特务机关等军界人士，这对在华日本商业会议所推行日本官方政策与调查活动内容产生了巨大影响。

根据《香港日本商工会议所章程》,② 1939—1940 年香港日本商工会议所设立 12 名评议员，由大阪商船、香港日报社、三菱商事株式会社、台湾银行、泰福洋行、美术杂货商组合、东洋棉花株式会社、江商株式会社、日本水产株式会社、樱商行主、日本邮船株式会社派人组成。③ 1941 年香港日本商工会议所的评议员包括大阪商船、平冈商店、

---

① 奉天商業會議所「奉天商業會議所定款」『本邦商業會議所関係雑件/在支ノ部/1. 奉天商業會議所』、1907 年、JACAR（アジア歴史資料センター）、Ref. B10074314500（外務省外交史料館）。

② 香港日本商工會議所編「香港日本商工會議所定款」『在外邦人商業（商工）会議所関係雑件/香港商業会議所』、1937 年、JACAR（アジア歴史資料センター）、Ref. B08061555000（外務省外交史料館）。

③ 「昭和十五年度役員」『香港日本商工會議所月報』第 2 巻第 6 号、1940 年 7 月 10 日。

东胜洋行、三井物产株式会社、樱商行主、台湾银行、三菱商事株式会社、日本邮船株式会社、南满洲铁道株式会社、日本水产株式会社、江商株式会社、泰福洋行、美术杂货商组合、香港日报社派出人员。[①] 可见，三菱、三井物产、日本邮船、正金银行、台湾银行、大阪商船等日本大公司始终派人担任商工会议所的评议员，把持着会议所的主导权。

商业会议所一般设有议员总会与理事会处理日常事务。起初，商业会议所的议员总会包括定期总会和临时总会两种形式，须有半数以上的议员出席方可召开。定期总会为半年一次，于每年 6 月、12 月定期召开。临时总会为在 5 名以上议员的请求下，由理事会决议召开。理事会须半数以上理事出席，并由正、副会长充当理事会议长，如正、副会长均无法出席，则通过抽签选定临时议长。[②]

经过改革，商业会议所的决议机关为定期总会和议员会。定期总会是商业会议所的最高决议机关，每年召开一次，由全体会员参加，总会决议事项包括事务报告、预算及决算报告、财产目录报告、需议员会审核的事项等。议员会由 5 名以上议员提出申请并得到会长认可后便可召开。议员会的决议内容相当广泛，主要包括会费征收、总会报告议案审查、入会申请许可、会员违反商业会议所章程的相关处罚、事务处规则制定、其他重要事项等。[③]

议员会中还设有顾问及特别议员，他们是商业会议所的咨询人员，由会长推荐，经议员会同意后当选，但这些顾问及部分特别议员并非商业会议所会员。如 1928 年奉天日本商工会议所的顾问是奉天警察署署

---

① 「昭和十六年度役員」『香港日本商工会議所月報』第 3 巻第 4 号、1941 年 4 月 30 日；香港日本商工会議所編『香港年鑑』、137 頁。

② 奉天商業會議所「奉天商業會議所定款」『本邦商業会議所関係雑件/在支ノ部/1. 奉天商業會議所』、1907 年、JACAR（アジア歴史資料センター）、Ref. B10074314500（外務省外交史料館）。

③ 奉天商工會議所「昭和八年度（第三十八回）奉天商工會議所事務報告」『在外邦人商業（商工）会議所関係雑件/奉天商業会議所/分割 4』、1934 年、JACAR（アジア歴史資料センター）、Ref. B08061545400（外務省外交史料館）。

长与南满洲铁道株式会社奉天地方事务所所长。其特别议员包括内田五郎（日本驻奉天总领事）、野原正雄（日本奉天邮局局长）、铃木二郎（南满洲铁道株式会社奉天铁道事务所所长）、高桥清一（日本奉天交易所所长）、弥永茂太郎（南满洲电气株式会社奉天分社社长）、右近末穗（朝鲜银行奉天分行行长）、山本纯吉（横滨正金银行奉天分行行长）、小田信治（东洋拓殖株式会社奉天分社社长）、织田弥助（南满洲铁道株式会社奉天公所所长）、守田福松（日本奉天居留民会会长）、末光源藏（满铁地方委员会议长）、藤田九一郎（南满仓库株式会社社长）、中山东一郎（奉天制麻株式会社专职监督）、宫植庄三（东亚劝业株式会社专职监督）。① 台湾地区所有日本商工会议所的顾问无一例外皆包括当地的市长。② 1942 年广东日本商工会议所的顾问是高津富雄（日本驻广东总领事）、矢崎勘十（陆军特务机关长）、岩越寒季（海军特务部部长）、长谷川武吉（民团民会议长）。可见，议员会中的顾问及特别议员几乎全部由日本驻外机构的官员、满铁职员、日本大企业分店长构成，他们在议员会中居于主导地位。由于在华日本商业会议所与日本军政当局有着密切的联系或者顾问及特别议员本身就是军政长官，商业会议所在运营及决策过程中会充分考虑和贯彻日本官厅的意愿。

由于商业会议所定期总会每年只召开一次，主要由大企业家、大资本家及军政官员等组成的议员会便成为商业会议所中起实际作用的最高权力机构。随着日本侵华的全面展开，在华日本商业会议所逐渐转变为受日本大资本势力和侵华机构支配的组织。

三　会员

会员是商业会议所的最基本构成元素。凡符合章程所规定的资格并

---

① 奉天商工會議所編『昭和三年度（第三十三回）奉天商工會議所事務報告』奉天商工會議所、1928 年、28—31 頁。

② 臺灣商工會議所『臺灣全島商工會議所一覽』、1942 年 11 月 27 日、1—45 頁。

缴纳会费、履行义务的在华日本商工业者，皆可成为会员。如《大连商业会议所章程》规定："所有大连的营业所和事务所的商工业者均可成为会员。"① 这里需要解释的是，虽然日本实业家排斥中国人加入大连日本商业会议所，但担心造成猜忌，所以并未明文规定禁止中国实业家加入；实际上始终并无一中国人加入大连日本商业会议所，② 其他在华日本商业（工）会议所除了台湾地区实业家也无其他中国人加入。更多的章程则明文限定商业会议所会员必须是日本国民及法人，如1917 年的《奉天商业会议所章程》规定："会员必须为在奉天拥有营业所或事务所的日本国臣民、日本国法人。"③《广东日本商工会议所章程》也规定："会员须是在此区域内拥有营业所或事务所并从事工商行业的日本帝国臣民及法人。"④ 一战后，日本在华的合名、合资公司有了一定的发展，针对这种状况，1920 年奉天日本商业会议所的新章程进一步规定，如果经营的公司为合名公司，则需要社员半数以上为日本人；如经营公司为合资公司或股份合资公司，则需要无限责任社员半数以上为日本人。⑤

　　商业会议所会员根据缴纳会费的数额一般被划分成不同等级。如奉天日本商业会议所在建立之初，会员按缴纳会费数额分为 8 个等级，1917 年后增加到 10 个等级，1920 年新章程规定会员按照缴纳会费额分

---

① 大連商業會議所編「大連商業會議所定款」『大正四年大連商業會議所年報』大連商業會議所、1916 年、90 頁。

② 柳沢遊『日本人の植民地経験：大連日本人商工業者の歴史』、91 頁。

③ 奉天商業會議所「奉天商業會議所定款」『本邦商業会議所関係雑件/在支ノ部/1. 奉天商業會議所/1）奉天商業會議所員ニ於テ清国商務総会員招待ノ件　六月」、1917 年、JACAR（アジア歴史資料センター）、Ref. B10074314600（外務省外交史料館）。

④ 廣東日本商工會議所「廣東日本商工會議所定款」『在外邦人商業（商工）会議所関係雑件/広東商業会議所」、1937 年、JACAR（アジア歴史資料センター）、Ref. B08061553400（外務省外交史料館）。

⑤ 奉天商業會議所「奉天商業會議所定款」『本邦商業会議所関係雑件/在外本邦実業団調査一件第一巻/2. 奉天/分割 1」、1920 年、JACAR（アジア歴史資料センター）、Ref. B10074321600（外務省外交史料館）。

为 13 个等级，到了 1935 年，奉天日本商工会议所会员被重新划分成 12 个等级。[①] 1915 年，大连日本商业会议所的会员被划分为 8 个等级，[②] 1932 年 6 月又改为十二等级会员制。[③] 商业会议所通过划分等级、降低会费及简化入会程序等手段吸纳会员。实际上，占比较大的中小商工业者会员基本没有话语权。

商业会议所设有专门的办事机构，一般设立商工部、产业部、交通部、金融部、社会部等部门负责商业会议所的具体事务，部长由议员担任。[④] 商业会议所一般设有庶务系、调查系、会计系等机构负责处理会议所的各项事务。庶务系负责的内容相当广泛，包括商业会议所的人事管理、档案文书的保存及发布与领取、各种规定及日志记录、议员选举及选举细则相关事项、召开会议相关事项、会员管理及会费征收、商品陈列相关事项、商业会议所的取缔及禁止事项、送迎接待事项。调查系负责的事务主要包括：为谋求工商业发展，采取必要的方式展开调查；就制定工商业法规过程中修改、废除与实施的意见向行政官厅上报申请，并对工商业的利害得失发表意见；就日本官厅关于工商业方面的咨询进行回应；对工商业的状况及统计展开调查；受官厅命令或商工业者委托对有关工商业事项展开调查，为商品的产地、价格等提供证明；负责时报、月报、年报及其他出版物的编纂；商业会议所图书寄赠；等等。会计系负责事务包括商业会议所的预算及决算事务、会员会费与经费的征收事务、物品的购买和销售及保管、金钱物品的出纳、保管商业

---

① 奉天商業會議所編『奉天經濟二十年誌』奉天商業會議所、1927 年、525 頁；「2. 奉天/分割 5」『本邦商業会議所関係雑件/在支ノ部』、JACAR（アジア歴史資料センター）、Ref. B11090765200（外務省外交史料館）。

② 篠崎嘉郎著、加藤聖文編『満州と相生由太郎』ゆまに書房、2012 年、863—864 頁。

③ 大連商工會議所編『昭和八年度大連商工會議所事務報告』大連商工會議所、1933 年、44—45 頁。

④ 安東商業會議所編「社團法人安東商業會議所定款附全議員部属規程」『本邦商業会議所関係雑件/在外邦人商業団体調査第一巻/分割 2』、1920 年、JACAR（アジア歴史資料センター）、Ref. B10074318400（外務省外交史料館）。

会议所的财产等。① 还有一些商业会议所下设商品陈列馆，其组织机构会增设陈列系、图书系等，主要负责商业会议所商品的陈列事务。②

第二节　跨区域日本商业会议所的组织系统

为了行动一致，解决利益相通的重要问题，在华日本商业会议所及实业协会还通过区域或者不同区域甚至跨国的互动联合，构筑范围更大、组织形式更复杂的全国性或跨区域组织系统，比如，建立了在华日本人商业会议所联合会、"满鲜"日本人商业会议所联合会、"满洲"日本人商业会议所联合会、华北日本人商业会议所联合会等组织。

一　在华日本人商业会议所联合会

日俄战争后，大量日本人进入中国，其中很多是来华投资办企业的商工业者。一战期间，西方列强忙于欧战无暇东顾，日本在华投资发展迅速，在华企业数量骤增。与此同时，日商在中国陆续建立起许多规模不一的实业（协）会及商业会议所。为了相互保持密切联络、统一行动，在中国的日本实业家决定成立联合会。

1916 年 10 月 27 日，在日本政府的支持和监管下，在华各地日本人商业会议所与实业（协）会组成联合会，全称为"在华日本人商业会议所联合会"（以下简称"联合会"）。该会成立的目的是"对有关加盟各会共通的利害问题采取统一行动"，③ 事务所设置在上海日本商

---

① 鐵嶺商業會議所編「鐵嶺商業會議所處務細則」『本邦商業會議所関係雑件/在支ノ部/15. 鉄嶺商業会議所』、1923 年、JACAR（アジア歴史資料センター）、Ref. B10074316000（外務省外交史料館）。

② 奉天商業會議所編「奉天商業會議所定款附奉天商業會議所處務細則」『本邦商業會議所関係雑件/在外邦人商業団体調査第一巻/分割 1』、1920 年、JACAR（アジア歴史資料センター）、Ref. B10074318300（外務省外交史料館）。

③ 在上海總領事有吉明「在支日本人商業會議所聯合會規則」『在支那本邦人商業會議所連合会関係一件/分割 1』第一巻、1916 年、JACAR（アジア歴史資料センター）、Ref. B10074349400（外務省外交史料館）。

业会议所内，其成立之初囊括在华成立的所有商业会议所：汉口日本商业会议所、天津日本商业会议所、大连日本商业会议所、奉天日本商业会议所、安东日本商业会议所、上海日本商业会议所，以及有着类似性质目的之青岛日本人实业协会、北京日本人商工会、营口日本人实业会、辽阳日本人实业会。

1916年《在华日本人商业会议所联合会规则》规定如下：

第一章　名称

第一条　本会全称为"在华日本人商业会议所联合会"。

第二章　组织

第二条　本会是由在华各地的日本人商业会议所及有着同样目的组织的实业会加盟之加盟会。

第三章　目的

第三条　本会的目的如下：本会的成立目的是对有关加盟各会共通的利害问题采取统一行动。

第四章　加盟及退会

第四条　加盟本会的商业会议所及实业会有其名称、目的、组织、代表人的权限、写明会议章程或者添加规则书的，可以向本会事务所提交加盟申请，但是以上章程或者规则书需要分发足够的册数给现在加盟的各会。

第五条　前条所述的申请提交时，本会事务所立即通知各加盟会并向其征询同意与否的相关意见，要得到三分之二的赞成意见；判决可否延迟时向申请会以及各加盟会进行通知，在被否决的情况下也要对加盟申请会进行通知。

第六条　加盟会欲退出本会务必呈报附加有代表人名字的退会理由书，有此情况事务所须通知各加盟会。

第五章　审议

第七条　本会的审议根据文书交换的方法，但是在必要的情况下需要得到加盟会三分之二以上的赞成意见，由各加盟会代表选好开会地点，此情况下的相关开会事务由加盟总会的各会处理。在以上情况不方便时，由总会通知各加盟会并委任其他参会的加盟会。

第八条　加盟各会为了贯彻本会的目标，必要时可向总会提出议案。

第九条　为保有本会成立的意义，本会加盟会第三条记载了相关的共同利害问题。其他在受理重要咨问的情况下，各加盟会负有共同协议之义务。但是在紧急情况下，由各加盟会先以其名义回答咨问，之后再向联合会提出议案。

第十条　作为本会的决议事项，加盟各会提出的议案可附加其决议议案纲领和详细的理由书或者参考书，且要向全加盟会请示并得到赞成意见。

第十一条　受理议案的各加盟会不能延迟附加其同意与否及必要的理由说明书，在提案加盟上做出回复的同时给各加盟会发送提案。

第十二条　提出议案的加盟会要根据第十条及第十一条的规定，在得到全加盟会、全会赞成的情况下才可形成本会的决议。

第十三条　在本会通过的事项特别需要必要认可时，依照本会的决议在本会名义下，对加盟会联合签名的意见提出建议或者是在社会上公开发表。

第六章　事务

第十四条　根据本会决议，在上海、天津、大连各设立一间事务所，事务所负责处理一切事务。

第七章　会费

第十五条　本会征收定额的会费。据第九条的要求，经费由提案加盟会负担。根据第十条、第十二条的要求，经费由各加盟成员负担。根据第七条的附言，经费由参会加盟会分别负担。在事务所必须征收经费的情况下，由事务所设置的加盟会负担。

第八章 附则

第十六条 本规则必须经本会决议修改增减。①

"联合会"成立后，实际并未有真正的联合之举，而一战之后的新形势，需要"联合会"在华发挥更重要的实际作用。

甲午战争是日本从持守了两千年的慕华观转为蔑华观的分水岭，而且是世界对华观与对日观发生逆转的重要标志。② 此后，日俄战争的胜利，使日本获得沙俄在中国东北南部的权益并成为朝鲜的"保护国"，使日本自信成为"世界一等"国，国民亦成了"世界一流"国民。③ 1910 年，日本吞并朝鲜半岛。在第一次世界大战期间，日本乘机以武力占领了德属南洋群岛，并于战后由国际联盟承认为委任统治地。一战之后，日本成为亚洲唯一的帝国主义国家，占据广大的殖民地。据统计，1920 年底日本所拥有的殖民地人口已经达到 2126 万人，相当于当时日本本国人口（5792 万人）的 36.7%。④

一战期间，日本人掀起来华热潮，主要集聚在中国商业基础较好的开埠城市，如，1915 年 2 月，青岛有日本人 316 人，其他外国人 2095 人，中国人 187000 人；而到了 1920 年末，青岛的人口组成发生重大变化，日本人已经暴增到 24536 人，其他外国人下降为 399 人，中国人 207824 人。也就是说，不到 6 年，日本人就从占青岛人口总数的 0.2% 发展到 10.5%。⑤ 在上海等贸易中心城市，日本人也是成倍增长。相应的，在华日本企业数量骤增，由一战前的 955 家增加到 1921 年的

---

① 在上海總領事有吉明「在支日本人商業會議所聯合會規則」『在支那本邦人商業会議所連合会関係一件/分割 1』第一卷、1916 年、JACAR（アジア歴史資料センター）、Ref. B10074349400（外務省外交史料館）。

② 王美平：《日本对中国的认知演变——从甲午战争到九一八事变》，社会科学文献出版社，2021，第 19 页。

③ 杨栋梁主编《近代以来日本的中国观》第 1 卷，江苏人民出版社，2012，第 27 页。

④ 参见周启乾《第一次世界大战与日本经济》，《历史教学》1994 年第 9 期。

⑤ 青島居留民團『山東に於ける在留邦人の消長』青島日本商業會議所、1927 年、9 頁。

6141 家。

与此同时，在华日本商业会议所数量急剧增加，已经"错综复杂地像肝肾分布在中国的土地上"，但多关注"细微之处"，① 而没有真正联合一致讨论应对重要问题。并且，根据 1916 年 6 月制定的联合会规则，"一切审议皆以文书交换之方式进行"，其活动不免有"隔靴搔痒"之感。② 这就是说，到 20 世纪 20 年代初期，在华日本人虽然已经在中国成立诸多商业会议所，但日本实业家对中日贸易的重要性还认识不足，导致在华经济团体之间以及与日本国内商业会议所的经济情报联合沟通皆不尽如人意，这就无法适应一战后日本在中国经济扩张的新形势。

第一次世界大战爆发后，亚太地区欧洲商品来源断绝以及协约国向日本订购大量军火，给日本经济发展带来十分有利的契机。一战期间，日本出口额激增，工业生产总值增长很快，日本成为西方列强的有力竞争对手。日本驻上海总领事山崎馨认为，欧洲战争后，各国对中国周密的经济贸易政策与各种宣传运动相结合，这些活动都稳步而顺利地具体化，所以，日本在中国的实业家也应相互保持密切联络，以应对即将来临的与列国的经济战。③ 他强调，这是"对华贸易大革新的时机，也是在他国召开我们商业会议所联合会的最佳契机"。④ 这样，日本在中国的实业家就可以保持密切联络，在情报上互通有无，审议研究采取必要行动，制定现势下对华活动最优策略。⑤

---

① 《时事新报》1920 年 12 月 6 日。

② 在支日本人商業會議所聯合會事務所「在支日本人商業會議所聯合會開催ノ件」『在支那本邦人商業會議所連合会関係一件第一卷/分割 3/第一回在支日本人商業會議所聯合會議事報告（一輯）』、1920 年、JACAR（アジア歴史資料センター）、Ref. B10074349600（外務省外交史料館）。

③ 在支日本人商業會議所聯合會事務所「第一回在支日本人商業會議所聯合會議事報告（二輯）」『在支那本邦人商業会議所連合会関係一件第一卷/分割 2』、1921 年、JACAR（アジア歴史資料センター）、Ref. B10074349500（外務省外交史料館）。

④ 《时事新报》1920 年 12 月 6 日。

⑤ 山崎馨「山崎總領事ノ挨拶」『在支那本邦人商業会議所連合会関係一件第一卷/分割 3/第一回在支日本人商業會議所聯合會議事報告（一輯）』、1921 年、JACAR（アジア歴史資料センター）、Ref. B10074349600（外務省外交史料館）。

召开"联合会"的另一个重要目的是为在即将举行的华盛顿会议上解决"山东问题"出谋划策。

巴黎和会后，日本为了使其在山东的利益合法化，多次要求与北京政府进行直接交涉。但由于中国民众的反对，且北京政府考虑到"这个问题已成为美国的政治问题之一……中国再等待一些时机，静观国际形势变化，比接受某项不利的解决方案要明智些"，① 两国一直没有进行正式的直接交涉，"山东问题"遂成为"悬案"。在此期间，英美对中国铁路借款等问题的介入而导致"山东问题"的"国际化"，令日本非常焦虑，迫切希望在即将举行的华盛顿会议上解决"山东问题"。而中国政府对华盛顿会议也充满期待，认为"这次会议对于中国显然是很重要的。中国非常盼望趁这个机会彻底解决山东问题，要求国际上确保中国的安全，承认中国与世界其他国家的平等地位"。② 为了在华盛顿会议上达到据有山东利益合法化的目的，日本敦促在华日本官民搜集相关情报，同时要求提出建议为政府制定外交政策提供咨询。

一战后，日本在华实业家很快就认识到，日本人在中国的地位同"联合会"成立之初相比"已经大大提高"，但在与中国通商方面，日本国内地方商业会议所与在华商业会议所并没很好地抓住机会，是因为"彼此之间没有构成商议"。③ 因此，1920 年 11 月 6 日，上海日本商业会议所建议仿照英国的做法召开联合会议，在华日本商业会议所及多处日本人实业协会纷纷响应，最终实际参会团体有上海、汉口、天津、大连、奉天、安东、营口、辽阳的 8 个商业会议所及青岛、济南、长春、铁岭、北京、香港的 6 个日本人实业协会，即来自在中国已经存在的所有重要的日本实业团体。除此之外，"日华实业协会"会长涩泽荣一派工藤铁男参会。尤其需要强调的是，日本政府特派驻上海公使馆总领事山崎馨、副领事内田及北京公使馆副领事八木元八等官员出席了准

---

① 《顾维钧回忆录》第 1 册，中华书局，1983，第 225 页。
② 《顾维钧回忆录》第 1 册，第 220 页。
③ 《时事新报》1920 年 12 月 6 日。

备会议并实际按照日本政府指令主导了议案的讨论。这次会议，只有 2 月 12 日和 2 月 13 日午后 1 时半的协议会议是公开进行的，其他日程，如 2 月 11 日午后 2 时的准备会议，同日下午 6 时的山崎总领事招待会（均在日本人俱乐部），以及 12 日的恳亲会、13 日的委员会议及上海日本商业会议所会长招待会等活动内容都是不公开的。《在华日本人商业会议所联合会规则》的修订和秘密汇报给日本外务大臣的重要议案都是在准备会上讨论决定的，随后的大会反而只是走过场而已。

在中国抵制日货运动、英美等国积极插手中国问题的局势下，到底采用何种方式处理这次会议的"敏感"议案是准备会议首先讨论的问题。

在准备会上，山崎馨首先介绍了在华美国与英国商业会议所联合会会议情况。山崎认为美国商业会议所联合会"除了收取实际利益外还喜欢在外面做点夸张的事情"，意思是美国商业会议所联合会大张旗鼓地公开进行宣传。而英国商业会议所联合会已经先后召开了两次会议，相当有气势。英国的联合会兼有"宣传"与"示范"的意思，其在联合会会场的贺词或演说内容全部刊登在上海发行的报纸和英国商业会议所的机关杂志上。朱尔典公使出席参加，其演讲的内容也刊登在机关杂志上。英国商业会议所联合会的决议事项旨在促进英国与中国通商贸易，有关外交、政治问题之内容大部分含在其中，但是也有秘密会议，有关秘密会议内容之事宜报纸也没有报道，因而无人得知这部分内容。那么，日本商业会议所联合会应该怎么做？鉴于联合会之主要目的是"提高实际利益"，与会者一致认为，无论是"宣传"还是"示范"都没有实际意义。山崎认为，议案思考了与政治、外交相关之事宜，但其中某些事项至今尚为悬案，也有未解决之事情，这些事需要非常重视。建议涉及过于敏感的国家外交事情不要发表，只把在规定范围内的一些事情发表出来即可。

驻北京日本公使馆八木副领事认为，"中国人对山东铁路这样的问题也一直非常敏感，因此不希望（一般人）触及此问题"。青岛实业协会书记长吉见正任认为，"山东问题"实际上与青岛生死攸关，对其公开议论不太合适。特别是作为联合会的决议进行讨论，要考虑到这么做对青岛不利，所以希望不要公开触及这样的问题。[①]

从相关档案来看，"联合会"从成立到筹备开会前后的所有活动及内容都向日本外务大臣汇报并得到指示后才进行，而涉及"敏感"问题的讨论及议案是作为"极密"情报直接电达日本外务大臣内田康哉，并没有宣示于众。

此次会议实际讨论了 69 个议案，其中 53 个是公开讨论并将结果纳入公开的《第一次在华日本人商业会议所联合会议事报告》一辑中，[②] 而另外 16 个议案的讨论是秘密进行的，其讨论过程和内容连同其他 53 个议案作为"极密"文件上报给外务大臣。[③]

作为"极密"文件上报给外务大臣的 16 个议案具体内容如下。第一号案，有关"山东问题"之日中交涉文件。第二号案，在中国海关日本人之地位与增员要求之相关文件。第三号案，中日宗教合作事宜（上海日本商业会议所提出）。第四号案，有关宜昌、重庆间航路开通一事向外务、通信两大臣请愿事宜（上海日本商业会议所提出）。第五号案，针对满铁的行动由各会议所尽力向外国人扫清误解一事（上海

① 在支日本人商業會議所聯合會事務所「第一回在支日本人商業會議所聯合會議事報告（二輯）」『在支那本邦人商業会議所連合会関係一件第一巻/分割 2』、1921 年、JACAR（アジア歴史資料センター）Ref. B10074349500（外務省外交史料館）。

② 1917 年 5 月创刊，后成为上海银行公会（1918 年成立）会刊，很受全国金融业、工商企业界、政府机关和经济学界各方面人士欢迎的《银行周报》刊载了 48 条决议案，后称全案为 47 条，其中"关于在中国海关办公之日本人地位之件"被声明取消，实际联合会是作为"极密"上报日本外务省的第二号案"在中国海关日本人之地位与增员要求之相关文件"。还有 6 个议案被含混合并，但上报外务省的文件是单列的，因此是 53 个公开的议案。详见《日本在华商会联合会议之议决案》，《银行周报》第 5 卷第 6 期，1921 年，第 58～63 页。

③ 1921 年 3 月 5 日在上海总领事代理领事馆补川村博向外务大臣内田康哉汇报，文件标注"极密"。在支日本人商業會議所聯合會事務所「第一回在支日本人商業會議所聯合會議事報告（二輯）」『在支那本邦人商業会議所連合会関係一件第一巻/分割 2』、1921 年、JACAR（アジア歴史資料センター）、Ref. B10074349500（外務省外交史料館）。

日本商业会议所提出）。第六号案，期望尽快完成以改善中国内地及日中两国间水陆交通运输机关事宜。第七号案，期望增设改善中国重要地区之间及日中两国之间的通信机关一事（汉口日本商业会议所提出）。第八号案，基于不间断的政治纷争，中国内政的无秩序状态阻碍了通商贸易。此类情况并不少见，尤其是近期在各地频发之兵变使在留日本人的生命财产变得不安全。作为日本政府应厘正救济并与中国政府进行交涉，请愿建造日本长江特务警备舰且在扬子江上流增派队员（汉口日本商业会议所提出）。第九号案，（敦促）中国政府尽快完成河南省郑州的开埠（汉口日本商业会议所提出）。第十号案，为根绝鸦片及类似药品的日人秘密输入者，日本当局要调查研究更彻底的取缔行动。还有在其他同类药品的秘密输入者不明的情况下，其责任由装载药品的汽船负担。抗议改正现行取缔方法的同时在中国内地调查研究禁止鸦片栽培的方法（汉口日本商业会议所提出）。第十一号案，有关山东主要都市开放一事（青岛实业协会提出）。第十二号案，尽快完成山东铁路延长线相关文件（青岛实业协会提出）。第十三号案，由日本投资海兰铁路①（青岛实业协会提出）。第十四号案，青岛、上海之间与青岛、大连之间海底线的相关文件（青岛实业协会提出）。第十五号案，在中国海兰增加日本人之文件（天津日本商业会议所提出）。第十六号案，张家口等开埠之相关文件（天津日本商业会议所提出）。②

　　时任《民国日报》主编的邵力子曾撰文评论此次会议，他当然无法看到上述涉及中国主权问题的 16 个秘密议案，只能了解到报刊披露的公开发布的议案内容。他认为，"除了日本人专为自国利益者"的议案外，还有很多是"中国商人所急欲提出或曾经提出的"，如改良铁路

---

① 海兰铁路，也叫陇海铁路（原名陇秦豫海铁路），是中国最早的贯穿东部、中部、西部的铁路交通干线，从中国江苏连云港（古称海州，简称"海"）通往甘肃兰州。

② 在支日本人商業會議所聯合會事務所「第一回在支日本人商業會議所聯合會議事報告（二輯）」『在支那本邦人商業會議所連合会関係一件第一卷/分割2』、1921年、JACAR（アジア歴史資料センター）、Ref. B10074349500（外務省外交史料館）。

运输、修治江河港湾、废止厘金、改革币制等议案,① 都是"中国商人所朝夕期盼"的，却"劳外国侨商郑重讨论"，这是"十分可耻的事"，商人对此要进行"反省"，因为只知"在商言商"或者"政客化"而不努力驱逐"恶政治的人"，是"自种恶果，岂有善果"。

一战后，日本在中国的经济势力大增，但西原龟三等仍认为，"日本在中国的经济地位甚为微弱"，"日本之所谓在华经济势力，实尚未达最起码之条件"。② 寺内正毅组阁前，为攫取在华更大利益而提出了"对华秘密借款，以改变对华政策"的主张,③ 作为其私人秘书的西原龟三在斡旋中国对日借款的同时，在 1916 年 7 月拟定了《在目前时局下的对华经济措施纲要》，提出应将日本有力之银行及与中国关系密切的纺织公司和实业家"结成团体，实行对华实业投资"，以确保日本"在华之经济基础"。④ 为与欧美角逐，"确保在华之经济优势"，唯一途径，"实为日华货币之并用流通并辅以王道主义之贯彻实行。若此举得以实现，则日本之在华经济势力当可自然发展，以至百世不衰"。⑤ 西原龟三提出中国政府应根据日本政府的推荐聘请日人为财政部及财政厅之顾问，并根据顾问意见改革中国现有币制，实行金本位制，货币"形状、成色、名称应与日本现行金币划一"，这样"既可实现日中货币之并用流通，又可扶植我国在华之经济势力，实为捷便之途径"。⑥寺内正毅组阁后，促成"西原借款"并企图推动中国币制改革。

---

① 例如，天津日本商业会议所提出的改善中国铁道运输之件（第 35 号案）、改修江河港湾之件（第 37 号案）、有关中国币制改革之件（第 40 号案），济南实业协会提出的促进改善中国铁道输送状态之件（第 49 号案）等。详见天津日本人商业會議所「在支日本人商業會議所聯合會議事報告書」『在支那本邦人商業會議所连合会関係一件第一卷/分割 4』、1921 年、JACAR（アジア歴史資料センター）、Ref. B10074349700（外務省外交史料館）。
② 王芸生编著《六十年来中国与日本》第 7 卷，第 190 页。
③ 王芸生编著《六十年来中国与日本》第 7 卷，第 111 页。
④ 王芸生编著《六十年来中国与日本》第 7 卷，第 188 页。
⑤ 王芸生编著《六十年来中国与日本》第 7 卷，第 190 页。
⑥ 王芸生编著《六十年来中国与日本》第 7 卷，第 189—190 页。

为推行日本政府的侵华政策，同时减少中国现行币制带来的贸易损失，促使中国币制改革成为日本商业会议所联合会讨论的重要问题，1917 年的日本全国商业会议所联合会第 24 次会议认为，中国之币制"不完全对于中国经济之发达足为最大之障害"，更由于日本经济与中国经济关系最大最为密切，"故为我国所受之害亦最巨"，因而，日本对中国改革币制之举"尤不可不首先予以援助"，为此，必须使中国实行"金本位制"及"统一币制"的改革方针。① 大连等在华日本商业会议所会长参加了上述会议，参与了关于在"满蒙"等地区实行"金本位制"议题的讨论，会后也接到要根据相关问题为当局提供建议和对策的通知。②

自 19 世纪末以后，大多数国家都采用了金本位制，中国是为数不多的实行银本位制的国家。民国初期，各省仍沿清末旧制采用银两本位，以银两为主、银元为辅，无序的政治格局使货币市场混乱至极，由于始终没有专门造币局来发行法定货币，市面流通着多种形态的银元、银两、纸币等货币，钱庄、银号利用货币兑换从中牟利，一直为商民所诟病。1914 年北京政府制定《中华民国国币条例》，明确规定以银元为本位币，推行"废两改元"政策，重新铸造有袁世凯侧像的一元银币，俗称"袁大头"，以取代市面流通的各种银币，基本统一了币制。但是由于钱庄等机构的反对以及利益链的根深蒂固，"废两改元"在 20 世纪 40 年代之前没有真正落实。

实际上，中国商民因深受其害，也希望并吁请政府改革币制。在北京政府时期，各地商会就积极参与并推进政府的币制改革。20 世纪 20 年代初，上海商会曾联合银钱公司谋划建立上海造币厂，以整顿混乱的货币市场。③ 1922 年，全国商会联合会公开致电币制局，请求改革币制

---

① 《中华民国币制改革建议案》，《时报》1917 年 10 月 27 日，第 1 张。
② 大连商業會議所編『大正六年度大連商業會議所事務報告』大連商業會議所、1918年、60 頁。
③ 郑成林：《上海银行公会与近代中国币制改革述评》，《史学月刊》2005 年第 2 期。

并主张"一律以银元为本位，并请政府划一重量，厘定成色"。①汉口总商会也曾提出恳请政府整顿币制的相关议案。② 整顿混乱的货币以求建立统一的货币制度进而服务工商业发展，成为各地商会持续和一致的要求。③ 上海、天津等商业大埠的商会对政府的改革方案提出建设性意见，部分意见直接为政府所采纳，同时还积极督促各行业支持政府的币制改革。可以说，正是商会的积极建言献策乃至直接的支持，使币制改革顺利展开，并取得预期成效。④

由于货币与商业贸易息息相关，中日商会基于对中国金融秩序稳定的追求和对自身利益的维护，对币制改革十分关注，并以不同的方式参与其中。只不过，日本商业会议所的建议在出于金融秩序稳定及货币市场考量等经济行为的背后隐藏着昭然若揭的侵略祸心。

在评论文章中，邵力子还对日本商界提出了几点"急思忠告"。针对当时的中日"感情隔阂"，"联合会"通过了兴办华人教育机构、组织中日社交机构、建设对华慈善医院等议案，⑤ 期望达到议文宣称的"彻底谋国民的亲善""中日共存共荣"等目的。⑥ 邵力子认为这是于事无补的，这种思想是非常无益且有害的。他强调日本人应有"根本上的觉悟"，中日亲善的根本阻力不在此，他指出，日本商人若想与中

---

① 《币制局关于改用银元之公函》，《申报》1922 年 3 月 28 日，第 4 张第 14 版。

② 《全国商联会第十二次会议纪》，《申报》1925 年 6 月 5 日，第 1 张第 4 版。

③ 马敏主编《中国近代商会通史》第 3 卷，社会科学文献出版社，2015，第 1336—1337 页。

④ 关于商会参与币制改革，详见马敏主编《中国近代商会通史》第 3 卷，第 1335—1351 页。

⑤ 相关议案见在支日本人商業會議所聯合會事務所「第一回在支日本人商業會議所聯合會議事報告（一輯）」『在支那本邦人商業會議所連合会関係一件第一卷/分割3』、1921 年、JACAR（アジア歴史資料センター）、Ref. B10074349600（外務省外交史料館）。

⑥ 在华日本商业会议所联合会临时会长平野道男公开演讲时指出，议案"中日经济上之提携"经讨论修改后决议为："在华日本人商业会议所联合会本于中日共存共荣之根本精神，将竭力尽瘁，务使（中日）相互之经济提携愈加密接，以期彻底谋国民的亲善。"《日本在华商会联合会议之议决案》，《银行周报》第 5 卷第 6 期，1921 年，第 60 页。

国人"亲善",就要"从武力庇护之下解放","使武力的性质不再见于中国",类似这样的"圆融浑含的几句决议文",是"难于取信于人的"。① 从上述内容可以看出,由于"二十一条"及日本出兵山东等侵华行为,即使不能全面了解联合会议案内容及"隐秘目的",国人对日本团体的言行也存有警惕性,中国有识之士对日本在华经济团体的行为认知还是比较客观和清醒的。

"联合会"体现出来的所谓中日"亲善"姿态与言行,背后皆潜藏着配合日本对华扩张之"隐秘"目的。例如,秘密上报的第五号案"针对满铁的行动由各会议所尽力向外国人扫清误解一事",意在利用商人的"中立"身份为满铁"洗白"。

上海日本商业会议所提出该议案时指出,满铁的行动通常带有为"中国与满蒙开发"的使命,但一部分外国人产生了"误解",认为是"对外国人采取了失之偏颇而不公平的对待",据日本观察者所见,如若把这种"误解""搁置一旁"不予理睬,那么,对将来日本人在中国的发展以及日本对华政策的执行都会产生不利影响。因此,希望在华日本商业会议所"协力寻找适当的方法一扫此种误解",并加以正面宣传。②

而上报给日本外务大臣的所谓"兴办华人教育机构"等建议,暗含着两种目的:一是与欧美教会学校竞争在华教育权;二是通过设立教育机构,培养扶植亲日势力。

鸦片战后,西方传教士获得了在中国内地传教的自由。又通过条约,尤其是《黄埔条约》的相关规定,外国获得了在华办学的权利,教会便乘机将传教与办学相结合。教会大多采取免收学费甚至给予补贴的方式吸引学生入学,中国教会学校的规模和数量与日俱增。据统计,

---

① 力子:《对于日本在华商会联合会议的感想》,《民国日报》1921 年 2 月 14 日,第 1 张第 2 版。

② 上海日本商業會議所「第十九號案 滿鐵ノ行動ニ對スル外人ノ誤解ヲ一掃スルヤウ各會議所ニ於テ盡力スル件」『在支那本邦人商業会議所連合会関係一件第一巻/分割 1/在支日本人商業會議所聯合會議案(极密)』、1921 年、JACAR(アジア歴史資料センター)、Ref. B10074349400(外務省外交史料館)。

至五四运动前夕，中国共有各级耶稣教会学校 7382 所，学生 214254
人；天主教教会学校 6255 所，学生 144344 人。[①] 清政府于 1909 年，北
京政府也于 1917 年、1920 年、1921 年，共四次发布通告，规定外国教
会学校须向中国政府注册立案。[②] 但由于不平等条约的庇护和新式学校
的匮乏，到 20 世纪 20 年代，在华外国教会已建立了一个从初等教育到
高等教育，并包括多种专门教育的教会教育系统。

　　甲午战后，日本开始侵害中国教育权，这一过程伴随着与欧美教会
学校的竞争。比如，在中国东北，早在 19 世纪 80 年代就有英、法、德
人办教会学校，20 世纪初，俄国在旅大设立各级各类学校，为其侵占
东北地区服务。日本一直认为"我国人以同文同种、唇齿相依的关系，
更易得到清国政府及人民的信赖而礼聘，或为顾问，或为教师……就去
的各种便利利益来说，欧美人士实不能与日本同日而语"。[③] 日俄战争
后，日本在东北占领地区"政治工作的第一步棋"就是"设校施教"，
鼓吹"以教育为扶植势力之源"，普及日语，此后 40 年，"始终如一"，
"完全是一套旨在从精神上消灭中国人民的民族意识、民族文化、国家
观念和革命思想"的"殖民地奴化教育"。[④] 日本取代俄国攫取中国东
北南部权益及旅大租借地后，立即着手以教育日籍子女为名建立多所学
校，后扩散至满铁沿线，并公开招收华人子弟。与此相对照而观，民国
初期由于东北地区财政萎靡，无法大力发展教育事业。一战之后，迫于
国际压力等，日本意识到武力侵略方式暂不适于中国，故"一变而取
经济侵掠与文化侵掠手段，鼓舞企业，扩充教育，不遗余力。而对于教
育一项，尤日夜不休，孜孜进行。添设公学堂与添设师范学堂之议，叠
有所提"。[⑤] 1920 年，仅南满铁路沿线，日本人所创办或控制的各类学

①　舒新城：《收回教育权运动》，中华书局，1927，第 39 页。
②　详见李华兴主编《民国教育史》，上海教育出版社，1997，第 770 页。
③　《清国教育问题》，《教育时论》第 99 号，1901 年，第 31 页。
④　齐红深主编《东北地方教育史》，辽宁大学出版社，1991，第 177、253 页。
⑤　《东三省收回教育权之交涉——日人方面之惊骇……奉教育界竭力坚持》，《民国日
　　报》1924 年 4 月 17 日，第 2 张第 7 版。

校已达 260 所，学生数量多达 3483 人。[①] 在东三省范围内，日本人所建学校多达 484 所，教职员 2529 名，招收学生 68613 人，其中日本学生占总数的 50.51%。[②]

日本认为与欧美在华设立教育机构相比，日本更具有优势，但其在奉天满铁经营的医学堂、旅顺的工科学堂、上海的东亚同文书院等都是以招收日本学生为主，与分布较广的欧美在华教会学校招收华人子弟的人数差距较大。因此，为实现"日中亲善""日中文化的结合"，在华日本人商业会议所联合会建议当务之急是在广州、杭州、汉口、济南设立农学校；在广州、福州、上海、汉口、北京设立医学校；在广州、天津、上海、汉口设立工科学校；在广州、天津、上海、汉口、青岛设立商业学校，以中国的经济中心——上海为中心展开。同时，为了体现"日中亲善""东洋和平大局"，要不计收益，而办学资金可由庚子赔款余额承担，这样也不用日本人出资，这是最"妙"的打算。[③] 果然，1923 年 4 月，日本政府立法机关同意每年在应得庚子赔款项下拨出 250 万日元用于"发展中国文化事业"，由外务省设一管理局专司其事。[④]

时人评论称，"日本在东省所施行之教育，纯系一种文化的侵略"，其意图则大体可分为三类：一则"灭绝东省一般青年国家之观念"；二则"造成亲日之奴隶"；三则"缓和中国人对日之恶感"。[⑤] 因此，19 世纪 20 年代中国收回教育权运动此起彼伏。[⑥]

总之，1921 年的在华日本人商业会议所联合会会议，通过修订

---

① 《南满日本学校之新调查》，《教育杂志》第 7 期，1920 年。
② 曾作忠：《日本在东三省之教育势力》，《新教育评论》第 2 卷第 4、5 期，1926 年。
③ 上海日本商業會議所「第十一號案　支那ニ於テ支那人教育機關ヲ興スル件」『在支那本邦人商業會議所連合会関係一件第一卷／分割 1/在支日本人商業會議所聯合會議案（极密）』、1921 年、JACAR（アジア歴史資料センター）、Ref. B10074349400（外務省外交史料館）。
④ 杨德森：《中国海关制度沿革》，山西人民出版社，2014，第 127 页。
⑤ 《奉天收回教育权近讯　教育界纷纷集议》，《申报》1924 年 4 月 26 日，第 2 张第 7 版。
⑥ 参见舒新城《收回教育权运动》。

1916 年会则内容，① 进一步加强了在华日本商业会议所之间及与日本国内商业会议所间的联络，在此之前，在华各地日本商业会议所虽有通过赠阅会报、互访等形式进行横向联系，但是缺乏经常沟通的"法定"机制，也没有联合一致共同向上沟通的渠道，因此，往往由于情报不足和力量分散，无法更好更多地参与重要的社会经济和政治活动。"联合会"建立后，日本国内外商业会议所互通商情、共享情报，使日本商人在对华贸易中占据更大的优势。在日本官厅的统一管控下，日本商业会议所联合一致行动应对商贸竞争对手的同时，还可以最大化发挥其特殊的作用，即利用商人的身份搜集情报，配合日本政府实行对中国的经济渗透与侵略扩张政策。此后，根据会则和实际需要，在华日本人商业会议所联合会都会不定期召开会议讨论对华经济扩张等相关议题。

二　"满鲜"日本人商业会议所联合会②

近代朝鲜开港后，日本旋即在釜山等处设立领事馆，随着朝日贸易的发展，在朝鲜的日本侨商设立了商业会议所。在"满鲜经济一体化"政策的背景下，1918 年，包括"满鲜"地区 15 个日本商业会议所或事业团体在内的"满鲜"日本人商业会议所联合会宣告

---

① 比如，根据上海日本商业会议所的建议，修订 1916 年《在华日本人商业会议所联合会规则》第 9、第 10 条。1921 年修订后，以上需要得到半数（之前为 2/3 以上）加盟会的赞成意见，由发起者（之前为加盟会）选好开会地点，并在开会前两个月通知各加盟会，这实际上是为了更容易发起面对面的交流。

② 相关研究参见柳沢遊「『満州』における商業会議所連合会の活動」波形昭一編著『近代アジアの日本人経済団体』、91—114 頁；大谷正「満州金融機関問題——第一次世界大戦前後の在満日本人商工業者の運動を中心として」『待兼山論叢』史学篇 9、1975 年、1—20 頁；波形昭一『日本植民地金融政策史の研究』早稲田大学出版部、1985 年、459—487 頁；高橋泰隆「南満洲鉄道株式会社における組織改組問題と邦人商工業者」『関東学園大学紀要』第 6 集、1981 年 3 月。其中，柳泽游论述了"满鲜"日本人商业会议所联合会成立的背景及其主要活动。大谷正考察了在满日本商工业者围绕改立满洲金融机构发起的一系列运动，作者认为在此过程中结成的"满洲"日本人商业会议所联合会与关东厅的关系得到强化，对日本在"满洲"地区的政策起到了决定性的影响。波形昭一通过分析"满洲"日本人商业会议所联合会提出的议案中金融改革的要求，考察了联合会对满铁要求的特点。

成立。

（一）朝鲜开港与日本在朝鲜设立商业会议所

日本实行明治维新后，其国内迅速出现"征韩论"，吞并朝鲜成为日本实施"大陆政策"的首要目标。随即，日本乘朝鲜统治集团内讧之机，用武力打开了朝鲜的门户。1875年9月，日本制造了"云扬号事件"，发炮进攻江华岛。次年1月8日，日本政府以追究"云扬号事件"责任为名，派黑田清隆为全权代表，率领3艘军舰、4艘运输船及1000多名陆战队员登陆江华岛，要求朝鲜政府立即派出全权代表进行缔结条约的谈判。朝鲜政府在武力威迫之下，又得知清政府无意干涉日朝缔约，便在1876年2月26日与日本签订了《朝日修好条规》（即《江华条约》）。该条约"对朝鲜的主权形成严重的破坏，它标志着沦朝鲜为日本附属国和日本帝国主义确立其在朝鲜的殖民统治的开端"。①

《朝日修好条规》明确规定，朝鲜在20个月之内开放釜山及其他两个港口（朝鲜方面拟定是北青和珍岛，但1877年日本代理公使花房义质对朝鲜海岸进行详细测量后，最终选定元山和济物浦即仁川作为通商口岸），并提供日本商民贸易、居住必需的土地租借与房屋租借上的方便；朝日自由通商；互派使臣，日本在汉城设立使馆，在各港口派遣领事；日本享有驻朝领事裁判权；日本拥有自由测量朝鲜海岸线的权利。②同年8月24日，根据《朝日修好条规》第十一款关于"订立通商章程"的内容，两国又签订了《日朝通商章程》，它实际由日本单方面提出，签订时并无修改，由于没有关税等规定，有利于日本对朝商品的倾销及对朝鲜农产品的掠夺。

《朝日修好条规》签订后，釜山、元山、仁川等处相继开港，日本同时在朝设立领事馆，日本商工业者开始拥入朝鲜。他们为了发展日本

---

① 王芸生编著《六十年来中国与日本》第1卷，三联书店，1979，第137页。
② 『朝鮮国との修好條規』外務省編纂『大日本外交文書　明治期』第9卷、日本國際協會、1940年、114—119頁。

在朝贸易，联合一致与中国商人竞争。1879 年，日本人首先在釜山设立了商法会议所，这被看作在朝日本商业会议所的前身。随着朝鲜的进一步开放及日侨数量的暴增，为了维护在朝日侨的利益，日本商人在元山、仁川、京城等开港设领之处相继建立了商业会议所。1893 年 1 月，经日本驻朝领事认可，釜山改定日本本土的商业会议所条例作为准备会则，改动经费的赋课法，同时将名称改为釜山港日本商业会议所，后又改名为釜山日本商业会议所。1901 年，日本商工业者成立 "在韩日本人商业会议所联合会"，各个单独的在朝日本商业会议所组织起来，每年联合召开一次会议。

据相关资料，近代日本人在朝鲜陆续成立了 29 个商业会议所（有些商业会议所是从商法会议所发展而来，这里统称商业会议所）（见表 2-4）。

表 2-4　近代在朝日本商业（工）会议所一览

地点	釜山	元山	仁川	京城	木浦	大邱	镇南浦	开城
成立年份	1879	1881	1885	1887	1900	1906	1907	1907
地点	群山	马山	清津	平壤	会宁	新义州	大田	咸兴
成立年份	1907	1908	1909	1912	1920	1927	1933	1934
地点	全州	光州	海州	城津	罗津	晋州	清州	春川
成立年份	1935	1936	1938	1938	1939	1940	1940	1941
地点	统营	丽水	沙里院	水原	浦项			
成立年份	1941	1941	1941	1941	1942			

资料来源：朝鮮總督府編「最近朝鮮事情要覽」『大正 5 年　最近朝鮮事情要覽』1916 年、JACAR(アジア歴史資料センター)、A06031507200(国立公文書館)；商業會議所聯合會編『日本商業會議所之過去及現在』商業會議所聯合會、1924 年、559—590 頁；日本商工興信所編『日本商工興信要録』日本商工興信所、1934 年、47 頁；鎮南浦商工會議所編『鎮南浦商工會議所沿革史』鎮南浦商工會議所、1935 年、1—19 頁；「會寧商工　會議所呈昇格申請」『東亞日报』1940 年 1 月 27 日、第 4 張第 13 版；朝鮮商工會議所編『朝鮮商工會議所一覽』朝鮮商工會議所、1942 年、1—2 頁；開城商工會議所編『開城商工會議所十年史』開城商工會議所、1944 年、1 頁；清津商工會議所編『清津商工會議所史』清津商工會議所、1944 年、13—14 頁。

（二）"满鲜"日本人商业会议所联合会的成立及活动

甲午战争后，日本通过《马关条约》割占了中国的台湾、澎湖列岛。日俄战争后，日本夺得库页岛南部，并在中国东北南部确立了势力范围。1910 年 8 月 22 日《日韩合并条约》签订后，日本宣布废除韩国国名，改名为朝鲜，设置朝鲜总督府，任命寺内正毅为首任总督，总督直属日本天皇，独揽朝鲜的内政、立法、司法与军政等一切大权。日本吞并朝鲜后，对日本而言，中国东北成为与日本"接壤"的特殊地区，为了巩固在朝鲜的殖民统治，日本除了牢牢控驭东北南部，对东北北部地区的渗透也提上日程。一战的爆发对日本而言"的确是天赐良机"。①日本依据"英日同盟"和英国请求援助之机对德宣战，在 1914 年 11月底攻占德国守备的青岛，窃取山东。随后，日本提出灭亡中国的"二十一条"，最终迫使袁世凯签订《民四条约》，据此，日本对旅顺、大连的租借期，以及南满铁路、安奉铁路的管理期均延长为九十九年。1918 年 8 月 2 日，日本宣布出兵西伯利亚，并乘机独占了中东铁路。

吞并朝鲜后，日本把侵略矛头指向中国东北。为掠夺和侵略东北，寺内正毅在任朝鲜总督期间，推行"大满鲜主义"下的"满鲜"铁路联运业务。②1911 年，寺内正毅致电日本外务大臣，认为"根据安东与新义州之间的交通状况，由朝鲜发往满洲的货物均应按水路税则享有减免三分之一关税的优惠，帝国应基于明治三十八年关于满洲的协定主张减免税率，这对鲜满贸易关系重大，望尽快就减税交涉一事照会中方"。③日本铁道院也认为此举有利于日本在中国东北的商品倾销，加

---

① 〔苏〕耶·马·茹科夫主编《远东国际关系史（1840—1949）》，世界知识出版社，1959，第 243 页。

② "大满鲜主义"最早由儿玉秀太郎提出，后由寺内正毅继承，其主张"大陆政策"不应限于"满蒙"地域，应将全中国和朝鲜也纳入范围。以朝鲜为主，将满铁、关东都督府置于朝鲜总督的支配下实现"满鲜"的"一体化"，从而以其经济优势在中国东北扩大日本的影响力。

③ 寺内正毅「旅客貨物通関手続ニ関シ照会ノ件」『鮮満清鉄道連絡一件 附鮮満鉄道統一ノ件 第一巻 分割 1』、1911 年、JACAR（アジア歴史資料センター）、Ref. B04010970200（外務省外交史料館）。

强经济掠夺，故认同此事。1913 年 6 月，日本政府决定实施"日满鲜"铁路三线联运政策，即日本政府企图通过对以棉纺织品为主的特定货物制定统一低价运费特殊政策，将日本国内铁路与朝鲜半岛、中国东北的铁路联结成一体，以此巩固朝鲜进而扩大对中国东北的影响力。1916 年 10 月寺内正毅内阁上台后便致力推行"满鲜经济一体化""满铁一元化"等政策。

在近代东北对外贸易发展过程中，大连港发展最快。大连港既是进口贸易港，也是出口贸易港。大连湾具有优越的自然条件，冬不结冰，四季可泊船，可全年运输，是东北的天然良港。为侵占东北，俄国致力建设大连港。日俄战争后，日本攫取了旅大租借权，制定"经营满洲商务以大连为中心"的政策，[1] 全力经营大连港：南满洲铁道株式会社扩充了大连商埠，"修筑西北防波堤 12215 尺与东堤 1220 尺。拥抱内港，靠船岸壁建长到 16260 尺，面积达 307 万平方米，水深 7—11 米，2 万吨以上巨船，可以自由靠岸；3 千吨船，同时可泊 37 只"。[2] 日本还在大连分建三大码头，铺设了港内专用铁路，建筑仓库，并设起重机，装卸快、耗费省。同时，为打击日本经济势力薄弱之营口贸易，南满铁路调高了到营口的铁路运价，如昌图到营口每吨需银 8.25 元，而由昌图至大连只需银 6.7 元。盛京以北，长春为进出口货总汇分运之处，营口距其约 1000 里，大连距其约 1400 里，但由于铁路运货较廉，营口比大连湾每吨运费贵银 2.5 元。[3] 于是，随着大连港口建设的推进及腹地市场的开拓，大连的地位不断上升，并最终取代营口成为东北贸易中心。营口曾独占东北各港口进出口额的鳌头，但从 1909 年起，大连出口额所占比重（34.3%）超过营口（33.5%）居东北各港口第一位，并一直保持这种上升的态势。1912 年，大连进口额所占比重上升

---

① 杨晋源修，工庆云纂《营口县志》（上），油印本，1933，第 70 页。

② 《东北交通概况·水运》，第 15 页，转引自王革生《清代东北商埠》，《社会科学辑刊》1994 年第 1 期。

③ 《光绪三十二年通商各口华洋贸易情形》，《东方杂志》第 4 年第 11 期，1907 年。

至36.4%，超过营口港（31.7%），① 此后更是遥遥领先于东北其他所有港口。

鸭绿江陆桥通车后，日本国内的山阳线，朝鲜境内的京釜线、京义线，以及满铁的安奉线得以连接，大阪商船株式会社开辟的大阪至大连海上路线不再是唯一路线。"日鲜满"三线联运后，由于对运往中国东北的棉制品等商品实行特别的运费政策，铁路运输成本较原来降低且运输时间较海路减少，一些日货运输改变其原来从海路经大连港进入中国东北的路线，转由铁路运输。如1912—1915年，安东棉纱输入额增加了13.69倍，棉布输入额增加了5.54倍；而同时期大连棉纱和棉布的输入额分别减少了20%和39%。② 由于大连港吞吐量的下降，不但经营海运业的大阪商船株式会社的利益受损，港口相关的装卸、仓储等行业均受到冲击，甚至整个大连商界均受到影响。三线联运政策从根本上冲击了满铁成立以来便坚持的"大连中心主义"。因此，满铁领导人最初对三线联运政策持消极态度，甚至抵制这一政策的推行。但继任满铁总裁的八幡制铁所长官中村雄次郎与寺内正毅关系密切，这就使日本继续推行三线联运政策变成可能。但以大连日本商业会议所为首的大连商界始终予以抵制。1916年3月，大连日本商业会议所发布《三线联络运费撤废请愿书》；1916年7月，大连日本商业会议所向有关方面提交《安奉线里比例运费制反对意见书》；8月，会长相生由太郎组织陈情团要求废止三线联运政策。但1916年10月，持"满鲜一体化"观点的原朝鲜总督寺内正毅就任日本首相，在寺内的干预下，最终满铁和大连日本商业会议所的反对活动失败。

"日韩合并"之后，日本为了推进"大陆政策"，一方面，积极促进"满鲜"贸易发展。1917年11月开始，根据日本天皇敕令，朝鲜银行发行券可以在"关东州"与满铁附属地自由流通，同时禁止横滨正

---

① 《中国外贸》（*Foreign Trade of China*），转引自薛继学译《满洲对外贸易中的几个问题》，《黑河学刊》1986年第4期，第73页。

② 大連商業會議所編『三線問題運動經過報告書』、1916年、57頁。

金银行发行金券，又于 1917 年 7 月在寺内内阁的提议下成立东洋拓殖银行，因而在"满鲜"地区形成了朝鲜银行发行金券、正金银行负责汇兑贸易金融、东洋拓殖银行主管不动产担保金融，三方协作的特殊金融机构。另一方面，日本积极推进加强满铁与朝鲜铁道联络的"满鲜铁道一体化"政策。虽然"满鲜一体化"及"满鲜铁道一体化"政策对满铁及以海港运营为主的大连极为不利，但基于隐秘的更重要的目的，正如大连日本商业会议所会长相生由太郎所言，为应对欧洲大战局势，日本制定"自给策"的情势下，"满鲜"要与国内"互通有无、彼此相辅"，"开发满蒙富源"以解政府"燃眉"之"百年大计"，[①]希望"满鲜"商工业者能"辑睦一致""同心协力"，以两地经济的连锁巩固及"满蒙开发"为大任。[②] 朝鲜总督府农工商部长官的会前贺词也谈道，"晚近贸易在增长，金融、运输、拓殖机构也逐渐统一"，"满鲜"日本人商业会议所联合会的成立，有助于"谋求相互合作"，"规划如何广泛地为鲜满经济统一提供资助"；另外，在一战局势下，"迫切需要我们帝国对西伯利亚的经济援助，而东方尤其是中国要想成为战后各国经济角逐的中心地，也要完成鲜满的经济融合"，"这是一项互相扶持的合作开发，也是一项扩大经济实力、促进日中两国国运发展的事项，是刻不容缓的"。[③]

原本日本人、朝鲜人在朝鲜分别设有自己的商业会议所，但日本侵占朝鲜后，二者被纳入整合的范围。1915 年，朝鲜总督发布朝鲜商业会议所令，原有的日本及朝鲜各自设立的会议所全部解散，并基于新令组建了日本与朝鲜共同的组织。例如，釜山日本商业会议所在 1916 年 3 月解散，又在同年 7 月经朝鲜总督批准，重新设立，成为具有法人资格的商工业机构。新的商业会议所更加强调"日鲜一体""满鲜一体"。

---

① 滿鮮商業會議所聯合會編『滿鮮商業會議所聯合會速記錄』滿鮮商業會議所聯合會，1918 年，3 頁。

② 滿鮮商業會議所聯合會編『滿鮮商業會議所聯合會速記錄』、4 頁。

③ 滿鮮的業會議所聯合會編『滿鮮商業會議所聯合會速記錄』、8 頁。

为响应日本政府的政策，在大连日本商业会议所与京城日本商业会议所呼吁下，第一次"满鲜"日本人商业会议所联合会会议于1918年9月26—27日在大连召开，京城、仁川、平壤、釜山、木浦、镇南浦、大连、奉天、营口、安东、辽阳日本商业会议所会长参加会议，选举大连日本商业会议所会长相生由太郎为议长。会议由大连日本商业会议所主导，主要站在"满洲"方商业会议所的立场上，讨论"满鲜"之间的铁路、海运、贸易等问题。会议共提交16项议案，主要包括：任用日本人做安东及营口两海关关长的建议；"满鲜"铁路经营管理一体化问题；"满鲜"间架设连接长距离电话线问题；"满鲜"及山东间航路扩张问题；"满洲"与内地间增设直通海底电信线问题；急设平元铁路问题；中国统一度量衡问题；促进"满鲜"贸易的调查研究；改正海港进出运货制度等问题。① 可见，促进"满鲜经济一体化"是"满鲜"日本人商业会议所联合会成立的重要缘由，自然也是会上的主要议题。

1919年，"满鲜"日本人商业会议所联合会在京城召开了第二次会议，当时出现了日商在"满鲜"投资设企的热潮，会议的主导议题为朝鲜方商业会议所基于"满鲜经济一体化"政策提出的相关议案。

1920年，"满鲜"日本人商业会议所联合会在奉天召开第三次会议。由于1920年开始的世界经济危机造成的经济不景气，这次会议的主要议题是低利资金的融通问题。第三次"满鲜"日本人商业会议所联合会会议暴露了朝鲜方商业会议所与"满洲"方商业会议所的利益矛盾，即朝鲜方积极响应"满鲜经济一体化""满鲜铁道一体化"政策，但三线联络运费事件及后续的委托满铁经营朝鲜铁路等事件违背了"大连中心主义"，因此，"满洲"方以"满鲜经济一体化"时间尚早、基础还不完备等为由消极对待，其中大连日本商业会议所表现得最为明显，并在1921年退出了"满鲜"日本人商业会议所联合会。大连日本

---

① 有关会议过程，见满鲜商业会议所联合会编『满鲜商业会议所联合会速记录』、18—96页。

商业会议所会长佐藤至诚认为，"不同于政治性关系，满鲜的经济统一很可能不利于日中亲善"。[①]

此后，"满鲜"日本人商业会议所联合会多由在"满鲜铁道一体化"政策中获益较多的"满洲"方安东日本商业会议所或朝鲜方的某一商业会议所主持，其议题主要体现朝鲜方面日本商业会议所的诉求，当然也会讨论"满鲜"两地会议所共同关注的问题。如1923年5月3—5日，"满鲜"地区15个商业会议所及9个日本国内商业会议所在安东召开第五次"满鲜"日本人商业会议所联合会会议（大连日本商业会议所虽退出但仍参加会议），安东日本商业会议所会长高桥贞三为议长，日本驻安东领事出席会议并致辞，会议集中讨论促进"日满鲜"经济联系、减免交易税等问题。[②]

"满鲜"日本人商业会议所联合会成立后，坚持每年召开一次会议，一直持续至1945年，主要讨论调整"满鲜"两地域间的利益关系、"满鲜铁道一体化"政策的施行及关于朝鲜—中国东北的商业贸易运输等问题。"满鲜"日本人商业会议所联合会是以"满鲜一体化"思想为指导而成立的，由在华、在朝的日本人商业会议所成员共同参加，日本国内商业会议所也有参与，但"满鲜"两方不同的利益诉求也使联合会内部各方面势力错综复杂，最终出现分裂退会的现象。

总体看来，各商业会议所在"满鲜"日本人商业会议所联合会上提出的议案，关系到中国东北和朝鲜之间的交通、金融和商贸往来等各个方面，如"设置满鲜间直通长途电话""召开满洲博览会"等，虽然是从日商的利益出发，但也有利于中朝间贸易往来。"联合会"作为一个上传下达、互通有无的重要联络媒介，体现着日本政府和在外大中小日本商人的不同意图，通过对"联合会"议案的分析，亦可以梳理出

---

① 『満州日日新聞』1920年10月19日。

② 満鮮商業會議所聯合會編「第五回満鮮商業會議所聯合會速記録」『在支那本邦人商業会議所連合会関係一件第二巻/分割3』、1923年、JACAR（アジア歴史資料センター）、Ref. B10074350500（外務省外交史料館）。

日本以朝鲜为基础，逐步在中国东北建设日本人商业圈，将"满蒙"纳入其殖民经济圈的过程。

三 "满洲"日本人商业会议所联合会

各地在华日本商业会议所往往以地域为中心形成联合组织，如"满洲"日本人商业会议所联合会、华北日本人商业会议所联合会、台湾日本商工会议所等。

由于日本推行的"满鲜一体化"政策受阻，在合并满鲜铁道、大连交易所金本位等问题上，朝鲜与中国东北方面的日本商业会议所因利益相左，意见出现分歧。① 大连日本商业会议所退出了最初由其主导成立的"满鲜"日本人商业会议所联合会。另外，一战后，东北各地日本工商业获得了快速发展，在大连、奉天、安东等地日本经济组织的影响力显著提升。在国际上，日本已经通过《四国条约》及"声明"和"补充条约"② 使其"在满蒙之地位"获得英、美、法等国之"明确承认"。③ 于是，大连日本商业会议所提议"搁置各自之私情，秉承完美协力之精神，以满洲大局为念"，由东北经济组织共同成立"满洲"日本人商业会议所联合会，维护东北地区日本商工业者的利益。④

1922 年 5 月 23 日，第一次"满洲"日本人商业会议所联合会会议

---

① 柳沢遊「『満州』における商業会議所連合会の活動」波形昭一編著『近代アジアの日本人経済団体』、98—104 頁。

② 1921 年 12 月 13 日，美国、英国、日本、法国四国签订了《关于太平洋区域岛屿属地和领地的条约》（简称《四国条约》），有效期十年。条约规定：缔约各国相互尊重彼此在太平洋区域内岛屿属地和岛屿领地的权利；缔约国之间发生相关区域争端，应召开缔约国会议解决；缔约国在太平洋区域的权利遭受任何国家威胁时，缔约国应协商采取有效措施。条约的附件规定签约国将互相尊重其他签约国在有关太平洋岛屿和委任统治地区上的权利，另一个附件规定了日本在太平洋地区的领土控驭范围。参见王绳祖主编《国际关系史资料选编》第二分册上册，武汉大学出版社，1983，第 496—498 页。

③ 日本防卫厅战史室编纂《日本军国主义侵华资料长编——〈大本营陆军部〉摘译》（上），天津市政协编译委员会译校，四川人民出版社，1987，第 128 页。

④ 大連商業會議所編『第一回満洲商業會議所聯合會議事録』大連商業會議所、1922年、7 頁。

在大连召开，奉天、长春、安东、哈尔滨、营口、大连 6 个商业会议所加上辽阳日本人实业会共 7 个团体参加，关东厅事务总长、南满洲铁道株式会社理事、大连民政署署长、大连市长等出席并致辞。可见，该团体在建立伊始便受到日本当局的高度重视。此后历届联合会会议召开，都有关东厅事务总长、满铁总裁、当地市长等重要人物出席。①

会议选举大连日本商业会议所会长相生由太郎为联合会议长，决定在奉天设立联合会事务所。会议讨论了《满洲商业会议所联合会规则》，规定每年春季开一次会，各商业会议所会长参加，共同讨论审议商业会议所事项。会议指出，"满洲"日本人商业会议所联合会的主要目的是联合东北各地日本商业会议所，就时下政治经济问题进行商讨决议，积极汇总东北地区日本商工业者的利益要求，经审议后，以请愿书的方式向日本政府及满铁、关东厅等机构提出建议、陈情。

在第一次"满洲"日本人商业会议所联合会会议上，以东北各个商业会议所为单位，共提出 23 个议案：改进货物包装问题；"满洲"的低利资金问题；实行满铁消费组合品种限制问题；对中俄贸易问题；"关东州"及满铁附属地统一度量衡；日中合办事业问题；政府为推动"满洲"产业发展的特殊资金；输入商品来源国调查问题；设立"满洲"经济调查会；朝鲜银行发行纸币权；统一营业许可权；抚顺煤炭及本溪湖制铁事业等；振兴制铁事业；等等。② 在详加讨论后，最终通过多项议案，主要包括：关于促进改进货物包装的议案（奉天日本商业会议所）；为东北地区邮政储蓄提供长期低利息贷款的议案（奉天日本商业会议所）；限制满铁消费组合供应商品品种的请求（辽阳日本人实业会）；应对俄国及中国贸易扩张的议案（哈尔滨日本商业会议所）；日中合办事业的议案（哈尔滨日本商业会议所）；吸引资本家及商工业

---

① 仕安東日本領事間田兼一「滿洲商業會議所聯合會ニ對スル各地會議所提出議案送付ノ件」『在外邦人商工会議所連合会関係一件/分割 1』、1927 年、JACAR（アジア歴史資料センター）、Ref. B08061592300（外務省外交史料館）。

② 大連商業会議所編『第一回滿洲商業會議所聯合會議事録』、17—189 頁。

者投资的议案（哈尔滨日本商业会议所）；催促东北地区日本金融业者为日本商工业者提供通商贷款资金的议案（长春日本商业会议所）；向政府申请推动东北产业发展特种资金的议案（营口日本商业会议所）；向满铁申请降低抚顺煤炭售价、改进销售方法的议案（营口日本商业会议所）；设立东北地区经济调查会的议案（大连日本商业会议所）；向政府申请提供低利息事业资金的议案（大连日本商业会议所）；制定在外日本商业会议所法的议案（安东日本商业会议所）；等等。①

随着日本商业会议所在东北各地不断扩张，联合会的成员数量不断增多，其力量也在不断壮大。与此同时，东北日本商业会议所关注的经济问题也日益政治化，甚至以推行日本国策为宗旨，并根据搜集的情报向政府建言献策，积极参与日本对华经济侵略活动。例如，1927 年 5 月 8—9 日，第七次"满洲"日本人商业会议所联合会会议在安东召开。参会人员包括"关东州"长官代事务员、安东宪兵分队队长、安东守备队队长、满铁理事、安东警察署署长、安东日本领事、安东采木公司理事长、安东新报社社长，以及安东、大连、长春、奉天、哈尔滨、铁岭、辽阳等日本商工会议所特别议员、代表等。各商工会议所提出 21 个议案，包括改善"满洲"金融制度、制定"满洲"商业会议所法、设立"满洲"日本人商业会议所联合会常务委员会（大连、铁岭、长春、哈尔滨、奉天日本商业会议所为委员）、满铁各车站增筑货物仓库、关于东三省非法课税及排斥日本会员情况、"满鲜"经济联络国策问题、东三省领事裁判权问题、布设吉海铁路和吉会铁路问题、治外法权问题等。② 其中，关于布设吉海铁路和吉会铁路以及治外法权问题的相关建议和讨论，因涉及日本对华政策，不公开发表，只直接秘密上报日本外务省供制定政策参考。

---

① 大連商業會議所編『第一回滿洲商業會議所聯合會議事錄』、193—194 頁。
② 在安東日本領事岡田兼一「滿洲商業會議所聯合會ニ對スル各地會議所提出議案送付ノ件」『在外邦人商工会議所連合會関係一件/分割 1』、1927 年、JACAR（アジア歴史資料センター）、Ref. B08061592300（外務省外交史料館）。

伪满洲国建立及"日满协约"签订后，伪满经济建设被提上日程，因日本商工业者在中国东北的活动会大大增强，召开商业会议所联合会会议就各种要事进行商讨并提供事务报告将是"非常有意义"的，[1] 故在华日本商业会议所在广泛搜集情报的同时，与日本在东北主要军政长官、满铁等殖民势力勾结在一起多次开会商讨，为日本政府在东北推行统制政策和控驭伪满经济出谋划策。

1933 年 10 月 3—4 日，第十七次"满洲"日本人商业会议所联合会会议在哈尔滨召开，这是有关"满洲目前经济建设"的主题会议。参加这次会议的除了全"满洲"商业会议所会长，还有关东军参谋部第三课课员、特务部部员、关东厅商工课课长、满铁商工课课长及地方事务所所长、当地师团长、总领事、特务机关长、海军特设机关长、"满洲国"财政部长系官、哈尔滨税关系官等。在会议上，各商业会议所共提出 33 个议案，其中 21 个决议被通过，包括：日本政府应考虑治外法权撤废对在华日本人经济的影响问题，"日满"经济统制方针，"日满"关税互惠条约，"满洲国"棉纱输入关税，奖励精盐输出，"满洲国"木材输出关税撤废，松花江货物运输废止关税，商工移民的根本对策，取缔走私进口，修订"满洲国"关税，日方在"满洲国"金融不动产贷款等问题，满铁的在"满"商工会议所补助金支出制度等问题的建议及根据详细的调查数据而列出的理由。[2] 例如，哈尔滨日本商工会议所在提出"取缔走私进口"议案的同时附带有详细调查内容的"理由"。"走私进口的实情"，日本制品、中国制品及外国制品走私进口（东北）的路径、方式、价格对比（如市值 2.4 元的一段日本细布，走私进口的价格则为 2 元左右）等详细调查。第十七次"满洲"

---

①　在滿洲國特命全權大使菱刈隆「第十七囘滿洲商工會議所聯合會ニ関スル件」『在外邦人商工會議所連合会関係一件/分割 2』、1933 年、JACAR（アジア歴史資料センター）、Ref. B08061592400（外務省外交史料館）。

②　在滿洲國特命全權大使菱刈隆「第十七囘滿洲商工會議所聯合會ニ関スル件」『在外邦人商工會議所連合会関係一件/分割 2』、1933 年、JACAR（アジア歴史資料センター）、Ref. B08061592400（外務省外交史料館）。

日本人商业会议所联合会会议向日本政府提出诸多建议，如针对日本对东北进行农业移民及武装移民而设置商工移民根本对策研究机构等。

关税是一个国家对途经该国关境的货物和物品所稽征的一种税赋。随着国际贸易往来增多，陆地边境边卡和沿海港口市舶机构的征税具有了国境关税的特征。鸦片战争前的中国海关"主权操之政府，绝对不容外人置喙。税则随时修改，税率自由增减"。① 但鸦片战后的《南京条约》规定英商"应纳进口、出口货税、饷费，均宜秉公议定则例"，②由此确立了由中英双方协议订立税率的基本原则，中国关税自主权开始被侵蚀。1843 年，中英在《南京条约》的基础上议定了《五口通商章程：海关税则》，这是中国历史上第一个协定海关税则。《五口通商章程：海关税则》规定了绝大多数货物的价格、税率及应当缴纳的税额。受不平等条约的限制，这些税则不经缔约国同意不能更改。此税则也取消了清政府于 1684 年制定的《粤海关税则》中的核定办法，而将关税分为进口税、出口税两种，从量税与从价税并用。③由于中国关税不能自主，关税税则也不平等，协定关税成为列强在中国掠夺原料、倾销商品的工具。

据记载，民国时期政府的财政收入"以关税、盐税及统税三项为大宗"，④而关税收入居首位，其中，中国东北关税收入在全国关税收入中占重要地位。九一八事变后，日伪强制接收东北境内海关，并将原有海关改为税关，对原有机构也进行调整。⑤此后，关税成为伪满财政收入的最主要来源。"日人嗾使伪国劫夺东关税，原为日本北预定计划之一"，"还

① 李权时：《中国关税问题》上册，商务印书馆，1936，第 2—8 页。
② 王铁崖编《中外旧约章汇编》第 1 册，第 32 页。
③ 凡是以货物的计量单位作为征税标准，以每一计量单位应纳的关税金额作为税率的关税，称为从量税。从量税额等于货物的计量单位数乘以从量税率。从价税是指以货物的价格为标准征收的税种，其税率表现为货物价格的百分值。从价税额等于货物总值乘以从价税率，从价税额与货物价格成正比例关系。
④ 《民国政府财政问题》，《盛京时报》1932 年 3 月 7 日，第 1 张第 4 版。
⑤ 陈诗启：《中国近代海关史》，人民出版社，2021，第 691—700 页。

企图将东三省与日本打成一个经济单位，发挥其独占利源之大野心"。[1]

有关"日满"进出口关税问题始终是"满洲"日本人商业会议所联合会各次会议讨论的重点。

1933 年 10 月召开的第十七次"满洲"日本人商业会议所联合会会议，在经过调研及商议后，向日本政府提出伪满关税"根本"修正的谈判建议，在报告中对有必要修正的物品种类及修正理由都有详尽的说明。比如，日本商工业者认为，"大尺布"是中国用于打压日本货物的商品，在 1930 年国民政府颁布的《国家进口关税税则》中将税率提高至 50%。[2]"大尺布"是农民的被服用料，需求量很大，而伪满的产量不足需求的一半。可是，在其大部分商品皆从日本进口的现状下，仍为了排斥日本商品而实行保护关税。由于日本的制造业者不建造大工厂而多开办小工厂，在如此重税的压力之下一般农民的购买力会削弱，这给日本的小工厂经营者带来了很大困扰。因此，在东北的日本商工业者希望下调这种"具有显著的排外色彩或不必要的产业保护色彩"的物品关税。九一八事变后，中国东北地区的进口产品与日本关系更加密切。日本输入中国东北的主要物品有棉织品、砂糖、棉花、面粉、钢铁、药材及化学用品，其中，棉织品占 86%，已经完全占据东北市场。[3]其实，在当时的东北市场，是日本国内产棉织品与日本在关内工厂产棉织品在竞争。彼时，中国东北已经变成日本国内产品的倾销地。

第十八次"满洲"日本人商业会议所联合会会议重点讨论了安东日本商工会议所提出的相关议案：请求将现行"满洲国"输入税则中从价品的征税价格原则改为以商品到岸价格为基准确定税费。其理由是：目前沿袭中国规定的"满洲"进口品中从价税征税方法，是根据

---

① 子明：《日本劫夺东北关税之影响》，《银行周报》第 16 卷第 25 期，1932 年。
② 近代中国进口棉纱仅征单一的从价税，但从 1919 年 8 月起，按照中国政府重新厘定的进口棉货税则，棉纱在 45 支以下的，以担为单位，征从量税，棉纱在 45 支以上的则实行从价税的新税则。新税则使日本输华的棉纱税有所增加。
③ 胡亦军：《近代中国东北经济开发的国际背景（1896—1931）》，第 313 页。

市场价格确定征税价格扣税，即以进口商品最初到达港市场批发价格为基准扣除经办业者收益7%推定，而实际上则以市场上零售价格为基础扣除商人收益10%乃至20%确定征税价格扣税。这种征税方法存在如下不合理之处。现行"满洲国"进口征税的原则是以外国商品进口时应课税的物品来决定该商品的价格，即以发送地的价格和运费及其他各项费用合计的价格为准构成目的地的市价，由此作为该商品的价格而乘以税率作为进口税。这就导致各地税关对于同一商品的征税价格产生巨大的差异，难免造成征税公平性的缺失。另外，当核定征税价格时，要以市场行情为基础扣除商人利润的10%乃至20%。尽管批发零售商的利润往往高于此，但纳税者自己的利润被征税是不合理的。因此，建议将目前"满洲国"的这种以到达价格为基础的"不合理且不便"的定税方法，更正为进口价格主义的核定方法。①

税收是以国家为主体，为实现国家职能，凭借政治权力无偿取得财政收入的一种活动，一个国家的税收原则、税收制度、税种、税目、税率、税收管理体制、税收稽征管理办法等应该由本国自主确定。

九一八事变后，日本立刻派关东军着手调查东北的财政及税务情况，向各税收部门派日系人员予以接管，伪满政权建立后，对税制进行了全面整顿，撤销了原东北各省的财政厅，在各地普设税务监督署和税捐局，并对东北海关进行强行接管。1932年9月伪满公布"国地税划分纲要"，规定"满洲国"成立前中央及省政府所收税为"国税"，包括田赋、营业税、生产税、牙当税、矿税、渔税、盐税、统税、煤税、烟酒牌照税、经纪税、市场税、契税、印花税、牲畜税，及其附加税；车捐、船捐、庙捐、妓捐、戏捐作为"地方税"，由市县征收，至1933年税务行政基本完成。

九一八事变后，日本人抗拒向伪满缴纳税金的行为更为严重。比

① 在新京總領事吉澤清次郎「第十八回全滿商議聯合會開催ニ関スル件」『在外邦人商工會議所連合会関係一件/分割3』、1934年、JACAR（アジア歴史資料センター）、Ref. B08061592500（外務省外交史料館）。

如，1931—1933 年居住在哈尔滨市的日本人欠房地估价税、工业营业税、商业营业税等总额高达 102238.39 元。[1] 日本人在伪满的纳税率本来就很低，[2] 如 1934 年 7 月伪满对日本人征收的粮食、畜产品、水产品麦粉等"国税"率均为从价 2%，"地方税"率为"国税"率的 1/4。[3] 可见，在伪满政权下，中日商工业者有着差别化"待遇"，这也是民族工商业日渐凋敝的原因之一。

东北各地日本商业会议所将每年度各自遇到的重要工商业问题或东北地区重大时局问题，在"满洲"日本人商业会议所联合会会议中提出共同商讨决议，然后，通过"满洲"日本人商业会议所联合会向日本政府提出申请或者建议，使该联合会成为东北地区各日本商业会议所互相交流、互相扶持的重要团体。[4] 从"满洲"日本人商业会议所联合会历次会议讨论的内容来看，该团体已逐渐政治化，成为日本在东北推行殖民政策和经济扩张的驻外机构。

---

① 南满洲铁道株式会社经济调查会编『満洲国邦人課税情況』南満洲鉄道株式会社経済調査会、1935 年、95 頁。
② 孔经纬：《东北经济史》，四川人民出版社，1986，第 400 页。
③ 南満洲鉄道株式会社経済調査会編『満洲国邦人課税情況』、135—138 頁。
④ 孟二壮：《近代中国东北地区日本商业会议所研究》，第 39 页。

第三章

在华日本商业会议所对中国调查的
机构、方式、资金来源与出版物

从事各种商工业调查是在华日本商业会议所日常的重要活动，其内部设有专门负责调查工作的机构。在华各商业会议所的中国调查，采取直接调查、联合调查及间接调查等调查方式。调查经费的主要来源是会员会费，除此之外，在华日本商业会议所普遍长期通过驻华使馆获得外务省的补助经费，而在东北的日本商业会议所每年还会从关东都督府（1919 年改为关东厅）、满铁等处获得大量的补助金。出版物是在华日本商业会议所调查资料呈现的重要方式与主要载体，包括定期刊行物、不定期刊行物等。

第一节 调查机构

为了及时收集、整理、编撰、上报资料，在华各日本商业会议所都有专门的部门负责相关调查事务。

大连日本商业会议所设立庶务系、会计系、调查系 3 个部门，各部门设系长，系长听从书记长的指挥，带领职员开展具体工作，书记长则听命于会长，领导监督系长以下的工作。庶务系主管商业会议所的人事、会员、会议、仪式及迎来送往、起草文案及接收发送文件、物品购买保管及赠受、图书整理、整顿所务等事项；会计系则负责编制预决算、收取会费、经费出纳、财产管理等事务；调查系负责各种调查、统计、外国文书翻译、出版物及资料的整理等工作。① 1918 年度（1917年 4 月至 1918 年 3 月），大连日本商业会议所回复官厅咨询调查 17 件，回复其他地方委托调查 180 件，照会回复其他商业会议所的会员调查 40 件，本所会员调查 13 件，商业会议所发布调查 796 件。② 1918 年度，经过申请，关东都督府给予大连日本商业会议所补助金 5000 元，满铁在 1918 年度与 1919 年度也给予其补助金 5000 元。③

奉天日本商业会议所设有庶务系、调查系、陈列系、会计系、图书系 5 个部门，其中调查系负责统筹商业会议所的调查活动，包括引导调查、制作统计数据、翻译资料、出版调查刊物及管理相关图书等。④

北京日本商工会议所也设有负责相关调查事务的部门——调查科，其调查业务主要有"定期业务"与"不定期业务"两类。其中"定期业务"包括：（1）负责编纂所报；（2）调查北京批发和零售商品的物价（分上旬、中旬、下旬）；（3）调查北京鱼肉蔬菜类物价；（4）整理寄赠图书；（5）各类新闻目录的汇纂。而"不定期业务"根据日本军政需求及统制政策的实施情况不断进行调整。如 1940 年 10 月的"不定期业务"包括如下几方面。（1）调查业务。①连续调查（1940 年以来）：北京市工厂调查，日本人商业情况调查，劳动力工资调查。②特别调查：磨坊及金属铁工厂调查，关于羊皮、牛皮、马皮、棉花等调查，第二次鸦片调查。③委托调查（12 件）：北京日本人实业者调查、开展商业贸易者调查、劳工调查、交通工具使用调查、七宝店调查、土

①　大連商業會議所編『大正六年度大連商業會議所事務報告』、75—76 頁。
②　大連商業會議所編『大正六年度大連商業會議所事務報告』、100—101 頁。
③　大連商業會議所編『大正六年度大連商業會議所事務報告』、100 頁。
④　奉天商業會議所編「奉天商業會議所定款」『在外邦人商業（商工）会議所関係雑件/奉天商工会議所/分割 1』、1920 年、JACAR（アジア歴史資料センター）、Ref. B08061545100（外務省外交史料館）。

特产品调查、香皂产量调查、制造业调查、北京火灾保险情况调查、华北纯碱与苛性碱调查、工业化学品营业额调查、肥料调查。（2）答复访客（35 件）。（3）提供其他资料（67 件）。①

第二节　调查方式

在华日本商业会议所对中国调查主要采用直接调查、联合调查与间接调查等方式。

一　直接调查

商业会议所的会员本身就是各行业的直接调查者及资料提供者，这一点就与满铁及东亚同文书院的调查者身份及调查方式有很大不同。同时，商业会议所根据相异的调查主题派遣议员或会员到不同区域进行实地调查，搜集情报。这些第一手调查资料，除了部分作为秘密情报直接上报给外务省，其余大部分都被及时整理发布在商业（工）会议所的年报、所报、月报、旬报等刊物上，成为日本国内外商工业者的共享资料。如 1916 年 10 月，为展开"关东州"的盐业调查，大连日本商业会议所派人赴普兰店金州董家屯连续多天展开实地调查。同月，为调查东北地区各种杂货的供需状况，委派议员赴满铁沿线的吉林、哈尔滨等地进行了为期近一个月的实地调查。② 1917 年，为搜集年报所需资料，大连日本商业会议所的职员多次前往旅顺，为调查辽河疏浚问题实地考察营口。③ 上海日本商业会议所派书记长安原美佐雄调查中国的工业及

---

① 北京日本商工會議所「調查課業務事項」『北京日本商工會議所報』第 23 號、1940 年 11 月 25 日、78 頁。

② 大連商業會議所編『大正五年度大連商業會議所事務報告』大連商業會議所、1917 年、60 頁。

③ 大連商業會議所編『大正六年度大連商業會議所事務報告』、88—89 頁。

原料情况，1919 年由安原美佐雄编著《中国的工业与原料》一书。由于该书"巨细靡遗"，成为日本有关中国实业家及研究家的"良好参考资料"。[①] 1935 年，青岛日本商工会议所的西村书记官在华北进行实地考察，收集"密输入"资料，并购买《天津地图》《北宁线货物运赁表》等小册子。其调查路线为青岛—天津东站—山海关—北戴河—昌黎—唐山—天津—济南—青岛，调查资料发布在《经济时报》等刊物上。[②] 在华日本商业会议所设有专门的调查部门，有专人从事和处理调查事宜，直接调查是在华日本商业会议所采用的最主要的调查方式。

二　联合调查

一方面，各在华日本商业会议所就某一问题进行持续的联合调查，如"排日问题"；另一方面，商业会议所与满铁等日本涉华机构保持着情报沟通甚至联合采取调查行动。

奉海铁路是东北第一条中国人自己建设的铁路。1925 年 7 月 18 日正式动工建设，1927 年 9 月 5 日竣工。其干线以奉天站为起点，经东陵、抚顺、清原、山城镇、梅河口、沙河等站，终点站为海龙，共 22 站。1927 年 12 月，又将终点站从海龙延至朝阳镇。[③] 同时，由于抚顺、杉松岗煤田已被日本占领，为解决铁路及工业用煤问题，[④] 东三省交通委员会又组织建设从梅河口经沙河、东丰、大兴镇、渭津至煤矿资源丰富的西安地区（今辽源）的梅西支线，于 1928 年 1 月全线完工。奉海铁路打破了日俄对东三省的铁路垄断，与京奉铁路、吉海铁路联运后，形成了强大的运输优势。奉海铁路经过奉天、抚顺、清原、海龙、东丰、西丰六县，及山城镇、朝阳镇两大商业中心市场，各支线将兵工

---

① 『上海日本商業會議所年報第二』、1920 年、廣告頁。
② 青岛日本商工會議所「昭和拾午度青岛日本總領事館補助金支出明細書」『在外邦人商業（商工）会議所関係雑件／青岛商工会議所ノ分割 1』、1936 年、JACAR（アジア歴史資料センター）、Ref. B08061549600（外務省外交史料館）。
③ 王树楠等纂《奉天通志》卷 164，第 3833 页。
④ 《中国铁路建设史》编委会编著《中国铁路建设史》，中国铁道出版社，2003，第 133 页。

厂、大亨铁工厂、迫击炮厂、粮秣厂等有机连接起来，在奉天东部形成新的奉海工业区。[①]

从奉海铁路建设伊始，日本便将其视为满铁之竞争对象。因此，自1927 年起，海龙日本领事分馆就对奉海铁路沿线要地进行调查，[②] 并提出在满铁援助下开展奉天日商拓展销路计划，以应对奉天股票暴跌、购买力下降以及日本商品在奉天加征附加税等问题。[③] 从奉海铁路部分通车开始，满铁就积极斡旋和奉海铁路联运事宜，企图使奉海铁路线成为其培养线。[④] 中日双方经过几番谈判，奉海铁路最终与南满铁路从 1928年 10 月 1 日起实施联运。[⑤]

两铁路联运后，为了扩张商权，获取情报，日方即对奉海铁路沿线展开大规模调查。1927 年，奉海铁路干线竣工通车前后，满铁商工课便开始与奉天日本商工会议所接触，[⑥] 计划对奉海铁路进行调查。1928—1929 年，奉天日本商工会议所在满铁商工课的支持及参与下，在海龙日本领事分馆的帮助下，两次组织商旅团，在奉海铁路沿线及其腹地的山城镇、海龙、朝阳镇、西安等地，以"样品展示会"为名，与当地商会、商人展开交流及实地调查，形成了详细的调查报告书。

---

① 曾小娟主编《辽源档案记忆：辽源近代民族工商业发展历程》，吉林人民出版社，2019，第 91 页。

② 海龍日本領事分館「管内出張日程表」『本省並在外公館員出張關係雑件/本省員及在外公館員海外出張ノ部（租借地、委任統治地域ヲ含ム）/在満、支各館　第一ノ二巻/25. 海龍分館員』、1927 年、JACAR（アジア歴史資料センター）、Ref. B15100003100（外務省外交史料館）。

③ 海龍日本領事分館「在奉天邦商ノ邦貨賣擴〆計画ニ関スル件（滿鐵ノ援助）」『本邦商業政策關係雑件/0. 雑』、1927 年、JACAR（アジア歴史資料センター）、Ref. B08061101500（外務省外交史料館）。

④ 日本在奉天總領事吉田茂「奉海南滿兩線連絡會議不調ノ状況ニ関スル件」『奉海（瀋海）鐵道關係一件/分割 2』、1926 年、JACAR（アジア歴史資料センター）、Ref. B10074712700（外務省外交史料館）。

⑤ 森島總領事代理「秘第六一五號」『南満、奉海両鉄道連絡協定関係一件/分割 2』、1928 年、JACAR（アジア歴史資料センター）、Ref. B10074720600（外務省外交史料館）。

⑥ 上田商會「旅商團視察報告（其六）」『第壹回奉海沿線旅商團視察報告書』奉天商工會議所調査課、1929 年、67—68 頁。

1928 年 10 月 13—19 日，除了满铁商工科人员外，参与第一次商旅团的商户代表有日本食品杂货商小杉洋行、棉线布商井上公司奉天办事处、茶点食品商七福屋、杂货棉布贸易商扇利洋行、杂货商上田商会、贵金属钟表商森洋行、特产商佐伯洋行、文具自行车商昌和洋行、药商松尾大正药房、大连机械奉天办事处等十家，能够从各行业较专业的角度实现对调查地的全面了解。此次奉海铁路沿线日本商旅团提交的调查报告内容主要由两部分构成。第一部分为奉天商工会议所调查科书记长野添孝生所做总体调查，包括治所海龙县沿革、地形地势、位置与气候、面积、人口与耕地、地方政府机构组成、交通状况，以及奉海铁路的度量衡、营运里程、货物运费情况，还分述了奉海沿线山城镇、海龙、朝阳镇三地的农工商业基本情况、交易习惯以及中国商户经营名目，占报告书大半篇幅。第二部分为奉天日本商工会议所十家商户代表分别提交的行业商情调查。各日本商户代表在访问奉海沿线地方商户的同时，需要完成所规定的调查内容六项：调查地携带样品、销路拓宽的可能性及方法；商品输入状况、价格及与奉天的比较；各国商品输入和贩卖的交易方法；中国制品及品质；各地华商商号及交易商品；交易实况。十家商户代表提交的调查报告内容体现了各自行业的相关基本情况，综合起来便形成了对奉海铁路沿线商情等的整体认识。因此，奉天日本商工会议所商旅团在奉海沿线第一次调查结束后，在商权扩张方面取得了良好效果，直接体现就是中国商户从奉天日本商户处进货的数量增加。

为进一步扩张商权，奉天日本商工会议所于 1929 年 4 月 22 日再次组织了为期 9 天的第二次奉海沿线商旅团调查，① 作为第一次调查的延续与补充。此次调查路线为山城镇—西安—东丰—朝阳镇—海龙。商旅团对奉海铁路梅西支线进行了踏查，补充了第一次调查的未尽之处。除了满铁商工科人员外，还有杂货商西尾洋行、贵金属钟表商森洋行、药商鹤原药房、

---

① 「概説」奉天商工會議所『第二回奉海沿線旅商團視察報告書』奉天商工會議所、1929 年、1 頁。

机械商大信洋行、奉天交易所信托公司、石油商三记洋行六家商户代表参加，提交的报告内容仍由总体概说和特产商报告两部分组成，调查提纲与第一次无异。此次调查的同时还进行日本商品宣传，对拓宽日货销路有所裨益。

除了满铁商工科人员外，参与商旅团的主要成员均为奉天日本商工会议所的议员，都是熟悉商情且具有政治势力的商人。因此，商旅团的调查活动在深入了解奉海沿线商品行情、宣传日本商品、扩大商权等方面起到了切实作用。"日本所谓经济活动乃步步与政治活动相寻，而其实经济活动即是政治活动之本身。"①

在奉天日本商工会议所组织商旅调查团的同时，满铁②、东亚同文书院学生③对奉海铁路沿线也展开调查活动。经过实地调查，日方调查

---

① 林同济：《日本对东三省之铁路侵略》，上海华通书局，1930，序言，第2—3页。

② 1928年11月25日，满铁庶务部调查课课员平野博从大连出发，经过南满铁路沿线奉天、铁岭、四平街、抚顺各地与奉海铁路沿线各重要市场，进行了为期20天的经济调查，最后形成报告《奉海铁路对南满铁路的影响》。该调查报告叙述了奉海铁路概况及沿线农工商业状况，以及沿线朝阳镇、海龙、山城镇、清原、抚顺、柳河、辽源、西丰八地市场货物集散状况，据此分析奉海铁路对南满铁路沿线铁岭、开原、四平街和抚顺的影响，推定南满铁路运输货物减少7万吨左右，并计算各站间运费与货物减少量的乘积，得出满铁所受到的直接经济损失约为36万日元的结论。面对此般损失，平野博提议应着力发展奉天市场，如设置货物保管仓库、发挥金融机构作用等；还应改良开海轻便铁道，增加大连港埠头设备以提高运力，开发"北满"市场，巩固满铁势力。南满洲铁道株式会社庶务部调查课编『奉海鐵道の滿鐵に及ぼす影響(滿鐵調查資料第94編)』南满洲铁道株式会社庶务部调查课、1929年。

③ 1929年，东亚同文书院第26期学生组成的"东北斜线经济调查班"的主要调查对象为奉海铁路，共形成两份调查报告。其一为山本米雄的调查报告《从经济角度看奉海线对满铁的影响》，其内容多基于前文所述满铁庶务部调查课平野博所形成的报告。其二为龙口义精所作《奉海铁路的经济价值及海龙领事馆的使命》，该生以海龙日本领事馆管辖地作为调查区域，绘制"奉海铁路与海龙领事分馆管辖区域略图"一张，考察此区域在奉海铁路建成且与吉海铁路联运后的经济价值，除该区域户口调查表外，共形成海龙站、梅河口站、黑山头站、山城镇站、朝阳镇站的1926—1928年货物输出入数量统计表24个。此外，该生还记录了在海龙日本领事馆辖区内日本人、朝鲜人的生活状况、从事职业及可从事事业等内容，将朝鲜人作为海龙日本领事馆扩张势力的重要发展对象，认为海龙日本领事馆具有在该地殖民扩张、扶植日本人势力、繁荣日本人事业的责任与使命。两名东亚同文书院学生在踏查后，均对奉海铁路的经济价值有所认知，及由此带来与满铁的竞争、日本人在其沿线地区新的发展机会以及日方应考量的经济、政治乃至军事对策方面的思考。参见冯天瑜主编《东亚同文书院中国调查手稿丛刊续编》第123册，国家图书馆出版社，第483—588、563—624页。

者为日本进一步侵略奉海铁路辐射地区提供了重要参考建议。如满铁庶务部调查课课员平野博提议在奉天设置货物保管仓库，东亚同文书院"东北斜线经济调查班"学生提出投资朝鲜人开设的精米所，日商西尾洋行建议将奉海、吉海两铁路的联络中心朝阳镇作为日商发展地点，而将势力圈较小的西丰、东丰、海龙等地作为临时发展的地点等，① 均为日本的东三省工事计划及调整铁路政策提供了可参考方向。总之，奉天日本商工会议所和满铁的联合调查资料与满铁、东亚同文书院学生对奉海铁路沿线进行的调查资料互为补充，为奉海铁路的主要竞争对手——满铁及九一八事变后日本霸占奉海铁路提供了重要情报。

三　间接调查

日本商业会议所对华间接调查的方式较多。

在华日本商业会议所作为日本情报网络的一环，接收日本其他在外机关的情报。② 商业会议所经济调查数据的主要来源对象为在华日本各金融机关、各行业商人、交易市场、仓库、税关等。也包括向中国商会问询资料，如 1943 年，为给华北之生产扩充计划准备资料，北京日本商工会议所就调查牛油需给状况通告天津市商会，要求后者提供天津地域内的牛油经营业者商号所在地、牛油生产数量（每头牛约出 20 斤）、牛油之由天津周边农村输入量、牛油之由天津输出地（输出地名）、牛油于天津之用途及需要量、牛油之贩卖价格（单位百斤）、牛油之现在数量及输入之可能数量、牛油之官纳有无（向部队）、其他参考事项等，"依照函开各项逐一详细查填，克日具覆"。③ 还包括购买图书资料、互赠刊物，以及通过举办讲座、恳谈会等形式搜集、交换信息，如天津日本商工会议所 1941 年发行的《时局经济常识讲座集》《时局经济讲演集》等刊物

---

① 西尾洋行「旅商團視察報告（其二）」『第二回奉海沿線旅商團視察報告書』奉天商工會議所調查課、1929 年、36 頁。
② 王力：《政府情报与近代日本对华经济扩张》，第 98 页。
③ 《通告天津市商会》，《天津特别市公署公报》第 185 号，1943 年 1 月 7 日。

都是通过不定期举办讲座、讲演会后作为资料编辑成册的。

在华日本商业会议所与东京、大阪、名古屋商业会议所等通过相互寄赠出版物的方式来了解不同区域的调查资料。如《奉天商业会议所月报》第 137 号"寄赠及购入图书"栏目显示，奉天日本商业会议所获取了日本国内外共计 45 个不同商业会议所的出版物。[①] 这样，日本官民通过掌握国内外经济情况进而制定应对策略，同时，在情报交换的过程中调整日本国内与在外商业会议所间的利益关系，也能够避免它们之间发生利益冲突。[②]

在华日本商业会议所与满铁、"兴亚院"等各类日本涉华机构之间保持着情报沟通，接受满铁等机构的资助、委托并上报调查结果。如奉天日本商业会议所经调查形成的第 4311 号（密报）《奉商情报》中，对东北国民外交协会[③]的"排日运动"进行了报道，详细记载了外交协会召开会议的地点及具体抵日举措。该"密报"上报日本外务省，也呈交给满铁。[④] 同时，满铁、东亚同文书院、"兴亚院"等也是在华日本商业会议所的情报提供者。仅从《奉天商业会议所月报》第 128 号可见，不仅有满铁、东亚同文书院这样的大型对华调查情报组织，也有台湾总督府这样的重量级行政机构，还有日本帝国地方行政学舍、"满蒙文化协会"等伪装成学术组织的侵华团体（见表 3-1），为奉天日本商业会议所提供其发行的包括经济、文化、军事等内容的各类出版物。与日本各类涉华机构组织团体的情报交换进一步扩大了商业会议所的情报来源途径。

---

① 「寄贈及購入圖書」『奉天商業會議所月報』第 137 号、奉天商業會議所、1924 年 5 月、23 頁。

② 須永徳武「商業会議所のアジア経済情報ネットワーク」波形昭一編著『近代アジアの日本人経済団体』、292 頁。

③ 为反抗日本侵略东北，1929 年 9 月，辽宁社会各界爱国人士组织成立了"辽宁省国民外交协会"（简称"外交协会"）。1930 年 1 月改组为东北国民外交协会，1931 年被解散。参见王连捷《东北国民外交协会的外交尝试及其历史功绩》，《理论学刊》2010 年第 5 期。

④ 奉天商工會議所「外交協會ノ排日（秘）」『各国ニ於ケル排日、排貨関係雑纂/中国ノ部第八巻/1. 一般（各省及府県）』、1931 年、JACAR（アジア歴史資料センター）、Ref. B09040476200（外務省外交史料館）。

表 3-1　日本部分组织机构提供给奉天日本商业会议所的出版物

组织机构名称	出版物名称
东亚同文书院	《支那研究》《支那》
台湾总督府	《内外情报》《海外重要纪事》
帝国地方行政学舍	《通商公报》
满蒙文化协会	《满蒙》
满铁	『南满洲铁道附属地农事统计』『北满洲と东支铁道』『中华民国第十一年史』『支那大陆の人口及面积统计並に北京の市势调查研究』
国民军事调查团	『世界の大势と军事』

资料来源：『奉天商業會議所月報』第 128 号、1923 年 8 月、21—22 页。

第三节　调查资金来源

在华日本商业会议所的调查资金来源主要包括会员会费、日本外务省调查补助金以及关东都督府（关东厅）、满铁补助金等。

一　会员会费

根据入会章程，加盟商业会议所的会员都要定期缴纳会费，而会员会费是调查经费的主要来源之一。会议所一般在每月初征收会费，采取等级赋课金制度，即根据会员所在企业缴纳营业税的数额划分会员等级，不同等级的会员缴纳会费数额不同。同时，为增加中小商工业者会员，商业会议所还不断调整等级或者降低最低会费标准。例如，1915年，大连日本商业会议所的会员划分为 8 个等级，第一等级会员每月缴纳 50 日元，随着等级的降低会员所缴纳的会费逐渐递减，第二至第七等级会员缴纳的会费分别为 35 日元、20 日元、7 日元、5 日元、3 日

元、2.5 日元，最低等级即第八等级会员每月仅需缴纳 2 日元。① 1916
年改为 10 个等级，前三个等级与最低等级的会费不变，但中间等级，
即第四到第九等级缴纳的会费分别为 12 日元、9 日元、7 日元、5 日
元、3 日元、2.5 日元。② 1932 年 6 月又改为十二等级会员制，第一等
级会员每月缴纳会费 100 日元，而第十二等级会员每月只需象征性地缴
纳会费 1 日元。③ 大连日本商业会议所在增加等级及降低会费的同时，
也简化入会程序及会费缴纳方法，即由原来的按月缴纳变为每 4 个月缴
纳一次。而奉天日本商业会议所建立之初，会员按缴纳会费不同分为 8
个等级，1917 年后增加到 10 个等级，1920 年新章程规定会员按照缴纳
会费额分为 13 个等级（见表 3-2）。④ 到了 1935 年，奉天日本商工会
议所的特等会员会费为每月 144 日元（比 1920 年同等级会员会费 300
日元下降一半以上），一等会员每月会费为 70 日元（仅是 1920 年同等
级会员会费 210 日元的 1/3），第十二等级会员每月会费仅为 2 日元
（见表 3-3）。⑤

表 3-2　1920 年奉天日本商业会议所会员会费缴纳情况

单位：日元，人

等级	月会费标准/每人	年会费/每人	人数	小计
特等	300	3600	5	18000
一等	210	2520	1	2520
二等	150	1800	1	1800

① 篠崎嘉郎著、加藤聖文編『満州と相生由太郎』、863—864 頁。
② 大連商業會議所編『大正六年度大連商業會議所事務報告』、99—100 頁。
③ 大連商工會議所編『昭和八年度大連商工會議所事務報告』、44—45 頁。
④ 奉天商業會議所「奉天商業會議所定款」『本邦商業会議所関係雑件/在外本邦実業
　団調査一件第一巻/2. 奉天/分割 1』、1920 年、JACAR（アジア歴史資料センター）、
　Ref. B10074321600（外務省外交史料館）。
⑤ 奉天商業會議所編『奉天経済二十年誌』、525 頁；「2. 奉天/分割 5」『本邦商業会
　議所関係雑件/在支ノ部』、JACAR（アジア歴史資料センター）、Ref. B11090765200
　（外務省外交史料館）。

续表

等级	月会费标准/每人	年会费/每人	人数	小计
三等	105	1260	2	2520
四等	75	900	3	2700
五等	54	648	6	3888
六等	36	432	10	4320
七等	25.5	306	14	4284
八等	18	216	18	3888
九等	15	180	31	5580
十等	10.5	126	47	5922
十一等	7.5	90	38	3420
十二等	6	72	87	6264
总计			263	65106

资料来源：奉天商業会議所编『奉天経済二十年誌』、525 頁。

表 3-3 1935 年奉天日本商工会议所会员会费缴纳情况

单位：日元，人

等级	月会费标准/每人	年会费/每人	人数	小计
特等	144	1728	7	12096
一等	70	840	9	7560
二等	50	600	4	2400
三等	35	420	1	420
四等	25	300	2	600
五等	18	216	7	1512
六等	12	144	18	2592
七等	8	96	23	2208
八等	6	72	27	1944
九等	5	60	39	2340
十等	3	36	42	1512
十一等	2	24	42	1008
十二等	2	24	107	2568
总计			328	38760

资料来源：『2. 奉天/分割 5』、JACAR（アジア歴史資料センター）、Ref. B11090765200
（外務省外交史料館）。

103

通过划分等级降低会费等，确实吸引了更多的中小商工业者加入商业会议所，如 1932 年 4 月大连日本商工会议所会员为 194 人，同年 6 月改为十二等级会员制后，到 1933 年 3 月会员一举达到 411 人，增长了 1 倍以上。① 但由于增加的主要是小商工业者和小商贩为主的中下级会员，会费总额并未增加。所以，随着商业会议所调查活动范围及内容的扩大，必须寻找其他财源以解决逐渐膨胀的财政支出问题。

二　外务省调查补助金

在华日本商业会议所的调查活动往往在其成立之时同步启动，但由于商业会议所的调查经费有限，因此经常通过驻华总领事馆向外务大臣申请经费补助。从现存日本外交档案（封面大多写有"机密"字样）来看，各区域在华日本商业会议所每年不定期从外务部申请到大量商工业调查补助金。

在日本对华扩张计划中，中国东北区域的重要性是不言而喻的，驻华日本领事的情报搜集工作也更加依赖东北地区日本商业会议所的调查及其发挥的建议咨询作用。② 由此，日本外务省也不断追加在东北的日本商业会议所的"调查补助金"，根据商业会议所的申请理由，每年资助数额不等。1909 年 12 月，外务大臣小村寿太郎批准了奉天日本商业会议所提出的补助年度调查费 6000 日元的请求。其在"商业调查补助费"的申请书中陈述的理由是：在日本的扶植下，日"满"贸易及殖产工业均得到大力发展，这得益于日本国内资本家对东北的了解，而在"满"商业会议所指导下的日本人为此提供了"诸般调查资料"。从性质上看，这些调查资料费不应该由在"满"日本人独立承担，应由国

① 大連商工會議所編『昭和八年度大連商工會議所事務報告』、44—45 頁。
② 详见『分割 1』中代号为"机密公第 765 号文件"等系列文件。『在外邦人商業(商工）會議所関係雑件/奉天商工會議所/分割 1』、1926—1927 年、JACAR(アジア歴史資料センター)、Ref. B08061545100(外務省外交史料館)。

家补助。并且，中国东北财源及农商工业现状和未来均与日后的详密调查息息相关，但在调查资金不足的情况下，政府应该给予补助。此后，奉天日本商业会议所连年得到外务部的不定额补助金。如1911年，由于奉天日本商业会议所的调查资料对日本在中国的经济扩张及普通商工业者都很有裨益，依据商工奖励的主旨及海外扩张方针，日本外务省给奉天日本商业会议所拨付年度调查补助费1800日元。① 1925年6月29日，应日本驻哈尔滨总领事天羽英二转呈的哈尔滨日本商业会议所会长岩永浩的请求，日本外务大臣币原喜重郎向其下拨临时调查费5000日元。② 岩永浩的请求原因如下：一是在哈尔滨的商人收入不佳；二是会费入不敷出；三是欧美尤其俄国在东北已经拥有"澎湃"的势力，在日俄达成协议之际，正是日本国策推进的大好时机，尤其西伯利亚是东北北部第一线，哈尔滨日本商业会议所作为对俄贸易的指导者，应该多方筹划，故请求特别下拨临时调查费。1926年9月29日，驻奉天日本总领事向日本外务大臣币原喜重郎转达了奉天日本商业会议所增加调查经费的请求，其会长庵谷忱申请理由如下。一是调查费的增加。首先是委托调查量的增长，包括为扩张日"满"贸易对棉纱等重要商品原料进行经济调查及奉天总领事馆委托的工商业调查的增多；其次是调查项目的增加，如奉海线新企划告成后，需要对奉海沿线经济状况进行调查。二是刊物发行数量的增加。如《奉天商业会议所所报》每月刊行一次，《满洲经济情报》每月刊行三四次，《满洲经济研究汇纂》则不定期刊行。三是职员的增加。为保证与日本国内主要城市联系的职能，

---

① 详见「满洲商工业调查费补助ノ件」「商工业调查费补助请愿书」「调查费补助御愿」等系列文件。『本邦商業会議所関係雑件/在支ノ部/1. 奉天商業会議所/1) 奉天商業会議所員ニ於テ清国商務総会員招待ノ件　六月』、1909—1912年、JACAR（アジア歴史資料センタ ）、Ref. B10074314600（外務省外交史料館）。

② 在哈尔滨总领事大羽英二「補助金下附申請ニ関スル願書進達ノ件」、哈尔滨商業会議所会頭岩永浩「補助金下附申請ニ関スル件」『本邦商業会議所関係雑件/在支ノ部/18. 在哈尔滨日本商業会議所ニ補助金下附申請ニ関スル願書進達ノ件』、1925年、JACAR（アジア歴史資料センター）、Ref. B10074316300（外務省外交史料館）。

1924 年以来由商业会议所专门经营的"商业陈列所"要设置专任书记。币原喜重郎批准了其请求，在 1927 年为其拨付调查费 3000 日元。[①] 日本对中朝边境重点经营区域——安东的日本商业会议所更是重金投入，如 1928 年为其提供的补助金为 8072.20 日元（同年会费收入仅为 7323 日元）。[②] 此后基本保持这个数额。会长濑之口藤太郎向外务省申请补助金时指出，九一八事变对日本在安东经济势力的发展产生"正向影响"，在新形势下，作为日"满"税关所在地的重要都市，经济调查内容多且复杂，调查经费短缺，需要日本外务省追加补助金。[③] 日本外务大臣回复称：希望安东商业会议所在日"满"经济发展中，充分发挥指导安东地方商工业者、调查相关区域经济状况等作用，故而会继续提供补助金。[④] 安东日本商业会议所在得到外务省补助金的同时，必须承诺提供商业会议所的年度收支表、业绩报告书、调查报告，接受外务省的指示命令，一旦违反上述约定，须返还补助金。[⑤] 1937 年，外务省发放给安东日本商业会议所 1000 日元的补助金，主要包括调查费（50 日元），《安东经济事情》（500 部）、《安东会社工场一览表》（1000 部）、

---

① 详见「分割 1」中代号为"机密公第 765 号文件"等系列文件。『在外邦人商業（商工）会議所関係雑件/奉天商工会議所/分割 1』、1926—1927 年、JACAR（アジア歴史資料センター）、Ref. B08061545100（外務省外交史料館）。

② 安東商工會議所『昭和四年度安東商工會議所事務報告』安東商工會議所、1930 年、94 頁。

③ 安東商工會議所「補助金下附方御願ノ件」『在外邦人商業（商工）会議所関係雑件第一巻/9. 安東商工会議所』、1935 年、JACAR（アジア歴史資料センター）、Ref. B08061530600（外務省外交史料館）；安東商工會議所「昭和十一年度当所補助金ニ関シ請願ノ件」『在外邦人商業（商工）会議所関係雑件　第二巻/1. 満洲国/4）安東商工會議所』、1936 年、JACAR（アジア歴史資料センター）、Ref. B08061533300（外務省外交史料館）。

④ 在安東領事桝谷秀夫「安東商工会議所ニ對スル外務省補助金下附方稟請ノ件」「昭和十一年度当所補助金ニ関シ請願ノ件」『在外邦人商業（商工）会議所関係雑件第二巻/1. 満洲国/4）安東商工會議所』、1936 年、JACAR（アジア歴史資料センター）、Ref. B08061533300（外務省外交史料館）。

⑤ 在安東領事桝谷秀夫「命令書」『在外邦人商業（商工）会議所関係雑件第二巻/1. 満洲国/4）安東商工會議所』、1936 年、JACAR（アジア歴史資料センター）、Ref. B08061533300（外務省外交史料館）。

《昭和十年度商工从业员表彰姓名表》等的编纂印刷费 604 日元。同时，商业会议所开办商店经营指导学习会，如提供东京商工科的作品《更生》《优良店铺》，发放《店员语言的使用方法》《小卖店的自我诊断》《有效的供货方法的要点》等小册子，对店员服务、商店经营等给予指导。①

随着日本对华扩张的展开，华北区域日本商业会议所的作用更加凸显，因此，日本外务省加大对该区域商业会议所的资金补助。青岛日本商工会议所一直对日本人在山东贸易发展的作用很大。伴随日本对华北地区侵略步伐的加快，举办贸易推介展览会，调解、搜集时局情报，发行、出版《贸易统计年报》《贸易统计月报》《物价月报》《商况月报》等定期刊物，及《一般经济调查事项》《产业经济调查事项》等不定期刊物，这些调查情报活动都关系着未来日本在山东的发展。因此，为发挥其最大效能，1935 年，日本外务省补助其 2000 日元。② 鉴于华北调查的需要，次年继续为青岛日本商工会议所提供补助金 2000 日元。③ 七七事变前后，华北日本商工会议所承担着配合日本军事侵略及战后辅助控驭该地区的艰巨任务，这使商工会议所的调查业务繁重，导致"人手不够"，需要增加专业调查人员。1938 年，天津日本商工会议所开始扩充人员，从此前的 250 人骤增至 800 人，同时来天津的日本视察团数量的大幅增加也使接待费用暴涨，因此，日本外务省加大对天津等地日本商工会议所的资助。1938 年，日本外务省秘密补贴天津日本商工会

① 安東商工會議所「昭和十年度外務省補助金費途明細書」『在外邦人商業（商工）会議所関係雑件第二巻/1. 満洲国/4）安東商工會議所』、1936 年、JACAR（アジア歴史資料センター）、Ref. B08061533300（外務省外交史料館）。

② 在青島總領事代理田尻愛義「機密第 66 號　在支各地日本商工會議所ノ補助ニ關スル件」『在外邦人商業（商工）会議所関係雑件/青島商工会議所/分割 1』、1935 年、JACAR（アジア歴史資料センター）、Ref. D08061549600（外務省外交史料館）。

③ 在青島總領事西春彦「青島日本商工会議所補助金ニ關スル件」『在外邦人商業（商工）会議所関係雑件/青島商工会議所/分割 1』、1936 年、JACAR（アジア歴史資料センター）、Ref. B08061549600（外務省外交史料館）。

议所 7000 日元，① 1943 年更是增加到 2 万日元。② 此前，天津日本商工会议所的外务省补助金为每年 2000 日元。③ 为促进发展"大东亚共荣圈"，1938 年，北京日本商工会议所获得外务省补助金 5000 日元，1939 年，由于北京日本商工会议所在调查日本人商工业发展情况、搜集购买图书、设立咨询所、开设商品陈列馆、促进中日"经济提携"等方面都发挥了作用，但资金不足，因此日本政府补贴增至 1 万日元。④ 此后，日本政府每年对北京日本商工会议所的补贴均如期发放，1940 年是 8000 日元，1941 年与 1942 年均为 1 万日元。⑤

　　从日文档案可见，在华日本商业会议所普遍长期通过驻华使馆获得外务省的秘密补助金。日本政府补贴对于商业会议所而言无疑是强有力的政治"靠山"，这当然是由于商业会议所本身就是为日本政府提供情报和咨询建议的外围机构，发挥着调查各类经济情报、支持指导日本国内及在华居留民从事对华投资的作用。在华日本商业会议所的活动受到当地日本领事馆的管理与监督，并且有义务接受领事馆的委托调查和向领事馆提交各类调查内容出版物。而有些处于"战略地位"的在华日

---

① 在天津總領事田代重徳「機密第 994 號　天津日本商工會議所ニ対スル補助金増額支出方再稟請ニ關スル件」『在外邦人商業（商工）会議所関係雑件/天津商工会議所/分割 3』、1938 年、JACAR（アジア歴史資料センター）、Ref. B08061552200（外務省外交史料館）。

② 在天津加藤總領事「外機密第 48 號　天津日本商工會議所補助方ニ關スル件」『在外邦人商業（商工）会議所関係雑件/天津商工会議所/分割 4』、1942 年、JACAR（アジア歴史資料センター）、Ref. B08061552300（外務省外交史料館）。

③ 天津日本商工會議所「當リ補助金御下附ニ對シ補助金收支計算書並事業成績報告書進達ノ件」『在外邦人商業（商工）会議所関係雑件/天津商工会議所』、1937 年、JACAR（アジア歴史資料センター）、Ref. B08061552000（外務省外交史料館）。

④ 外務大臣廣田弘毅「通總機密第 6 號　北京商工會議所設置補助金ニ關スル件」『在外邦人商業（商工）会議所関係雑件第四巻/2. 中国/2）北京商工會議所』、1938 年、JACAR（アジア歴史資料センター）、Ref. B08061540200（外務省外交史料館）。

⑤ 在北京土田参事官「秘第 892 號（大至急）昭和十七年度商工會議所補助金第一期送金ノ件」『在外邦人商業（商工）会議所関係雑件第四巻/2. 中国/2）北京商工会議所』、1942 年、JACAR（アジア歴史資料センター）、Ref. B08061540200（外務省外交史料館）；『北京日本商工會議所所報』第 16 號、1940 年 4 月 25 日；『北京日本商工會議所所報』第 42 號、1942 年 6 月 28 日。

本商工会议所如图们日本商工会议所，更是在日本政府的强力推动和资助下建立起来的，①仅 1937 年，图们日本商工会议所就从日本政府处领取补助金 7405 日元，其中调查费 3200 日元（外务省补助 200 日元，满铁补助 3000 日元），② 高于当年的会费 7020 日元。可见，日本政府的补助金是这类商业会议所维持基本运行的重要经费。

三　关东都督府（关东厅）与满铁等给予的资金

在华日本商业会议所普遍长期通过驻华使馆获得外务省的补助金，其活动受到当地日本领事馆的管理与监督，而东北地区的商业会议所则同时受到关东都督府（1919 年 4 月 12 日，日本政府以第 94 号敕令公布《关东厅官制》，设立关东厅取而代之）的资助和管辖。因此，在东北的日本商业会议所的经费来源除了会员会费、外务省临时补助金外，其他重要经费来源是每年从关东都督府（关东厅）、满铁等处获得的大量资金援助。

据档案资料记载，长春日本商业会议所从 1920 年成立起，满铁每年会资助其 5000 日元，关东厅则资助 2000 日元。③ 关东都督府（关东厅）从 1916 年至 1928 年每年补助大连日本商业会议所 3000 日元，而 1929 年更是增加至 6000 日元。另外，满铁在 1916 年为大连日本商业会议所补助 3000 日元，此后逐年增加，1917 年至 1922 年每年资助其 5000 日元，1923 年至 1925 年每年补助 10000 日元，1926 年和 1927 年每年补助高达 13000 日元，1928 年至 1930 年每年补助额

---

① 圖們日本商工會議所『昭和十二年度圖們日本商工會議所事務報告』圖們日本商工會議所、1938 年、第 1 頁。

② 圖們日本商工會議所「圖們日本商工會議所補助金下附申請」『在外邦人商業（商工）会議所関係雑件第三巻/1 満洲国/6）図們商工会議所』、1937 年、JACAR（アジア歴史資料センタ Ref. B08061536800（外務省外交史料館）。

③ 在長春領事西春彦「在外本邦人商業會議所及商工農業者團體調查ノ件」『本邦商業会議所関係雑件/在外本邦実業団調査一件第一巻/9. 長春』、1923 年、JACAR（アジア歴史資料センター Ref. B10074322400（外務省外交史料館）。

更是达到 18000 日元。^①满铁对安东日本商业会议所的资助额每年最少 5000 元，关东厅资助额为每年 2000 元。^②逐渐增长的资助费很大程度体现了殖民当局对大连日本商业会议所调查工作的支持和鼓励。奉天是"满蒙的中心"，1918 年，奉天日本商业会议所改革后，满铁成为其会员之一，满铁奉天地方事务所承诺会持续提供补助费 2000 日元。同时，在总领事馆的指令下，关东都督府承诺将为奉天日本商业会议所持续提供年补助金 2000 日元。^③据档案资料记载，从 1917 年开始，奉天日本商业会议所从关东都督府及满铁处分别获取了 2000 日元补助金。之后，商业会议所的规模不断扩大，其调查资料及发挥的作用更加被重视，相应的，尤其是来自满铁的补助金也大幅度增加。1927 年开始，满铁的补助金增加到 5000 日元，1932 年增加到 16000 日元，1937 年骤然升至 21000 日元。1932 年开始，关东厅对其提供的补助费也从最初的 2000 日元增加到 2500 日元或者 3000 日元，1937 年更大幅升至 5000 日元，该年关东州厅^④与满铁提供的补助金合计已经达到其经费总数的 37.57%（当年经费总数为 69200 日元）（见表 3-4）。

可见，关东厅和满铁的补助金在日本商业会议所经费总额中占比较高，而受资助的日本商业会议所则必须遵循补助金领受书的规定，定期

① 篠崎嘉郎著、加藤聖文編『満州と相生由太郎』、863—864 頁。

② 安東商工會議所「昭和九年度安東商工会議所経費豫算書」『在外邦人商業（商工）会議所関係雑件第一卷/9. 安東商工会議所」、1935 年、JACAR（アジア歴史資料センター）、Ref. B08061530600（外務省外交史料館）；安東商工會議所「昭和拾壹年度安東商工会議所経費豫算書」『在外邦人商業（商工）会議所関係雑件第一卷/9. 安東商工会議所」、1935 年、JACAR（アジア歴史資料センター）、Ref. B08061530600（外務省外交史料館）。

③ 哈爾賓商業會議所會頭岩永浩「補助金下附申請ニ関スル件」『本邦商業会議所関係雑件/在支ノ部/18. 在哈爾賓日本商業会議所ニ補助金下附申請ニ関スル願書進達ノ件」、1925 年、JACAR（アジア歴史資料センター）、Ref. B10074316300（外務省外交史料館）。

④ 1934 年 12 月，日本内阁废除关东厅，改设关东州厅，受日本驻伪满"大使馆"内设立的关东局管辖。因此，也可以说，日本驻伪满"大使馆"每年会资助在中国东北设立的日本商业会议所。

向关东厅、满铁提交调查报告，其业务及经费支出也必须向日本外务大臣请示、汇报，接受外务大臣的指令。[1]

表3-4　1927—1937年部分年份奉天日本商业（工）会议所资产决算总额

单位：日元

年份	会费及杂项	关东厅补助金	满铁补助金	总额
1927	27100	2000	5000	34100
1932	22000	3000	16000	41000
1933	29910	2500	14400	46810
1934	36150	2500	16000	54650
1935	40500	2500	16000	59000
1936	45167	2500	16000	63667
1937	43200	5000	21000	69200

资料来源：根据『本邦商業会議所関係雑件』『在外邦人商業（商工）会議所関係雑件奉天商工会議所』、JACAR（外務省外交史料館）系列资料制成。

　　伪满洲国成立后，满铁补助金公然成为"国家"性质的象征。在以"满洲目前经济建设"为主题的第十七次"满洲"日本人商业会议所联合会会议上，"满洲"日本人商业会议所临时事务协议会提出有关"在满商工会议所满铁补助金"议案，主张今后满铁对在"满"商工会议所的资助要"废除补助金的名称"，而改称"经费分担金"。因为，"从根本上说，现在满铁会社对在'满'商工会议所的补助金是公课（国税）的一种，而绝不是恩惠的性质"。其建议每年在会议所请求帮助时，要自发提供资金，用以支持商工会议所的公家性质。并且，日后此项支出金额每年递增，需要向满铁总裁请示。[2] 这也从侧面证明在"满"日本商业会

---

[1]　奉天商工会議所「昭和十一年度事務報告ノ件」『在外邦人商業（商工）会議所関係雑件/奉天商工会議所/分割8』、1937年、JACAR（アジア歴史資料センター）、Ref. B08061545900（外務省外交史料館）。

[2]　在満洲国特命全権大使菱刈隆「第十七回満洲商工会議所聯合会ニ関スル件」『在外邦人商工会議所連合会関係一件/分割2』、1933年、JACAR（アジア歴史資料センター）、Ref. B08061592400（外務省外交史料館）。

议所并非其自诩的"民间"经济团体，而是已与日本军国主义渐趋合流。

作为日本海外经济机构之一，在华日本商业会议所承担着调查各类经济情报的职能。领事馆对商业会议所的经济调查活动非常重视，如奉天驻华总领事向外务大臣转达奉天日本商业会议所经济调查经费资助申请书称，"如果给予奉天商业会议所充分补助使之充分活动，那么它就可以成为调查研究满洲的最有效的机关"。① 随着日本在华扩张的深入，商业会议所的调查经费不断增加，调查费占商业会议所总支出的比重也逐渐增加。如 1919 年奉天日本商业会议所的调查费支出为 147.67 日元，仅占该年商业会议所总支出决算的 0.62%，② 至 1935 年时，奉天日本商工会议所调查费支出已增长至 3022.74 日元，占该年商工会议所总支出决算的 5.2%。③ 又如 1938 年，天津日本商工会议所调查费支出增长至 4800日元，占该年商工会议所总支出决算（32210 日元）的 15% 之多。④

总之，在日本外务省、农商务省以及关东厅、满铁等的补助金支持下，在华日本商业会议所的调查活动更加深入、广泛和频繁，在日本对华扩张中发挥了不可或缺的作用。

第四节　出版物

在华日本商业会议所的基本调查情况主要记载于其发行的定期刊行

---

① 在奉天總領事小池張造「商工業調查費補助請願書進達ノ件」『本邦商業會議所関係雜件/在支ノ部/1. 奉天商業會議所』、1909 年、JACAR（アジア歴史資料センター）、Ref. B10074314500（外務省外交史料館）。

② 奉天商業會議所『大正八年度奉天商業會議所事務報告』奉天商業會議所、1920 年、44 頁。

③ 奉天商工會議所『第四十回奉天商工會議所事務報告』奉天商工會議所、1936 年、113 頁。

④ 天津日本商工會議所「組織変更後ノ當所歳入出豫算概畧見積表」『在外邦人商業（商工）会議所関係雜件/天津商工会議所』、1938 年、JACAR（アジア歴史資料センター）、Ref. B08061552100（外務省外交史料館）。

物、不定期刊行物中。这些出版物都是非卖品，不公开售卖，仅供日本政府制定相应政策时参考咨询和国内外日本商业会议所互相赠阅与资料共享。每个商业会议所都有若干种定期与不定期刊物，如北京日本商工会议所仅 1941 年发行的刊物就多达 18 种。① 由于散佚损毁等原因，这些出版物已经无法准确统计和全部再现。

一　定期出版物

依据商业会议所的会则及需求，商业会议所对属地，有时还涉及其他区域，进行定期或者不定期调查，除了秘密上报的资料外，会将一般调查结果刊登在商业会议所之月报、周报、所报、年报、事务报告、经济统计年报等定期出版物上，这些刊物详细记录了会议所属地及其他部分地区每月及当年的商工经济等情况。在华日本商业（工）会议所的主要调查内容（除了秘密调查内容）主要记载于其发行的各类刊物中。

（一）月报

月报是在华日本商业会议所定期出版的主要刊物。月报一般由"论说""新闻报道""汇报"三部分构成，与日本国内商业会议所的月报结构基本相同。所谓"论说"，是对当下问题的意见以及政策性建议的相关记录。"新闻报道"主要是各种经济杂志、中文杂志、英语杂志的转载报道，以及贸易动向的相关统计等内容。"汇报"主要是当月的调查内容，这逐渐成为刊物的主体部分。各商业会议所月报的形式、内容类目与出版时间会有差异，但主要内容皆包括商业会议所对时局的主张、商业会议所的调查及资料整理，各地区的金融、贸易、工业、物价等经济概况，及商业会议所的会议记录、事务、会员等情况。通过梳理商业会议所发行的定期刊物内容，可以对特定地域的日本人关心的中

---

① 「北京日本商工會議所昭和十六年度事業成績報告書」『北京日本商工會議所所報』第 42 號、1942 年 6 月 28 日、17 頁。

国问题以及对此问题的态度、建议等有所认识。

目前能见到的月报包括《香港日本商工会议所月报》《上海日本商工会议所经济月报》《大连商业（工）会议所月报》《大连商工会议所经济统计月报》《大连商工月报》《奉天商工会议所统计月报》《奉天商工公会统计月报》《奉天统计月报》《奉天商工公会调查月报》《奉天商工会议所月报》《奉天商工月报》《锦州商工月报》《经济统计月报》《鞍山商工月报》《抚顺商工月报》《齐齐哈尔商工月报》《北满经济月报》《牡丹江商工月报》《吉林商工月报》《新京商工月报》等。

近代，香港是中国南部地区的重要城市，更是远东国际大都市，因此，各国均在此地努力扩大其经济贸易、舆论等各方面势力，日本更是不断渗透侵蚀。

1939 年 5 月至 1941 年 11 月，香港日本商工会议所共出版 30 册月报（详见附录二）。通过对其进行研究，可见其特点如下。

第一，《香港日本商工会议所月报》的内容信息来源广泛，主要包括商工会议所会员研究、调查、统计、翻译的各种资料；与各地的经济团体、商工会议所通过互相赠阅月报等刊物共享信息；从香港的外国商社获取信息。

第二，月报记载的香港日本商工会议所的活动范围虽跨越世界多地，但并不十分活跃，尤其与中国内地的贸易往来不尽如人意。月报体现香港日本商工会议所接受日本外务省和总领事馆的指令并上报情况，同时，香港日本商工会议所与日本国内的东京、大阪、横滨、神户等地组织来往最多，并与中国广东、台湾等地，东南亚各国，以及德国，美国纽约、旧金山等地有照会往来。① 但从 1939 年 5 月至 1940 年 3 月《香港日本商工会议所月报》记载来看，因 1939—1940 年日本对外地向香港输入的棉织物实行统制，所以香港日本商工会议所除了与广东日

---

① 『香港日本商工會議所月報』第 1 卷第 1 号（1939 年 5 月 25 日）至第 2 卷第 3 号（1940 年 3 月 25 日）。

本商工会议所及天津日本商工会议所有少量联系外，与中国内地几乎没有交往。此后，日本开始限制中国内地居民进入香港避难，也使香港与内地联系更加困难。

在香港被日本侵占之前，由于香港是英国的租借地，日本不能像在大连和天津的日租界一样行使排他性的行政权，因此，日本人在香港的活动，与东北等地比起来是受到一定限制的。但是，除了上述政治条件外，还有一个原因是日本商社和日本商人加入不了控制香港贸易的广东商人网络。除去煤炭，向香港出口的日本产品主要由神户的广东商人把持，特别是在海产品方面，广东商人的影响力是压倒性的。在棉制品上，日本商人的直接输出获得了一定的成功，但是，20 世纪 30 年代，香港与日本之间的广东商人网络重新建立，就使日资并不容易参与香港贸易和香港经济。不得不说，香港日本商工会议所的设立基础是非常薄弱的，因此，它的活动不可能非常活跃。相比较而言，日本商人在中国南部市场的活动与在中国东北以及北部比起来，是非常受限的。[1]

第三，一般而言，除了会议所内部庶务有固定栏目外，各类经济调查及数据统计是月报刊载的主体内容，通常包括商业会议所所在地的商工、金融、物价、矿产、土地、人口等各方面各个月份的数据统计。《香港日本商工会议所月报》除了记载香港经济贸易金融情况，香港对日本、南洋、中国内地贸易输出输入统计，中国内地居民移居香港等调查内容外，对滇缅公路的调查与研究（《滇缅公路为何存在》[2]《滇缅公路的不正当运输问题》[3] 等），以及《香港贸易与东亚共荣圈》[4]《香港非常时期体制（一）》《香港非常时期体制（二）》[5] 等内容直接体

---

① 飯島渉「香港—日本関係のなかの香港日本商工会議所」波形昭一編著『近代アジアの日本人経済団体』、209 頁。

② 『香港日本商工會議所月報』第 2 卷第 10 号、1940 年 11 月 20 日。

③ 『香港日本商工會議所月報』第 3 卷第 2 号、1941 年 2 月 25 日。

④ 『香港日本商工會議所月報』第 3 卷第 9 号、1941 年 9 月 30 日。

⑤ 『香港日本商工會議所月報』第 3 卷第 10 号、1941 年 10 月 30 日；『香港日本商工會議所月報』第 3 卷第 11 号、1941 年 11 月 20 日。

现出其为日本侵华服务的实质。比如对战略物资桐油的调查及桐油汽车价值的开发（《中国产桐油的研究》①《桐油汽车的经济价值》②）等。中国桐油生产的历史悠久，在第二次世界大战期间，中国是世界最大的桐油生产国及出口国，桐油是战时中国重要的出口农产品，同时也是重要的军需原料。中国生产的桐油几乎是世界各国军工机器的保养剂，无论是坦克、军舰、火车、飞机、装甲车还是大炮、机枪乃至手枪等，其防水防锈保养都离不开桐油，桐油还能代替汽油，给汽车当燃料。太平洋战争爆发后，美国停止了对日本的所有军需物资贸易，这导致日本的战略物资严重短缺。因此，桐油也是日本重点搜求的战略物资。香港日本商工会议所成立后（见前文），始终秉持为日本"在华南的大贸易发展做出贡献"的宗旨，③着力搜集经济情报，为日本在华南的侵略扩张提供情报并提出建议和对策。

总之，由月报内容可见，在华日本商业会议所以民间经济团体的名义开展大量调查工作，并定期编纂数量庞大的经济情报资料。这些资料一般由各商业会议所的调查课负责，内容包括商工业、金融、政治、农矿业、土地、人口等各方面的数据统计。商业会议所的调查报告也为满铁等官方调查提供补充。④这些资料不仅为日本国内外商工业者提供了准确的市场信息，以达到准确把握市场动向并及时有效制定应对策略的目的，而且将之作为经济情报尤其是一些由政府军队委托调查的"密"级资料上报后，为日本制定产业发展计划和对外扩张政策提供了情报支持。

（二）事务报告

事务报告也是在华日本商业会议所的重要定期出版物，通常会详细

---

① 『香港日本商工會議所月報』第 2 卷第 11 号、1940 年 12 月 20 日。

② 『香港日本商工會議所月報』第 3 卷第 10 号、1941 年 10 月 30 日。

③ 『香港日本商工會議所月報』第 1 卷第 1 号、1939 年 5 月 25 日。

④ 如 1928 年，南滿洲鐵道株式會社庶務部調查課編『滿鐵調查資料第九十二編 滿洲物價調查』第 2 章 "滿洲に於ける物價調查の現狀及資料"，便是由東北各地商業會議所的调查资料汇编而成。

记录该年度商业会议所的各项事务工作，具体包括商业会议所各次会议及议案的记录，商业会议所的日常事务、年度业绩，商业会议所会员及议员选举情况，针对当下问题提交给日本政府的意见陈情及建议等，商业会议所被委托展开调查的情况，领事馆的询问与商业会议所的答复，以及商业会议所经费年度收入与支出决、预算等。依据章程，各商业会议所每年须将年度事务报告呈送领事馆，事务报告是日本官厅了解和监督各商业会议所动向的重要报告。

以收录于1925年度《大连商业会议所事务报告》中的《抵制日货相关件》为例，该报告分为五部分。第一部分调查了此次抵制日货运动的原因。第二部分列举各地抵制日货运动的经过及情况，涉及地区有大连、营口、锦州、奉天、铁岭、四平、长春、哈尔滨、安东。调查范围广泛，几乎包括东北所有重要城市，甚至调查了烟台的情况。第三部分阐述抵制日货运动的影响。第四部分叙述受抵制日货运动影响的包括纸卷烟草、酱油、帽子、洋伞、高粱酒等商品的具体情况。第五部分为主要商店的意见，包括汤浅洋行、光明洋行、永顺洋行、宅合名会社大连支店、盛大堂药房、铃木商店大连出张所、增田合名会社出张所、三井物产大连支店。① 此报告从抵制日货的原因、经过、波及商品的具体情况到各商店意见，内容翔实细致，提交给大连的日本商工业者和殖民当局，并上报外务大臣。

又如高雄日本商工会议所1941年的事务报告主要内容如下。

第一，庶务会计。包括与商工会议所条款有关的文件；贸易照会应答的文件；与经费征收有关的文件，以及1941年高雄日本商工会议所的收支决算书、职员退职给予公积金的收支决算书、高雄转业相谈所的收支计算书、高雄工业徒弟培养所收支决算书、高雄贸易业务员培养所收支决算书、高雄日本商工会议所经费征收办法等。

第二，业务。包括与商工业有关的通报：调整后的南洋贸易规则解

---

① 大連商業會議所『大正十四年度大連商業會議所事務報告』、1926年、25—52頁。

说，华南、南洋贸易手续解说，奢侈品等贩卖制限解说，汽车交通事业法更正法实施，金属作业有关的机器分配统制纲要，劳动技术统计调查令施行规则解说，青少年国民登录制，本岛煤炭配给统制规则解说，企业许可令施行规则说明。

与商工业中介有关的物品，包括贸易中介涉及日用杂货、植物纤维、土特产品、农产物、海产物、工艺品、蛇皮制品、山产物、药材等。

与商工业有关的调查：华南、南洋的经济情况调查研究，高雄市批发物价调查，高雄市零售物价调查，物品零售业者的利润率调查，高雄市商工业者调查，高雄市州下银行存款调查，外国汇兑业务调查，经济法令的集合，南方风俗座谈会，经济调查研究论文，等等。

与陈情有关的水果分配统制、临时资金调整法的陈情、原木分配统制陈情等，以及与展览会有关的函馆全国特产品展示会、神户第二次日本贸易品样本展示会等。

还包括高雄转业相谈所、高雄工业技术者培养所、高雄贸易业务员培养所等附属机构业务情况。

高雄日本商工会议所1942年的事务报告除了庶务内容外沿袭以往，主要包括与商工业有关的通报：商工省设置纤维制品分配统制机构，小麦粉分配统制规则解说，限制奢侈品等贩卖规则，限制铁制品的制造规则，铜使用的限制规则，改正印刷税法，台湾工业用皮革制品分配统制纲要，取缔暴利行为规则，海军纪念日店面装饰相关通报，台湾内部海上物资运输月累计调查报告书，台湾水产统制令纲要，金融事业整备令施行规则，木材分配统制规则解说，高雄州农产物检查规则，整顿木炭生产机构纲要，"大东亚战争"一周年纪念日商店橱窗装饰，整顿高雄州粮食分配机构，企业许可令施行规则解说。与商工业中介有关的食品杂货、日用杂货、山货、新鲜水果加工业、药材、玩具、书房用具、农业机械、工业机械及各类新兴代用品产业。

与商工业有关的调查：贸易手续有关的调查，高雄市批发物价调查

（每月），高雄市零售物价调查及指数（每月），高雄州管辖下的组合构成调查，"大东亚战争"与台湾工业化政策研究，"大东亚战争"下的台湾贸易变化调查研究，高雄市、台南市日本人的工资以及生活状况调查，岛内经济相谈所商谈事项调查，金融状况调查，价格统制令的影响调查。

报告还包括与陈情有关的淡水溪上修建储存水池的建议、淡水溪砂防工事急速推行、临时资金调整法许可申请书，及与展览会有关的"共荣圈"交易品展览会、"大东亚资源战争"展示会、西贡样本博览会、振兴代用品展览会等内容。①

（三）经济统计年报

商业会议所进行广泛调查之后，以内部资料形式编辑发行了各种经济刊物，涵盖中国经济的方方面面，其中《经济统计年报》数量最多且最具有连续性，通常包括一地的面积及人口、财政、金融、贸易、交易所、物价、铁路、海运、工业、水产、盐业、农业、畜产、企业、仓库、通信、航空、保险、就业等方面的数据统计。由于涉及中国经济机密，因此，有些年份的文件封面印有"密"或"机密"的字样，严禁翻阅和外传。如 1939—1941 年大连日本商工会议所刊行的《满洲经济统计年报》，封面皆印有"密"字。以 1941 年《满洲经济统计年报》为例，整份报告分为面积及人口、财政、金融、交易所、物价、工业、水产业、农业、会社、通信、海运、保险、劳工、"开拓事业"等部分，全部为统计数据并以表格形式呈现。以第一部分"面积及人口"为例，包括 13 个统计表格，具体表格名称包括《满洲的面积及人口》《满洲国各省都市市街地数及市县旗数》《满洲主要都市户口数》《关东州人口概况》《满洲国人口动态》《满洲国日本内地人人口动态》《大连市户口数》《满洲国的人口增加趋势》《满洲国人口（按地区）》《满洲国人口（按年龄）》《关东州营业户数（按营业种类）》《关东

---

① 高雄商工會議所『昭和十七年度事業成績報告書』、1943 年 6 月。

州营业户数（按地区）》《大连市营业户数及从属员数》等。① 这 13
个详细的数据表不但包括 1941 年整个东北地区的面积、人口、户数的
静态统计，也有动态变化趋势的数据分析，既有人口地区分布状况，也
有人口年龄状况统计。这 13 个统计表格涉及东北面积及人口的方方面
面，据此，日本政府可以全面掌握东北相关情况。可以说，这些详尽的
调查资料为日本通过控制伪满掠夺中国东北资源提供了重要的情报。

二　不定期出版物

在华日本商业会议所除发行定期刊物外，每年会根据具体情况不定
期发行数量不等的出版物，可称为不定期出版物。不定期出版物一般有
特定的主题，或是对一段时期内属地经济发展情况的总结，或是受时局
的影响展开调查而形成的报告，或是临时受委托展开的调查。不定期出
版物种类繁多，不尽相同，数量非常多且内容较广，已经无法全部统计
出来，仅举例窥其大略。

大连日本商业会议所曾出版的部分不定期出版物有《满洲地区抵制
日货运动之影响》（1915 年）、《大连港和中国沿岸贸易》（1918 年）、
《确立满蒙产业政策之建议书》（1924 年）、《从进口杂货情况看哈尔滨
和大连》（1926 年）、《日本在满洲进出口贸易中之地位》（1926 年）、
《关于满铁专用线之调查》（1926 年）、《大连特产市场不振之原因及其
对策》（1929 年）、《中日通商条约改订意见》（1929 年）、《东三省官
兵匪贼暴举实例》（1931 年）、《九一八事变前我国权益被侵害事例》
（1932 年）、《制定满蒙铁道特定运费方法之建议书》（1932 年）、《关
东州经济图说》（1938 年）、《经济统制法规集》（1939 年）、《满洲经
济法令集》（1—38 集，1933—1939 年）、《华北经济图说》（1937 年）、
《黄海经济要览》（1940 年）、《关东州营业分布之调查》（1942 年）、
《关东州事业成绩分析》（1942 年）、《关东州生活必需品票券制度的现

---

① 　大連商工會議所『滿洲經濟統計年報』、1942 年、目錄頁。

状》（1942 年）、《南方经济图说》（1942 年）、《大连经济便览》（1943
年）等。

受日本领事馆、农商务省等官厅委托进行的有针对性的调查活动，
通常采用秘密搜集的方式，内容以资源调查、各种经济数据统计为主。
调查结果一般为非公开的内部资料，装帧简单，封面上多标注"密"
或"极密"等字样，由商业会议所直接或委托领事馆交付农商务省。
如 1926 年，奉天日本商业会议所在向外务省申请东北经济情况调查费
时指出，"中国政局动荡，日满间大宗贸易受损严重，今后对满需采取
多种措施，因此有必要增加对中国进行各种秘密调查，并通过调查结果
来制定对满政策"。① 奉天日本商业会议所以此为由，向总领事馆申请
调查补助金，随后奉天日本商业会议所将相关调查情报汇编成《满洲
经济情报》《满洲经济调查汇纂》等资料（见表 3-5）。

这些资料不仅为东北地区日本商工业者提供了准确的市场信息，以
达到准确把握市场动向制定合理对策的目的，还作为经济情报通过各种
渠道传回日本国内，为满铁调查报告等官方调查资料提供补充，为日本
制定产业发展计划、对外贸易政策及对华侵略政策提供了情报支持。

表 3-5 1927—1929 年奉天日本商业会议所调查内容

调查内容	资料来源
奉海铁路的将来与奉天的关系；海关附加税收的奢侈品目；奉天印花税处发表的印花税法令；在奉天的中国原棉状况；奉天最近兽毛皮的情况；奉天中国刷子的需求情况；奉天白菜的需求情况	《满洲经济调查汇纂》第 1 辑，1927年 5 月
张氏军事行动的阴影	《满洲经济调查汇纂》第 2 辑，1927年 11 月

---

① 奉天商業會議所「調査費御下附方請願ノ件」『在外邦人商業（商工）會議所關係雑
件/奉天商工会議所/分割 1』、1926 年、JACAR（アジア歴史資料センター）、
Ref. B08061545100（外務省外交史料館）。

调查内容	资料来源
上海视察后的东北观	《满洲经济调查汇纂》第 3 辑,1928 年 1 月
奉天市场的羊毛;本国产帽子的交易状况;中国的咸鱼干;时局对奉天财政界的影响;奉天的美国商人	《满洲经济调查汇纂》第 4 辑,1928 年 7 月
奉天市场的特产物	《满洲经济调查汇纂》第 5 辑,1928 年 9 月
中国的石碱;奉天的毛笔材料;奉天输入的洋伞;奉天输入的自行车	《满洲经济调查汇纂》第 6 辑,1928 年 11 月
昭和 3 年(1928)奉天的贸易	《满洲经济调查汇纂》第 7 辑,1929 年 1 月
新输入关税实施的影响;奉天输入的赛璐珞制品;奉天需要的胶皮底布鞋和橡胶鞋	《满洲经济调查汇纂》第 8 辑,1929 年 3 月
奉天市场的电用品及烟草	《满洲经济调查汇纂》第 9 辑,1929 年 5 月
奉天的企业用地	《满洲经济调查汇纂》第 10 辑,1929 年 7 月
奉天市场的纸、生果、铝制品	《满洲经济调查汇纂》第 11 辑,1929 年 9 月
在奉天的中国工业[机织业、染色业、袜子制造业、玻璃制造业、毡制造业、毛巾制造业、带子制造业、丝绸类制造业、毛皮鞣制业、皮革制造业、饮料水制造业、皮包制造业、油坊、烧锅、酱油酿造业、制粉业、精米业、粉条制造业、烟草业、窑业、火柴业、印刷业、珐琅铁器制造业、化妆品制造业、石碱制造业、蜡烛制造业、铸物业、制纸业、胶制造业、苏打(火碱)制造业、爆竹制造业、线香制造业]	《满洲经济调查汇纂》第 12 辑,1929 年 11 月

　　凡是涉及日本对外重要事件的节点,在华日本商业会议所都非常活跃,会积极为日本制定对华扩张政策进行先期调查并据此提出建议对策。总之,这些不定期刊物发布的内容针对性更强,其提供的调查情报及建议对日本政府制定对华扩张政策更有价值和影响。

第四章

在华日本商业会议所
对中国调查内容

日本明治政府在 19 世纪 70 年代就改变了江户时代对华"锁国开港"的政策，与中国缔结《中日修好条规》，在华设立领事机构，派遣外交官及海陆军间谍。一批早期大陆浪人与汉学研究者也对中国展开调查研究。甲午战后，随着日本"大陆政策"的实施重点由朝鲜扩展至中国，日本军政两界均加大了对华调查力度，民间也纷纷呼吁游历、调查、研究中国，辅助政府进行对华扩张，其中，商业会议所的对华调查是日本情报网中的重要一环。

近代日本商业会议所在华存续期间，进行了大量以经济内容为主的调查。这些资料既自成体系，又与满铁、东亚同文书院等的调查资料互为补充，部分调查资料可以与日本国内外商工业者共享，而受日本军政官厅委托调查的"密""机密""极密"资料只能秘密上报，为日本政府制定对华扩张政策提供参考依据。因此，也可以说，在华日本商业会议所是披着"合法"经济组织外衣的日本政府在外情报组织。

由于日本商业会议所对华调查内容数量巨大、过于庞杂，无法——列举，下面通过研究上海、安东、北京、台北等地日本商业会议所的调查活动及其内容来揭示在华日本商业会议所对中国调查情况及其影响。

第一节　上海日本商业会议所的
主要调查活动

　　对日本来说，上海是与东北地区并列的对中国大陆从"进入"到侵略的极为重要的基地。① 近代上海日本商业会议所是唯一以大企业（也是日本国内大财阀）为主体的商工业组织，因而于在华日本商业会议所中占据"中轴组织"的位置，② 其影响力是其他在华日本商业会议所无法比拟的。

一　上海日本商业会议所的建立

　　根据中英《南京条约》，1843 年，上海成为近代中国首批开放的口岸城市。上海由于其优越的港口地理位置，开港后迅速发展成国内外商贸中心。19 世纪下半叶，上海、香港以外的中国其他沿海口岸城市发展相对迟缓，上海成为中国进出口货物的重要门户，除华南外，"一切外轮不论其最终目的地是哪儿，它都要先开到上海"。③ 另外，上海港与国内口岸间的中国产品流通也非常繁盛。因此，开港后的上海发挥着其他口岸难以比肩的贸易枢纽作用，至 19 世纪 70 年代，上海进出口贸易额占据中国海外商品进出口贸易额之首位。1870 年上海对外贸易值占中国对外贸易总值的 63.6%（同年占据第二位的广州仅为 13.4%），1880 年占 57.8%（广州为 9.9%），1890 年占 45.9%（广州为 12.0%），1900 年占 53.6%（广州为 8.5%），1910 年占 43.6%（广州为 10.1%）。④ 从 19

---

① 〔日〕高纲博文、陈祖恩主编《日本侨民在上海（1870—1945）》，上海辞书出版社，2000，前言。
② 山村睦夫「上海日本人実業協会と居留民社会」波形昭一編著『近代アジアの日本人経済団体』、159 頁。
③ 聂宝璋编《中国近代航运史资料》第 1 辑，上海人民出版社，1983，第 141 页。
④ 郑友揆：《中国的对外贸易和工业发展（1840—1948 年）》，程麟荪译，蒋学桢、汪熙校，上海社会科学出版社，1984，第 29 页。

世纪 40 年代开始，中英贸易值一直占据上海港外贸总值的第一位，排名英国之后的为美国、欧洲大陆、日本等。1864 年苏伊士运河开通后，英国在上海港外贸总值所占比重有所下降但仍居首位，欧洲大陆则超过美国位居英国之后。甲午战后，根据《马关条约》，日本扩大了在中国的治外法权，获取了在中国通商口岸城邑投资设厂等特权，此后，日本对华贸易额飞速增长。20 世纪初，日本在上海港对外贸易中所占比重升至第二位，仅次于英国。1902 年，日本与德国在上海港的贸易和航运中所占比重均为 14%，英国占 48%，中国占 15%，至 1911 年，各主要国家所占比重为英国 40%，日本 22%，德国 9%，中国 17%。[①]当时日本的对华贸易，除东北地区和台湾外，一半以上是通过上海进行的。另外，日本对华投资的 1/4 也在上海。[②]

上海是日本人在华最早进行商业投资的城市。随着甲午战后日本在华势力的扩张，驻留中国的日本人数量及建立商社数量均快速增加。1898 年，中国的外侨人数共 13421 人，其中日侨 1694 人，外商在中国建立商社 773 家，其中日本商社 114 家。[③] 1898 年，上海有日侨 932 人，约占在华日侨总人数的 55%。日俄战争后，大量日本人和日本企业涌向中国，作为中国对外贸易中心港口的上海，日本居留民人数激增。1907 年，在上海的日侨达到 6268 人，与 1898 年相比增长了近 6 倍。在日本驻华总领事的监督下，1907 年，上海日本侨民成立了居留民团，上海居留民团由决议机关的居留民会和理事机关的行政委员会两部分组成。到 1908 年，在上海居留的外国人总数达 19073 人，其中日本人数量是 7263 人，成为在上海居留民人数最多的国家。[④] 在上海的日本居留民从事职业大致可以分为四类：一是各种食品、日用品小商

---

① 徐雪筠等译编，张仲礼校订《上海近代社会经济发展概况（1882—1931）——〈海关十年报告〉译编》，上海社会科学院出版社，1985，第 138 页。

② 〔日〕高纲博文、陈祖恩主编《日本侨民在上海（1870—1945）》，前言。

③ 〔日〕织田一：《中国商务志》，蒋篁方译，广智书局，1902，第 51—52 页。

④ 副岛円照「戦前期中国在留日本人人口統計（稿）」『和歌山大学教育学部紀要（人文科学）』第 33 号、1984 年 2 月。

贩，食品店、理发店主及自营业者，以日本居留民为贸易对象的各种零星营业者等；二是在上海拥有据点，以中国人为贸易对象，从事药品、杂货批发的小商人，或一些中小制造业者；三是日俄战争后进驻上海的贸易企业和海运企业等，有以正金、三井、邮船、三菱等为代表的日本大企业在上海的分公司，还有一些总部在日本的骨干贸易商在上海的分店员工；四是日本政府进驻上海的相关人员。[①] 在上海的日本资本家群体从一开始就形成由财阀、政府系大企业派驻上海的商社、银行分店长、高级官吏、大企业主组成的少数上层（会社派），以及由中小商工业者、日杂货品经营者等组成的多数中下层（土著派）。

辛亥革命的爆发，为上海日本商业会议所的成立提供了契机。武昌起义后，日本政府便密切关注并寻求制定利用中国革命动乱巩固在"满蒙"权益并扩大在华势力的政策。从日本国防观点看，"其目的在于巩固满洲的对俄战略态势，不惜冒卷入清国内乱的危险并施恩于清政府，以期确保在满洲的正当地位"。[②] 1911 年 10 月 24 日，西园寺内阁召开会议，决定了维持"满洲"现状、扶持清廷势力的对华政策，后来又想让中国实行君主立宪制，但日本政府最终采取与清廷及革命军皆保持接触的策略。这些政策的制定与日本商业会议所对辛亥革命期间中国情况的调查及相关建议息息相关。

随着上海日本企业数量的大幅增加，同时，在日本积极推行对华扩张政策及辛亥革命的背景下，为了响应日本政府对华方针的要求，[③] 邮船、三菱、三井、正金等在上海的日本大企业开始筹划结成日本企业的联合体。为此，1911 年 11 月 11 日，伊东米次郎（日本邮船）、三宅川百太郎（三菱商事）、儿玉谦次（正金银行）、江崎真澄（台湾银行）、

---

① 参见山村睦夫「上海日本人実業協会と居留民社会」波形昭一編著『近代アジアの日本人経済団体』、162—166 頁。

② 日本防卫厅战史室编纂《日本军国主义侵华资料长编——〈大本营陆军部〉摘译》（上），第 94 页。

③ 山村睦夫「満州事変期における上海在留日本資本と排日運動——上海日本商工会議所を中心に」『和光経済』第 20 巻第 2、3 号、1988 年、125 頁。

藤濑正次郎（三井物产）、木幡恭三（日清汽船会社）、马场义兴（日信洋行）、秦长三郎（大秦商会）、狄野元太郎（古川）、筱田宗平（济生堂）、前岛次郎（武林洋行）、内田虎吉（吉田号）、织田友七（吉隆）、副岛纲雄（半田棉行）等 18 名在上海日本企业家举行了第一次发起人会议。12 月 2 日，在上海日本人实业协会第三次发起人会议召开的同时，上海日本人实业协会创立总会在上海虹口靶子路宸虹园（今武进路 453 号）召开，会上选举日本邮船上海分店长伊东米次郎为会长，大秦商会的秦长三郎为副会长。随后召开干事会选举下设的理财部、商业部、工业部、运输部等部长及会计委员。上海日本人实业协会成立时有 29 个赞助商社，37 名会员。① 上海日本人实业协会被视为上海日本商业会议所的前身，与此后的商业（工）会议所具有同样的使命。② 一战后，伴随日本在华经济势力的快速增长，1919 年 4 月，上海日本人实业协会与上海日本居留民会一起被改组为上海日本商业会议所。1920 年商业会议所会长为野平道男，赞助商社有 75 个。③ 1929

---

① 「上海日本商工會議所三十年史資料三」『上海日本商工會議所經濟月報』第 13 卷第 8 號、1939 年 8 月、80—82 頁。

② 「上海日本商工會議所三十年史資料一」『上海日本商工會議所經濟月報』第 13 卷第 6 號、1939 年 6 月、79 頁。

③ 赞助商社分别为东华纺织株式会社、大阪棉花会社、中井公司、阿部市洋行、三井洋行、中日实业公司、合信洋行、川北电气公司、古河公司、内外棉会社、朝鲜银行、台湾银行、住友银行、住友洋行、铃木洋行、东洋汽船会社、半田棉行、森村公司、小野村洋行、东亚棉纱株式会社、久原洋行、服部洋行、儿玉贸易商行、东亚公司、瑞宝洋行、大和洋行、上海制油株式会社、日本海上保险会社、武林洋行、日本棉花株式会社、伊藤洋行、隆华洋行、伊藤商行、江商株式会社、日华纺织株式会社、上海纺织会社、中国纺业会社、中国兴业会社、丰田纺织株式会社、中国工商公司、日本邮船株式会社、横滨正金银行、高田商会、汤浅洋行、东亚通商株式会社、安部洋行、三菱公司、大日本制糖会社、三菱银行、菱华仓库株式会社、日华洋行、大阪商船会社、日清汽船株式会社、南满洲铁道株式会社、吉田号、上海工商株式会社、北福洋行、天仓洋行、东京电气株式会社、浇定洋行、新利洋行、福盛洋行、盐井洋行、佐藤商会、株式会社上海交易所、桐洋行、人日本麦酒会社、东亚烟公司、富士公司、上海运输株式会社、上海绢纱公司、神谷商事会社、帝国棉花会社、瑞华公司，会员为 94 名。上海日本商業會議所『上海日本商業會議所年報』、1921 年、封面頁。

年，根据日本《商工会议所法》，上海日本商业会议所被改称为上海日本商工会议所。①

从上海日本商业会议所的组成人员及所属企业来看，其从成立开始就带有浓重的政治色彩，是与日本政府密切联系的在沪日本资产阶级的总代表机关。因此，他们的要求和呼声在一定程度上会对日本政府的对华决策产生重要的影响。②

二　上海日本商业会议所对华调查内容分析

1. 上海日本人实业协会的主要调查活动

从 1911 年 12 月 5 日到 1919 年 2 月 18 日，上海日本人实业协会共召开了 94 次干事会、9 次定期总会、多次临时干事会及特别集会等。③根据《上海日本人实业协会规则》，上海日本人实业协会"以促进上海商工业的进步发展为目的"，④ 但其从筹备伊始就积极向日本当局呈交陈情书、决议书，发表对上海时局的看法，对中国政局、经济状况等进行调查。

上海日本人实业协会的主要调查活动包括但不限于如下几方面内容。⑤

第一，中国政局及政治动向的相关调查。

武昌起义爆发后，外国皆非常关注中国的时局动态，注意搜集中国的各类情报，其中日本尤甚。日本组织在华的使馆人员、浪人、商人等

---

① 上海日本商工會議所『上海要覽』、1939 年、193—194 頁。
② 陆伟：《日本在沪资产阶级与一二八事变——九一八事变前后的上海商工会议所》，《上海党史与党建》1997 年第 4 期，第 9 页。
③ 「上海日本商工會議所三十年史資料一」『上海日本商工會議所經濟月報』第 13 卷第 6 號、1939 年 6 月、79—82 頁。
④ 上海日本人實業協会「上海日本人實業協会規則」『在外日本人實業團体關係雑纂/1. 上海日本人實業協会」、1911 年、JACAR（アジア歴史資料センター）、Ref. B10074117200（外務省外交史料館）。
⑤ 见上海日本人實業協会『上海日本人實業協會報告　第貳』『在外日本人実業団体関係雑纂/1. 上海日本人実業協会」、1912 年、JACAR（アジア歴史資料センター）、Ref. B10074117200（外務省外交史料館）。

调查中国革命的基本状况，搜集的情报涉及当时中国的政治、经济、文化等各个方面，并据此趁机向中国进行势力渗透。

　　密切掌握辛亥革命后的中国政局尤其是革命运动的情况，为今后日本企业在中国实现进一步扩张是日本商业会议所最为关注的问题。为此，1911 年 10 月 30 日，东京商业会议所专门派遣"清国动乱实况调查员"赴中国实地考察。此外，1911 年 11 月 11 日，在第一次上海日本人实业协会发起人会议上，与会者围绕"辛亥革命军的实力如何""外国是否干涉"等主题展开讨论，具体就各地革命党的发展与清政府的镇压情况、黄兴、孙中山等 70 余名"极端革命党"、外国的态度及如何干涉、对日本经济的影响等方面进行讨论后，上海日本人实业协会电信内阁总理大臣西园寺公望称因革命军的势力不可轻视，故认为中国形势颇为严峻。若对此放任不管迁延日久，中国军队可能难以维持秩序，乃至纷扰扩大到无法收拾的地步，我等的对清贸易也难免受到极大影响。建议日本政府在此时应迅速寻求适当的方法，解决实际困难。[①]上海日本人实业协会从金融、海运、棉纱、棉布、砂糖、昆布、棉花、杂谷、杂粮等方面调查辛亥革命对日本经济的影响。随后，上海日本人实业协会在 11 月 23 日的第二次发起人会议上，继续以"北京政府征服革命军的能力"及"革命党能否实现其标榜的灭满兴汉之目的"为议题进行讨论。最后在电信内阁大臣的文中写道：现在中国如同一团乱麻，祸乱萌生。我方的对清贸易将蒙受其影响，进而导致我国在经济上受到损失，也未可知。如此时局不知会持续多久，何时停止。在面对这种日本国家经济上受到重大损失的现状，从事日清贸易业者受损，以及即将蒙受无数损害与伤痛时，希望日本政府能够充分考虑并从速寻求恰当的方案解决时局困难。[②] 但是相关的综合调查显示，辛亥革命对中日

---

① 「上海日本商工會議所二十年史資料　」『上海日本商工會議所經濟月報』第 13 卷第 6 號、1939 年 6 月、82—85 頁。

② 「上海日本商工會議所三十年史資料二」『上海日本商工會議所經濟月報』第 13 卷第 7 號、1939 年 7 月、93—97 頁。

贸易影响有限，而更重要的是，日本在东北与革命军的活动已经引起其他列强的注意，经过讨论，日本认为其对革命军的态度"有与各国统一步调的必要，不能采取被视为破坏与各国协调的行动"。① 所以，日本最终采取同时支持清廷及革命党的这种最有利于日本的政策。如针对清政府购买武器的请求，西园寺决定"由本国商人设法供应，予以充分援助"，但同时又暗中与革命党人改善关系企图从中渔利。日本实行"左右逢源"政策的根本目的是扩大在华权益，即企图"根本解决满洲问题"，维护并扩大长江流域的商业航海利益。

第二，经济调查活动。

辛亥革命爆发后，上海日本人实业协会组织人力进行调查后编辑成《事变发生后相关上海金融、运输及商工业状况》调查报告书，② 并分发给东京、函馆、名古屋、横滨、下关、大阪、神户、长崎、京都及天津、奉天、安东、仁川、京城、釜山、群山、元山、木浦等日本国内外商业会议所，大连日本人实业会，以及在中国 25 个城市的日本领事馆，在上海、香港及纽约、伦敦的日本商务官，日本各税关，大藏省、外务省、农商务省、递信省等各部门，朝鲜总督府、台湾总督府、关东都督府、北京公使馆、满铁、东亚同文书院、日本人俱乐部、大阪纺织联合会、棉花同业组合等几乎所有与中国相关的日本国内外政府机构、会社、团体组织。这对日本政府了解中国政局及经济状况，及时把握革命发展动向，制定应对策略起到了不可或缺的情报作用。

一战爆发后，井上馨等人认为，日本应该抓住此次机会确立在东洋的利权。③ 上海日本实业家认为，以长江为中心的中国中部地区是中

---

① 日本防卫厅战史室编纂《日本军国主义侵华资料长编——〈大本营陆军部〉摘译》（上），第 95 页。
② 「上海日本商工會議所三十年史資料四」『上海日本商工會議所經濟月報』第 13 卷第 9 號、1939 年 9 月、78 頁。
③ 米庆余：《日本近代外交史》，南开大学出版社，1988，第 275 页。

国经济的中心，同时"列国在长江沿线扶植的各国经济势力的强弱是支配着列国在中国经济势力消长的因素之一。若我国想要在中国获得优越的经济势力，就必须抢占先机，不能不计划在长江地区进一步扶植日本的经济势力"。因此，"以东亚盟主为己任的日本，在这个方面绝不可等闲视之"。同时，日本实业家在开展对华贸易时，往往遗憾于缺少对中国中部经济情况介绍的图书。有鉴于此，上海日本人实业协会认为，在一战之际，最需要的就是借此机会调查中国经济情况，并将调查结果介绍给日本人。因此，上海日本人实业协会书记长东则正将1916年夏秋两季花费一百多天实地详细调查的长江沿线各地的情况编著成《中国中部经济调查》一书，被上海日本商业会议所的刊物重点介绍推广。该书分上、下两卷，共1866页。《中国中部经济调查》内容包括长江沿线各省的交通、通货、金融、贸易、工业、矿业、各城市的商业习惯等。其中关于进出口各类商品的生产状况的内容极其详细，"其解说之周到，会令读者有亲临其地之感"。这部调查资料的主要价值在于其专业性，正如其广告介绍所言，日本向来虽有不少有关中国之著作，但多数是旅行游记，论著很少，与实业相关的更少。囿于专业原因，已有相关著作也过于粗疏，时有误差，商家难以参考。而各类有用的调查内容则散见于各种杂志报告中，也有过于粗疏或失之片面的遗憾。故上海日本人实业协会编纂该书时特别留意，涉猎参酌了各种与中国相关的资料，与实际调查情况相参照，订正其中的错误，补充不足。因此，这本书自称是日本对华实业家的"良好参考书"，在将来发展对华贸易之时，也会成为日本人士"可靠的指南针"。①

上海日本人实业协会的调查内容不仅包括以长江流域为中心的商业活动、物产状况等一般调查，还包括对改定关税的影响进行的调查。同时，对中日间改定关税、解除农产品输出限制等问题说明态度。因此，

---

① 『上海日本商業會議所年報第一』、1919年、廣告頁。

这一时期上海日本人实业协会也被视为"扩大日本帝国在华商圈的重要机关"。[1]

第三，对中国抵制日货运动进行调查，并向日本当局建言献策。

1915 年 1 月 18 日，日本驻华公使当面向袁世凯提出了妄图灭亡中国的"二十一条"，双方以此为基础，经过激烈交涉，5 月 25 日中国被迫与日本在北京签订了《关于山东省之条约》《关于南满洲及东部内蒙古之条约》及 13 件换文，即《民国四年（或一九一五年）五月二十五日缔结之中日条约及换文》[2]（简称《民四条约》或《中日北京条约》）。[3]"二十一条"内容和交涉内幕被《申报》《大公报》《时事新报》等报刊持续曝光后，引起中国各界人士的强烈反对，激起声势浩大的抵制日货运动。在此期间，中国商会和各地商人团体也参与了这场挽回国权的运动。上海总商会也发起过抵制日货、提倡国货运动，但上海总商会对政治事件的参与一向比较谨慎，不轻易表态。在此次事件中，直接以上海总商会名义出面组织商界进行的活动较少，但总商会支持或者默认会员的活动，并赞同由上海总商会议董虞洽卿等主持的最终夭折的救国储金活动。[4] 抵制日货运动在同年 6 月逐渐衰落下去。上海日本人实业协会经调查后形成《排日热与抵制日货的影响》报告书。在 1915 年的抵制日货运动中，上海日本人实业协会中受影响最严重的是中小杂货商人，他们主张日本政府采取激烈的手段应对中国的抵制日货运动。但是，因上海总商会主要采取"在商言商"的态度，与占实业协会主导地位的日本大企业家始终保持协调的关系，因此，在上海的日本大企业家主张与中国商人以"亲善协作"的方针应对抵制日货运

---

① 山村睦夫「上海日本人実業協会と居留民社会」波形昭一編著『近代アジアの日本人経済団体』、172 頁。

② 关于《民四条约》与"二十一条"的区分，参见唐启华《被"废除不平等条约"遮蔽的北洋修约史（1912—1928）》（修订本），社会科学文献出版社，2019，第193—196 页。

③ 王铁崖编《中外旧约章汇编》第 2 册，第 1112—1114 页。

④ 马敏主编《中国近代商会通史》第 2 卷，第 879—885 页。

动，以避免遭受更大的损失，这同时也代表了日本国内部分大资本家的主要立场。一战期间正是日本对华投资的高峰期，保持稳定的投资环境与投资者的利益息息相关，何况日方在抵制日货期间的实际损失并不大。因此，与天津、汉口等广大中小商工业层会员不同，以大企业层为中心的上海日本商业会议所并不主张通过军事手段镇压抵制日货运动，而是主张借助列强协调的手段平息抵日风潮。①

2. 上海日本商业会议所的对华调查活动

上海日本商业会议所的主要调查内容（除了秘密调查内容）主要记载于其发行的各类刊物中。上海日本商业会议所的定期出版物有《上海日本商业会议所周报》（1912—1926 年）、《上海日本商业会议所月报》（1919 年起）、《上海日本商工会议所年报》（1919—1942 年）、《上海日本商工会议所所报》（1939 年）、《上海日本商工会议所经济月报》（1927—1942 年）、《上海日本商工会议所经济年报》、《内外商工案内》（1935 年）等。上海日本商业会议所通过这些刊物及时向外公布各类调查与研究结果，包括商情通报、委托调查、贸易中介、证明鉴定等事务。而如《上海要览》（1918 年）、《上海概览》（1920 年、1921 年、1923 年）、《上海总览》（1923 年）、《上海事变杂志》（1925 年）等不定期刊物更是种类繁多，内容广泛。对华调查相关资料如《中国的工业与原料》（1919 年）、《关于山东问题抵制日货的影响》（1919 年）、《关于山东问题的排日状况》（三辑，1919—1920 年）、《上海的物价》（1919 年）、《关于"二十一条"的排日状况》（1923 年）、《五卅事件调查书》（1925 年）、《关于南京南军暴逆事件的调查》（1927 年）、《时局与上海的劳动风潮》（1927 年）、《山东出兵与抵制日货运动》（1927 年）、《中国抗日运动及指导原理》（1931 年）、《满洲事变后的对日绝交运动》（1931 年）、《中国经济的现状》（1935 年）、《中

①　参见山村睦夫「上海日本人実業協会と居留民社会」波形昭一編著『近代アジアの日本人経済団体』、173—178 頁。

国经济界的实况与各种指标》（1936 年）、《中国海关法规与通关手续》（1937 年）、《徐州会战之后的上海经济现状》（1938 年）、《中国事变日志》（1939 年）、《中国的手工造纸业概况》（1940 年）等。[①]

仅以《上海日本商业会议所年报（第一）》为例，[②] 从目录可见，其记载的均为 1918 年的相关内容。（1）上海贸易，包括金融及汇兑、关税收入、出入船舶、贸易情况、长江航业、日本与上海间的航业与贸易、外国船只概况等方面；（2）上海的金融及汇兑市场状况，包括银块、汇兑、金融、墨西哥银及金块等方面；（3）上海日本输入品的情况，包括棉纱、棉布、煤炭、钢材、木材、洋纸、海产品、砂糖、朝鲜参、洋伞、缝针、窗玻璃等品类，上海日本输出品则包括棉花、蚕丝、肥料、大豆、小豆、豌豆、樟脑、麦粉、烟草、人发、胡麻、蔬菜种子等；（4）上海工业界，包括中国纺织情况、绢丝纺织情况、制粉业、制油业、石碱制造业等方面；（5）资料，包括上海市场五金的供求状况，中国市场上日本商品、外国商品及中国商品的优劣（对棉布、钢材、铜及制品、缝针、自行车、洋纸、窗玻璃在出产地的品质、价格进行比较）；（6）上海的生丝贸易；（7）中国染料；（8）中国的机械贸易；（9）中国的电气事业及日本在中国的电气势力；（10）中国的锑；（11）法令及海关告示，包括中国电气事业取缔条令、棉纺工厂制品的介绍、海关告示、土布免税的变更布告、土布免税标准的通告等；（12）新立商社一览表；（13）中国农商部登记的中国商社；（14）中外业界的营业成绩。

除了与对华经贸相关的调查、统计等内容外，其中对中国资源锑[③]

---

① 「上海日本商工會議所刊行物」『上海日本商工會議所所藏圖書分類目錄』、1942 年、120 頁。

② 『上海日本商業會議所年報第一』、目録頁。

③ 近代以来，中国由于工业落后等原因，对锑的价值、开发、保护等认识欠缺，锑一直被掠夺式开采。锑被称为"工业味精"，用途广泛，应用于蓄电池、耐磨合金、光伏玻璃、阻燃材料、石油化工等工业及军事领域，常见的电线电缆、高端塑料制品中的阻燃材料以及化学纤维都要用到锑。

的调查尤其引人注目。根据梁宗鼎[1]的著述（日本人认为其整理的数据比较可信），中国锑的产量在 1902 年为 1202 吨，1904 年为 7762 吨，1906 年为 4221 吨，1907 年为 48408 吨，1909 年为 66398 吨，1911 年为 77459 吨。一战后产量激增但无确切统计数字。对锑的产地湖南、广东、广西、四川，尤其最大产地湖南矿产分布及产额、经营公司情况、矿质、冶炼、出口贸易等方面均有准确的调查数据。在上海港输出额中，1916 年输出生锑总计为 194820 担[2]，七成以上输往日本（145335 担），剩下的输往英美两国（其中美国为 23520 担）；纯锑总计 156404 担，输往美国有六成以上（101127 担），日本近三成（43582 担），欧洲等近一成。[3] 1917 年上海港出口更是数量大增，纯锑出口额总计 230948 担（输往日本 38457 担、美国 102760 担），生锑出口额总计 329813 担（输往日本 257731 担、美国 34704 担）。

在一战中攫取巨大利益的日本，为了动员全国力量实现其对外扩张的目标，1918 年 9 月 8 日制定了《军需工业动员法》，建立军需局，加强对经济的统制。随后，又相继设立"国家总动员机关设置准备委员会"，分别在陆军省和内阁建立整备局和资源局，统管"国家总动员"中的人力、财力、物力的控制与使用。此外，日本在国内外展开舆论宣传、全方位搜集情报，在对华侵略上进行全面准备。

一战时期被日本称为"暴富时代"。经过一战，日本产业结构发生根本性变化，重化学工业逐渐居于主导地位。同时，生产的集中与垄断也日渐明显，各主要产业中的核心企业均处于财阀的控制之下。[4] 例如，海运力量集中于日本邮船、大阪商船与东洋汽船三家公司。造船业则以三菱造船所、川崎造船所和大阪铁工所三家工厂为主。在金融业

---

[1]　梁宗鼎，1913 年毕业于北洋大学，1917 年任部派广东矿物技术员兼任化分矿质局局长。中国矿冶工程学会会员，著有《炭石》《钢铁之研究》等。

[2]　20 担为 1 吨。

[3]　「支那の安質母尼」『上海日本商業會議所年報第一』、235—243 頁。

[4]　参见周启乾《第一次世界大战与日本经济》，《历史教学》1994 年第 9 期。

中，存款额明显趋向财阀系统的五家银行，即三井、三菱、住友、安田、第一劝业银行。至一战结束时，三井、三菱两大财阀已经实现了涵括众多产业部门的多项经营。例如，三井侧重于商业、矿业、银行等领域，并向钢铁业、造船业等工业领域发展，三菱侧重于造船、矿业、银行等行业，并向炼铁、内燃机、电机等方面发展。而这些财阀在中国的投资及业务也得到了极大的发展，其中，上海是位列东北之后的日本投资者最关注的区域之一。

近代以来，日本对华贸易逐年发展，借着一战的机会又更进一步，在华日本商社对华贸易"成绩斐然"。但日本财阀对战后经济形势有清醒的认识，因而尤为注重对中国工业经济等方面的调查。它们认为，"欧战之祸是日本的偶然之福，这种繁荣不过是暂时的现象"，大战终结后，欧美列强的庞大势力将复归中国，再次"燃起经济战争之火"。此时日本若仍抱持漫不经心的态度，则将来日本对华贸易堪忧，"胜算渺茫"。中国是日本出口产品的绝好市场，各种商品都能在中国找到销路，其丰富的原料，也是决定日本能以工业立国的基石。因此，日本朝野的对华方针，应立足于世界大势，为中日利害的大局打算，以对华贸易的发展为目标。在战后，日本想与欧美列强在工业制品方面做出势均力敌的对抗，对日本商品来说是困难的，因为欧美制品的竞争力强于日本制品。如 1918 年日本对中国市场上日本商品、外国商品及中国商品的优劣比较，对日本商品粗制滥造的原因、农商务省的训令及改良办法等均有论述。[①] 因此要制订计划，在中国经营各种工业、担任中国人企业的指导、供给机械等，奠定发展基础。日本财阀还指出，若不重视这些方面的消息，则在将来的对华贸易中，难免会遭到中国工业的抵制，造成不利影响，乃至波及原料收集和消费市场。因此，在华日本商业会议所的急务就是适应中国工业经营，为日本国内工业发展打造坚实的基础。鉴于此，上海日本商业会议所派书记长安原美佐雄就中国的工业及

---

① 「本邦輸入商品の粗製濫造に就て」『上海日本商業會議所年報第一』、153—161 頁。

原料做了详细的调查。该调查以审视中国工业实情，为日本企业家及其他中国研究者提供资料为目的。调查内容陆续在商业会议所的周报上发表，并由安原美佐雄编著成《中国的工业与原料》（1919）一书，共2790页。该书在介绍中国的工业及原料情报时力图做到"巨细靡遗"，希望能成为日本实业家及研究家的"良好参考资料，在将来日本向中国大陆雄飞活跃之时，成为日本实业家可信的指南"。①

卢沟桥事变后，日军相继侵占了北京②、天津、上海。伴随日军的侵略步伐，上海的日本人数量也骤然增加。为了尽快控驭占领地区，日本当局亟须重新调整上海经济结构，同时对居住在上海的大量日本人进行管理，因此，日本军政当局认为有必要加强对驻留上海的日本商工业者的指导。于是，1938年12月31日，日本驻上海总领事馆颁布《上海日本商工会议所规则》，对上海日本商工会议所进行改组。③改组后的上海日本商工会议所吸纳了更多日籍商工业者。

日本宣布对美英开战后，上海日本商工会议所立即召开干部紧急会议明确表明配合日军行动的立场。1942年日本驻上海总领事馆在《上海日本商工会议所规则》的基础上对会议所进行改编，改编后的上海日本商工会议所成为完全受总领事馆支配的"上意下达、协助国策"的日本在外机构。④

1944年11月，日本驻上海总领事馆宣布成立完全协助日本国家政策的机关——上海日本经济会议所，⑤上海日本商工会议所随之被解散。

---

① 『上海日本商業會議所年報第二』、廣告頁。
② 此时称"北平"。为行文方便起见，本书统一使用"北京"。
③ 「創立までの經過」『上海日本商工會議所所報』第1號、1939年5月15日、2—6頁。
④ 「第七回定期議員總會議事錄」『上海日本商工會議所所報』第59號、1942年6月10日、2—3頁。
⑤ 「上海に於ける経済会議所創立とその意義」『経済月報』第22號、1944年11月、4—9頁。

第二节 安东日本商业会议所对鸭绿江 流域的调查

日本吞并朝鲜半岛后，为了推行"大陆政策"，迅疾将目光重点投注到中国东北区域，于是，一系列的军事侦察、各种经济调查、"学术"考察或明或暗纷纷展开。其中，以安东日本商业会议所为中心的同类组织对中朝边境地区的调查，为日本侵略、掠夺东北地区发挥了重要作用。

一 安东日本商业会议所的建立与沿革

甲午战后，中国东北成为帝国主义角逐的焦点。为将侵略势力渗透进沙俄独霸的东北地区，日本及英、美等列强竭力迫使清政府在东北设立更多商埠。安东位于中朝边境，占据重要的军事、经济地位。根据 1903 年的中美《通商行船续订条约》及中日《通商行船续约》，① 清政府于 1907 年 1 月 14 日宣布开放盛京省之奉天府、安东县及大东沟为商埠。② 安东开埠后，"中外商贾接迹而来，商业极称繁盛"。③ 20 世纪初，由安东口岸进口货物品种繁多，有美国的面粉，日本、美国的粗布，美国原色布及细斜纹布，朝鲜生牛皮及米，日本酒，日本、美国、苏门答腊的煤油，日本、朝鲜的纸烟等品种多达120 种；出口货物有豆饼、豆子、丝、粮食、药材、木梁、木板等 30 多种。④

---

① 王铁崖编《中外旧约章汇编》第 2 册，第 187、194 页。
② 《札准税务大臣咨所有东三省开埠拣派税务司一切情形等因饬局查照》（光绪三十二年十月），辽宁省档案馆藏奉天开埠总局档案，JB18-5-（7）。
③ 民国《安东县志》卷一《疆域·商埠》，台北，成文出版社影印本，1974，第 58 页。
④ 马光波：《安东海关建立后的安东贸易》，《丹东史志》1987 年第 2 期，第 53 页。

安东西南滨海，其海岸线自鸭绿江口西岸起西南至窟窿山，长30里，少港湾，唯大东沟口外可泊船，因此，大东沟开港可弥补安东港之不足。安东开埠通商后，自小沙河口、鸭绿江横一直线起至日本居留地西南界铁道止为轮船停泊地，后来因为港界过狭，加之铁桥横江出入不便，而三道浪头"冈峦突起，石壁峭立，江流至此折成一大港湾，能容吃水量十五六尺、一千三四百吨之汽船航驶出入"，①最后定此处为安东内港，中外汽船多定期停泊于此。同时，安东在陆路通过凤凰城与奉天城连接起来，提高了安东港的货物接运能力。1907年3月，安东海关正式开关，安东地区从事工商业的日本商人进一步增多。由于商品陈列所对日本商品的宣传及日本商船企业运费较低等因素的影响，日本商品经安东大量流入奉天、长春、齐齐哈尔、哈尔滨等地，日本商品一时呈现热销盛况。安东作为中日贸易枢纽的地位也越发重要。②于是，日本除继续以大连、葫芦岛为主要出海口外，刻意经营安东港，尤其是鸭绿江陆桥建成后，日本倚恃地缘、减税等优势逐渐控制了鸭绿江流域的中朝贸易。这样，以安东为中心的鸭绿江流域从与朝鲜一国通商到扩展为与英、日、美等多国通商直至最终为日本所垄断。

1904年4月，日本军队由朝鲜义州强渡鸭绿江，击溃俄军防线，随后占领九连城和安东县。日本在安东设立军政署，对该地区实行军事管制，并开放安东地区，允许日本人自由前往安东。日本在安东建立了医院、学堂，并沿中富街向北过八道沟设置了大和町，供日本人居住。同时，日军在安东设立兵站，铺设安东至奉天的军用轻便铁路。由是，大量日本人开始进入安东，并于1905年建立了安东日本人会。③1900年尚无日本人在安东居住，1906年就骤然有5008名日本

---

① 民国《安东县志》卷一《疆域·港湾》，第72、73页。
② 孔经纬主编《清代东北地区经济史》，第665页。
③ 安東商業會議所『安東誌』安東商業会議所、1920年、45頁。

人生活于此，仅次于"关东州"（12792 人）和营口地区（6270 人）。①
为更有效地管理安东的日本人，1906 年 10 月，依据日本外务省发布的
《居留民团法》，② 安东日本人会解散，组成居留民团，并将安东日本人
会所有资产转入居留民团内。③ 1907 年，经日本外务省同意，安东设
立日本居留民会，作为管理日本人的主要机构。同年，安东日本居
留民会在机构内设置通商科，招揽 30 余名具有商业知识的人员任通
商科的商务委员，负责安东市场上的通商贸易事务。此后，日本在
安东的经贸情况大有改观，因此，一些商工业者开始倡导建立商业
会议所。④

　　1906 年 4 月，日本在安东设立领事馆。依照安东日本领事馆令第
20 号，1907 年 11 月 5 日，出台了由安东领事馆指定的 8 名创立委员
制定的《安东商业会议所规则》。1908 年 5 月 9 日，第一次创立委员
会会议召开，依规选举中野初太郎为委员长，之后经召开数次创立委
员会会议，于同年 6 月 13 日完成会则制定，并获得领事的认可。会则
以 1908 年 5 月末到当时的民团营业税 22 等（每月纳税 1 元 60 钱以
上）者有选举权，核定人数 153 人。1908 年 7 月 2 日，安东日本商业
会议所召开第一次总会，选举出获得领事认可的初任会长大庭敏太郎，
副会长三崎贤二。安东日本商业会议所办公地点位于安东大和桥地区，
监管官厅为关东厅。1914 年 1 月 20 日，根据领事馆令第 1 号，及 1907
年领事馆令第 20 号，修改《安东商业会议所规则》，将议员定员 15 名
改为 20 名，任期 2 年改为 1 年。1920 年 4 月 1 日，为图铁道附属地日
本商工业的发展，经过慎重审议，在获得外务大臣的认可后，安东日

---

① 　副島円照「戦前期中国在留日本人人口統計（稿）」『和歌山大学教育学部紀要』（人
　　文科学）第 33 号、1984 年 2 月。
② 　『御署名原本・明治三十八年・法律第四十一号・居留民団法』、1905 年、JACAR（ア
　　ジア歴史資料センター）、Ref. A03020618700（国立公文書館）。
③ 　安東商業會議所『安東誌』、49 頁。
④ 　商業會議所聯合会編『日本商業會議所之過去及現在』商業會議所聯合会、1924 年、
　　599 頁。

本商业会议所被改组为依据日本《民法》成立的社团法人。① 成为社团法人后的商业会议所将入会范围扩展至满铁附属地内，其规模和影响力都得到了提升。1924 年，由于在以往的章程中，在形式上是将安东日本商业会议所作为日本《民法》上的社团法人，而在实际处理时常感到不适应日本国内的《商业会议所法》，因此，同年 5 月 8 日经关东厅长官许可，修改为全部议员都作为常议员就任。1928 年 9 月，依照日本国内的《商工会议所法》，安东日本商业会议所被改称为安东日本商工会议所，并在同年 10 月 5 日据此变更章程，且获得了关东厅长官的认可。②

1940 年，根据伪满颁布的"商工公会法"第 52 条及第 56 条的规定，安东日本商工会议所于 1940 年 3 月 31 日被解散，同年 4 月 1 日与被解散的安东总商会、中兴镇商务会、三道沟商务会等一并整合设立安东商工公会。安东商工公会的职员有 14 名，会长为濑之口藤太郎（前安东日本商工会议所会长），副会长为孔宪明（前安东总商会会长）、阿部卓尔（前安东日本商工会议所副会长）、茫贵三（东边实业银行经理）。特别议员有日本驻安东副领事、安东地方事务所所长、鸭绿江采木公司总务科科长、安东车站站长、新义州税关安东派出所所长、安东县邮便局局长等各方安东日本要人。

二　近代日本对中朝边境的调查

中朝边境地区，是日本自始至终着力调查经营之地。日本侵占朝鲜后，在稳固对朝鲜统治的同时，就已经着手进入中国领土搜集情报。日本吞并朝鲜后，对中朝边境中国一侧的谍报活动明显增加，如对矿产、

---

① 外务大臣内田康哉「社團法人安東商業會議所設立認可二關スル件」『本邦商業会議所關係雑件/在支ノ部/4. 安東商業會議所』、1919 年、JACAR（アジア歴史資料センター）、Ref. B10074315100（外務省外文史料館）。

② 在安東領事瀧山靖次郎「安東商工會議所沿革ノ概要」『在外邦人商業（商工）会議所關係雑件第四卷/1. 滿洲国/4）安東商工公会』、1938 年、JACAR（アジア歴史資料センター）、Ref. B08061539100（外務省外交史料館）。

森林等各种资源、商情进行调查，测绘地图等违法活动，这种间谍行为一直持续到抗战结束。

（一）20 世纪初期日本对鸭绿江地区的资源调查

日俄战争期间，为了有效利用东北各地的物资，负责后勤供给的辽东兵站监部①指示散布于占领地的军政署调查员调查当地物资状况，同时还要求就地搜集政治、财经、文化教育等基础情报。兵站根据各地的报告，结合书面资料，于 1905 年编成《满洲要览》，② 对东北的建制沿革、政治、经济、商业、交通运输、教育、宗教信仰、风俗习惯等进行了全方位的概述，同时附有手绘的大连、奉天、营口、安东等主要城市街图及安东县新市街、北陵、龙岩浦木材集积场等照片。《满洲要览》被认为是日军侵占东北后最早形成的物资调查报告。③ 如《满洲要览》的第四章"殖产兴业"由农业、蚕业、矿业、盐业、林业、牧业、渔业构成，记述了各业的基本情况，如林业一节，介绍了山林的形态、森林分布地域、伐木状况、木材的运销和税制、销售鸭绿江木材的公司。第五章"商业"则对辽河流域、鸭绿江流域、金州半岛及东北重要都市的商贸情况进行了详尽的调查。

森林资源被日本视为其在东北获取的"三大利权"之一。早在日俄战争前，为争夺鸭绿江流域的森林资源，日本就与俄国展开明争暗斗。有日本学者认为："日俄战争的发端，鸭绿江上游地区的森林资源争夺战好像是主要原因之一。"④ 这种说法掩盖了日俄战争的侵略本质，但也道出鸭绿江流域蕴藏无尽宝藏，尤其是侵略者对森林资源都垂涎三

---

① 1905 年 5 月 20 日，出于协调作战后方的需要，日本满洲军总司令部决定设立满洲军总兵站监，统一管理日本满洲军的兵站、交通、物资供给等军务。同时，1904 年 9 月 12 日成立的辽东守备军司令部废止，改为辽东兵站监部（长官为陆军少将井口省吾），隶属于满洲军总兵站监（总参谋长为儿玉源太郎）。

② 辽东兵站监部『满洲要览』、1905 年 11 月。

③ 许金生：《近代日本对华军事谍报体系研究（1868—1937）》，复旦大学出版社，2015，第 251 页。

④ 小岛丽逸编『日本帝国主义と东アジア』アジア经济研究所、1979 年、231 页。

尺的事实。除了战前为与沙俄作战而建设京釜铁路外，为了确保后方兵站的运输，日俄战争爆发后，日本先后在朝鲜境内修筑了军用铁道京义线、马山浦线，在中国境内修筑了安奉线、新民线，这些铁路的修建都需要大量木材，如京义线就需要枕木 80 万根，桥梁木材数十万根，另外建兵房等也需要木材。此时"被盯上的正是鸭绿江木材"。[①] 因此，日军占领九连城，掌握了鸭绿江一带的实权后，立即组织调查当地木材，同时，设置战地临时建筑部，收买征发上流木材和调查收用市场木材。其设置的军政署（1905 年 11 月，改由日本军用木材厂统管）掌管木材输出的一切事务。

日俄开战后不到半年，即 1904 年 7 月，日本外务大臣小村寿太郎就向日本首相提交了一份关于"日俄议和条件"的意见书，[②] 提出"将鸭绿江、浑江沿岸的森林采伐权及矿山开采权让与日本"等十款要求。1905 年 3 月，日本在日俄战争中基本占据优势，小村再次向首相提交了内容基本一致的意见书，[③] 成为战后日本议和与善后的基本纲领。

日俄战争将近尾声，日方在胜局判然已定之情势下，为战后和谈中攫取鸭绿江流域森林开采权做准备，1905 年 4 月 2 日，陆军大臣训令对中朝两国涉及的图们江、松花江、鸭绿江上游一带长白山脉森林进行调查。为此，陆军省雇用专业人士林学士今川唯市，配备森正左郎等 4 名助手（5 人均立下对此次调查保守秘密的誓约），并通令兵站总监部要求沿途军队提供保护及给养等。[④]

今川唯市等人借用了陆军省百万分之一的军用秘图（东亚舆地图

[①] 小岛丽逸编『日本帝国主義と東アジア』、232 页。

[②] 参见关于日俄议和条件的小村大臣意见，首相提交的未定稿。『日本外交年表並主要文書』(上)、原書房、1965 年、228 页。

[③] 外務省編『小村外交史』原書房，1966 年，675 页。

[④] 林學士今川唯市「滿密受第 1025 號　極秘第 3 號　清韓両国内森林調査ニ關スル件」『明治 38 年「滿密大日記明治 38 年 5 月 6 月」/清韓両国内森林調査に関する件』、1905 年、JACAR（アジア歴史資料センター）、Ref. C03020346300（防衛省防衛研究所）。

中奉天、昌图、京城、镜城、吉林、图们江口、海参崴），携带粮食、衣物、寝具、帐篷、小斧锯等野营用品，步枪、手枪、剑等护身物品，收集植物及有价值矿藏的工具、温度计、指南针、绳钉包布片等渡河上树下岩等需要的物品，还有韩钱、雨具等。一行 16 人（包括 11 名人力夫）于 1905 年 5 月 19 日至 9 月 5 日，总行程徒步约 640 里，海路约 1720 里，汽车行驶 1800 余里，按照训令要求提交了《军用木材厂业务方针》《长白山脉林况调查复命书》等报告。①

陆军省训令今川唯市调查的区域是以长白山脉一带为中心的鸭绿江、松花江、图们江流域，及朝鲜江原道、平安道的一部分，即汉江上游及清川江上游。②

对鸭绿江上游森林的调查事项为：

一、调查中韩两国所涉鸭绿江上游长白山脉内森林繁茂之区域（其中最有森林资源价值并且最有开采希望的区域及其与次区域的区别），及树种、树龄等情况；二、侦察鸭绿江上游中韩两国边境的地势与两国人民的势力、人口、营业、种类、贫富等民情；三、森林开采与搬运的方法；四、加工地及动力等；五、森林的经营及地力应用的方法；六、前项为第一期调查区域，一旦回国，需提供详细报告。③

调查的路线为：先着手调查鸭绿江流域，经安东县、楚山，出浑江

---

① 林学士今川唯市「（秘）长白山脉林况调查复命书」『今川林学士长白山森林视察一件/今川林学士长白山森林视察一件　分割 2』、1905 年、JACAR（アジア歴史資料センター）、Ref. B04011185000（外務省外交史料館）。

② 林学士今川唯市「満韓山林調査ニ関スル要項」『明治 38 年「満密大日記明治 38 年 5 月 6 月」/清韓両国内森林調査に関する件』、1905 年、JACAR（アジア歴史資料センター）、Ref. C03020346300（防衛省防衛研究所）。

③ 陸軍大臣寺内正毅「鴨緑江上流森林ノ調査」『明治 38 年「満密大日記明治 38 年 5 月 6 月」/清韓両国内森林調査に関する件』、1905 年、JACAR（アジア歴史資料センター）、Ref. C03020346300（防衛省防衛研究所）。

口，沿该江入怀（桓）仁县，进入伊穆逊河、码察河、乌勒河、英河等支流的山林考察，经通化哈尼河上游，出通化后沿主流考察佟佳江一带的山况、金厂，出帽儿山，经鸭绿江左岸的新艺坡镇转长津江，沿该江考察其主支流，进长津，出黄铁洞，越云山岭，出虚川江流域，经甲山、惠山镇，过分水岭，入图们江流域，考察主支流两岸的森林，沿流出佟佳江口，经镜城、北青、定平，转向广社仓、上平仓，出清川江上游，沿同江，经铁路回安东县。

松花江流域山林的调查路线，经安东县赛马集，出兴京，经英额门、土口子岭，进入松花江流域，考察其主支流山林，进入宽街，沿松花江本流上溯到分水岭附近，经吉林的陶赖昭，考察松花江储木场等地，考察哈尔滨当地铁路，马桥河附近的森林、铁路及当地殖产民营，考察海参崴木材市场及供求等情况，一半利用元山海路，一半利用铁路，及徒步，调查汉江上游山林情况，到京城。①

1905 年 8 月，日本参谋本部次长长冈外史从朝鲜至安东地区调查，9 月，在给参谋总长山县的报告中，他特别提到了木材问题："采取适当方法确保其根本。否则，他日被俄国、清国人士占有此富源，则必后悔。"10 月，陆军大臣寺内致信外务大臣要求日本政府取得长白山一带森林的开采权。②

日俄战争后，日本政府任命外务大臣小村寿太郎与驻华公使内田康哉为全权大臣，清政府任命庆亲王奕劻、外务部尚书瞿鸿禨、直隶总督兼北洋大臣袁世凯为全权大臣，就日俄战争后的东北善后

---

① 林學士今川唯市「滿韓山林調查ニ關スル要項」『明治 38 年「滿密大日記明治 38 年 5 月 6 月」/清韓両国内森林調査に関する件』、1905 年、JACAR（アジア歴史資料センター）、Ref. C03020346300（防衛省防衛研究所）；林學士今川唯市「（秘）長白山脈林況調查復命書」『今川林学士長白山森林視察一件/今川林学士長白山森林視察件　分割 2』、1905 年、JACAR（アジア歴史資料センター）、Ref. B04011185000（外務省外交史料館）。

② 菅野直樹「鴨緑江沿岸森林利權問題と日本陸軍」『軍事史學』通卷 158、159 号、2004 年、267、268 頁。

事宜进行交涉。1905 年 11 月 17 日，双方在北京进行正式会谈。经过多次协商，签订了正约 3 款、附约 12 款，① 以及经双方代表共同签字的会议记录 17 款。② 其中，附约第十款规定：中国政府允许设一中日木植公司，在鸭绿江右岸采伐树木。至于该地段广狭、年限多寡及公司如何创设，并一切合办章程，应另订详细合同，总期中日股东利权均摊。这样，日本就通过这个不平等条约，"合法合理"地排挤掉沙俄此前攫取的在鸭绿江流域的木材开采权，为日后独占这一区域的利权打下基础。

日本为落实通过条约获得的中国东北南部利权，指派官民对中朝边境地区进行新一轮调查。1907 年，以驻安东日本领事馆外务翻译员为掩护身份的三浦稔，奉令对鸭绿江及其最大支流浑江流域开展侦察活动，并向外务省提交《鸭绿江浑江两流域视察复命书》（档案封面写有"密"字样）。复命书不但详述了通化等边境要地的资源、商贸、农业、交通等一般状况，还据此提出了"经营建议"，并绘制了 5 幅具有极高军事价值的地图，③ 为日本此后在鸭浑两江流域的开发与经营提供了情报信息与参考建议。

1908 年 5 月，中日订立《中日合办鸭绿江森林合同》与《中日合办鸭绿江右岸采木公司章程》，规定鸭绿江右岸自帽儿山起至二十道沟止，距江面干流 64 里为界，成立中日"合办"鸭绿江采木公司，资本300 万元，中日各半，以 25 年为限。公司总部设在安东。公司余利以5% 给中国，其余所有净利归中日两国股东均摊，同年 10 月正式开业。清政府与日本以合办的形式在安东开办的采木公司，实际由日方把持，日本便获得了鸭绿江沿岸木材的开采权，生产木材供军用。

① 许同莘、汪毅、张承棨编《光绪条约》第 82 卷，台北，文海出版社，1974，第 1—8 页。

② 王彦威编纂《清季外交史料》第 194 卷，台北，文海出版社，1963，第 35—37 页。

③ 三浦稔「（密）鴨綠江渾江両流域視察復命書」『安東領事館報告書/4. 鴨綠江渾江両流域視察復命書（三浦通訳生）明治四十年九月/分割 1』、1907 年、JACAR（アジア歴史資料センター）、Ref. B16080775900（外務省外交史料館）。

（二）安东日本商工会议所对鸭绿江流域的调查

安东日本商业会议所自成立之后，就成为日本搜集中朝边境地区资源、贸易、民情等信息的重要机构。由于篇幅所限，以下仅以1928—1932年安东日本商工会议所展开的调查活动为中心进行梳理分析（见表4-1、表4-2）。

日本对中国的侵略政策由来已久，东方会议后，更是加快了侵略中国的步伐。1928年，南京国民政府掀起收回国权运动。皇姑屯事件后，张学良宣布东北易帜，并试图通过修建满铁平行线等措施对抗日本对东北的经济侵略。此时，日本军国主义分子占据上风，为了掩世人耳目，日本炸毁柳条湖附近南满铁路的一段路轨，制造了九一八事变，东北沦陷。这期间，安东日本商工会议所搜集情报、提供建议，推波助澜。

表4-1 1928—1932年安东日本商工会议所调查统计

单位：件

调查委托方	1928年	1929年	1930年	1931年	1932年
日本官厅	78	72	117	122	129
满铁	48	37	42	28	44
各地日本商工会议所	38	45	81	74	60
各地日本商工业者	216	209	298	276	286
安东日本商工会议所会员	55	20	34	49	24
安东日本商工会议所发表的调查	23	7	22		
其他				39	24
合计	458	390	594	588	567

资料来源：安東商工会議所編『昭和二年度安東商工会議所事務報告』、1929年、53頁；『昭和四年度安東商工会議所事務報告』、1930年、60頁；『昭和五年度安東商工会議所事務報告』、1931年、62頁；『昭和六年度安東商工会議所事務報告』、1932年、43頁；『昭和七年度安東商工会議所事務報告』、1933年、49頁。

表 4-2　1928 年安东日本商工会议所调查事项

月份	调查事项	月份	调查事项
1 月	关于东北生铁对朝鲜出口量的调查 关于屠兽场屠杀量的调查 关于茧、蛹、蛹油、蛹粕的调查 关于公共马车、木梳、猪毛的调查 关于货币行情及豆粕检查数量的调查 关于中国墨、山羊皮、绵羊皮的调查 关于出口平壤货物的调查 关于檀木、灭蝇粉、旅行具的调查 关于中国人需要杂货物价的调查 关于电话通话区域扩张的调查 关于鸭绿江木材在安东、平壤的行情及供需关系的调查	4 月	关于货币行情及豆粕检查数量的调查 关于红松、棉布、牛皮、烟草的调查 关于东北生铁对朝鲜出口量的调查 关于安东港口海路上陆及出境华人的调查 关于中国人需要杂货物价的调查 关于麻袋及木炭的调查 关于粮栈及其他的调查
2 月	关于蛹油、檀木、各种连衣裙类的调查 关于电线接引用模型及其他的调查 关于货币行情、柞蚕丝生产量及豆粕检查数量的调查 关于东北生铁对朝鲜出口量的调查 对满铁准备从三道浪头开始铺设铁道的情况、同区间内的疏浚情况及两者对贸易影响的调查 关于中国人需要杂货物价的调查 关于其他对华贸易的调查 关于木材业者公共课税及其他的调查 关于豆油的调查、关于商标的调查 关于东北产品生产量及其他的调查 关于经过安东的东北粟的统计调查 关于米、薪炭、柞蚕丝及坑木的调查 关于在华人债务者不履行债务时对担保品处分的调查	5 月	关于陶瓷器需给情况的调查 关于货币行情及豆粕检查数量的调查 关于东北生铁对朝鲜出口量的调查 关于猪毛买卖状况调查 关于陶瓷器调查 关于中国人需要杂货物价的调查 关于向日本输出旧棉、旧衣类的统计调查 关于麦粉进口调查 关于 1927 年安东贸易统计 关于土金及其他的调查
3 月	关于东北生铁对朝鲜出口量的调查 关于唐杭罗及现物的调查 关于华人石工的调查 关于木材的调查 关于护膜靴的调查 关于东北特产谷类的调查 关于货币行情及豆粕检查数量的调查 关于中国人需要杂货物价的调查 关于经济调查	6 月	关于货币行情及豆粕检查数量的调查 关于钢笔进口税及其他的调查 关于制粉事业的调查 关于东北生铁对朝鲜出口量的调查 关于安东火柴制轴业的调查 关于鸭绿江木材在安东集散情况的调查 调查中国时局及对东北财界的影响 关于中国棉花的调查 关于安东特产的调查 关于张作霖死后的财界情况及所受影响的调查

续表

月份	调查事项	月份	调查事项
7月	关于奉天票大行原因的调查 关于货币行情及豆粕检查数量的调查 关于海产品、安东木材的调查 关于东北生铁对朝鲜出口量的调查 关于安东杂用货币及其他 关于中国人需要杂货物价的调查 对日本人以将本国产的商品批发给俄商、华商为业的调查 关于粟交易所的标准规格及其他 与安东可提供的在济南惨案中为华宣传的资料相关的调查 关于牛肉制食品调料征收出口税的调查	10月	关于东北生铁对朝鲜出口量的调查 关于安东野采果实的集散情况调查 关于安东的石油精制品、马车调查 关于德国货的调查 关于货币行情及豆粕检查数量的调查 关于中国人需要杂货物价的调查 关于安东的木材业者调查 银在安东的行情调查
8月	关于货币行情及豆粕检查数量的调查 关于东北生铁对朝鲜出口量的调查 关于进口交易的调查 关于走私米的状况 关于在东北朝鲜米商的经济状况 关于安东人口及其他 关于檀木市价及其他 关于盐的调查 关于中国人需要杂货物价的调查 关于小麦粉进出口数量调查 关于安东驿发及通过东北的粟出口数量调查 关于柞蚕业的调查 关于安东及新义州的木材调查 关于安东木材交易及其他 关于日本的商工助长设施及机关改良	11月	关于东北生铁对朝鲜出口量的调查 关于货币行情及豆粕检查数量的调查 对抵制日货运动造成的损失进行的调查 关于豆粕交易行市及酒精的调查 关于安东元山海参的调查 依照东北财界解禁金出口及相关影响 关于柞蚕业的调查、关于照相机的调查 关于安东的住宿税金及其他调查 关于中国人需要杂货物价的调查 关于商业登记抄本及附手续的调查 关于柞蚕丝及柞蚕茧、柞蚕种茧价格的调查 关于安东1927年制材情况的调查 关于麻丝及清防所需软管需要状况调查
9月	关于东北生铁对朝鲜出口量的调查 关于安东电灯税金及其他的调查 关于安东纸商及其他的调查 关于木炭、安东制纸业及包装箱的调查 关于木材交易及其他 关于安东豆粕市场及其他的调查 关于安东电灯税金及其他的调查 对安东华人肥皂制造工厂的调查 对中国及中国人需要杂货物价的调查	12月	关于东北生铁对朝鲜出口量的调查 关于檀木、毛皮、酒精价值及其他的调查 关于货币行情及豆粕检查数量的调查 对抵制日货运动的调查研究资料 关于海关附加税的征收手续调查 关于安东华人织布工厂、绢布织工厂的调查 关于安东棉布在华销售的税率及征收手续的现状调查 关于在安东华人所有汽船的调查 关于中国人需要杂货物价的调查 对豆粕及木材行情、橡胶及制品的调查

资料来源：安东商工会議所编『昭和三年度安东商工会議所事务报告』、43—50 页。

表 4-3 安东日本商工会议所《昭和三年度经济统计年报》目录

类别	内容	类别	内容
贸易	Ⅰ 安东海关贸易 安东海关贸易价额十年比较表 安东海关国别贸易价额十年比较表 外国商品输入数量及价额国别表 外国商品移入数量及价额国别表 外国商品再输出数量及价额国别表 外国商品再移出数量及价额国别表 中国商品移入数量及价额地别表 中国商品再输出数量及价额国别表 中国商品再移出数量及价额地别表 中国商品输出数量及价额国别表 中国商品移出数量及价额地别表 安东海关通过外国货物表 免税单付东三省内各地向内外货物表 安东海关税收入额表 Ⅱ 船舶 安东港出入船舶国籍别累年比较表	商工业	Ⅰ 木材 安东伐木数量表、安东制材工场表 木材运赁及安东伐木数量十年比较表 木材进出口数量十年比较表 鸭绿江采木公司木材出入十年比较表 Ⅱ 大豆 安东大豆进、出口量十年比较表 Ⅲ 豆粕 安东豆粕进出口量十年比较表 安东豆粕及豆油产量十年比较表 安东油房一览表 Ⅳ 柞蚕 安东柞蚕丝其他进出口量五年比较表 安东柞蚕本厂丝工场比较表 安东柞蚕杂牌丝制丝工场表 Ⅴ 物价及工资 安东中国侧及满铁附属地杂货行情表 安东主要品行情表、鸭绿江木材行情表 鸭绿江木材行情十年比较表 大豆、豆油、豆粕行情每月十年比较表 开凌豆行情每月十年比较表 柞蚕丝、柞蚕茧行情每月十年比较表 安东劳动工资月份表
运输	Ⅰ 安东车站发送货物数量表 向日本内地、向朝鲜各地 向满洲各地 Ⅱ 安东车站到达货物数量表 从日本内地、从朝鲜各地 从满洲各地 Ⅲ 安东车站通过货物数量表 由日本内地输入 由朝鲜各地输入 向日本内地输出 向朝鲜各地输出 Ⅳ 沙河镇车站发到货物数量表 发送、到达 Ⅴ 安东港满铁埠头出入货物数量表 海路入货、海路出货	金融	Ⅰ 预金及贷付金及其他 预金及贷付金支付量表 汇票办理量表 支付汇票交易办理量表 支付及收取汇票办理量表 利率高低表 预金贷出金及汇票支付十年比较表 安东银交易五年比较表 伦敦银块交易月别五年比较表 Ⅱ 邮便储蓄及其他 安东县邮局汇票储蓄及其他支付月表 及十年比较表 Ⅲ 质业及贷金业 质业者贷出表 贷金业者贷出表

续表

类别	内容	类别	内容
交通及通信	I 交通 沙河镇车站旅客乘降及十年比较表 安东车站旅客乘降及十年比较表 安东港汽船旅客出入五年比较表 II 通信 安东县邮局邮电到发月份表 安东县邮局邮电到发十年比较表	户口	I 安东户口 安东在住者户口十年比较表 安东以外户口（安东领事馆警察署内） 安东以外满铁附属地户口（关东厅警察署管内） 安东及附近在住日本人府县别表 安东及附近在住者职业别表
杂项	I 公课金 安东满铁附属地公课金六年比较表 II 保险 保险契约及解约量表 III 电气、水道及瓦斯 瓦斯、水道使用量月份表		IV 安东屠兽场*统计表 屠畜产地及年龄表、屠畜肉品值表 屠畜体检表、屠畜废弃病名表 V 气象 安东附近气象表 季节累年统计表、级数量累年统计表

　　＊1907 年 10 月，安东县商埠局总办与日本领事馆签订合同，在安东通江街合资建立屠兽场。凡肉铺出售的肉，均须经过屠兽场宰杀，再由警察和兽医检查、盖印，屠宰场盖印，方准出售。屠兽场有杀牛、羊、猪的工作间，还有办公室、拴牛场、仓库、交易人休息室等，所需费用由安东总商会承担 1/4，每年收取地皮租现小洋 3000 元。当时，检查一头大牛交小洋 4 元 5 角，牛犊一头交小洋 2 元 2 角，羊一只交小洋 6 角。1923 年 10 月，日本"居留民团"并入商业会议所，东边道尹与日本领事馆重新订合同，屠兽场改由安东总商会与商业会议所共同经营。屠兽场利润由中日双方按投资比例分配。1926 年，年收入达 2 万余元。

　　资料来源：安东商工会議所編『昭和三年度経済統計年報』、1929 年。

　　从表 4-1、表 4-2、表 4-3 来看，1928—1932 年安东日本商工会议所展开的调查活动具有如下几个特点。

　　第一，调查访询者及委托调查方包括日本军政官厅、民间组织及个人。

　　安东日本商工会议所除了与其他各地商业会议所进行互访调研外，与日本军政方面的紧密联系格外引人关注。从表所见，1928 年到访安东日本商工会议所的人员有关东军司令部资源调查员及骑兵大尉、朝鲜总督府总务科及朝鲜军①仓库员、关东军经理部人员、关东厅外事科科长等军政人员，满铁临时经济调查委员会及事业部相关人员，大陆情报社等报社记者，日本国内外商业会议所及会社人员，朝鲜大小企业人员，新义州税关人员等 87 人次。② 可见，在华日本商业会议所是日本国内外经济组织与商工业者获取海外工商业情报的重要渠道，更是日本官厅军队获得中国各地经济情报的直接供给者。如安东日本商工会议所的调查数量 1928 年为 485 项（其中官厅委托调查 78 项，下同）、1929 年为 430（72）项，官厅委托调查分别占比 16.1%、16.7%，1930 年则上升到 594（117）项，1931 年为 588（122）项，1932 年为 563（129）项，官厅委托调查占比达到 19.7%、20.7%、22.9%。委托调查方除了日本官厅，还包括日本在东北扩张的代理人满铁、朝鲜的新义州海关以及各地日本商工业者、本所会员等。由于调查是委托进行，就更加具有针对性和及时性，价值当然就更大。

第二，调查内容广泛，既有连续性，又有阶段性，皆主题明确。

从表 4-3 可见，1929 年安东日本商工会议所编制的《昭和三年度经济统计年报》，对安东的贸易、金融、商工业、运输、交通及通信、户口等方面进行了全面调查，其中，对安东海关贸易价额，安东海关国别贸易价额，沙河镇车站旅客乘降，安东车站旅客乘降，鸭绿江木材行情，大豆、豆油、豆粕行情，开凌豆行情，柞蚕丝、柞蚕茧行情，安东县邮局邮电到发，安东在住者户口十年的月数据进行统计并比较。这些数据为日本官方制定相关对华策略及提升日本商工业者的竞争力提供了关键情报。

总体看来，安东日本商工会议所的调查内容以鸭绿江流域大宗商品

---

① "朝鲜军"是近代日本常驻朝鲜的军队的总称。《马关条约》签订后，日本取得对朝鲜的控制权，开始在朝鲜驻军，日俄战争期间称为"韩国驻扎军"，1910 年日本"吞并"朝鲜后，设立朝鲜总督府，以驻军司令官为总督，改称"朝鲜驻扎军"，1918 年 6 月起再次更名为"朝鲜军"。

② 安東商工會議所編『昭和三年度安東商工會議所事務報告』、50—52 頁。

柞蚕、木材、大豆三品、生铁产量等为主。日本官厅书面委托安东日本商工会议所对部分事项展开持续关注和调查。如关于安东地区货币交易市场及豆饼检查数量情况的调查（满铁总务部调查科委托），关于东北生铁对朝鲜出口量的调查（兼二浦三菱制铁所委托），中国人生活必需品零售价的调查（安东满铁地方事务所委托）三项调查是贯穿始终的，安东日本商工会议所对这些内容展开持续性的调查，并将每月的调查报告递交给日本官厅或受委托企业。

从 1928 年安东日本商工会议所调查的内容来看，主要是商工业方面，对其他行业的涉猎也十分广泛，比如对抵制日货运动等情况的调查。调查的范围涉及安东地区工商业领域的各个方面，也包括对安东及东北其他地区资源状况的调查。日本国内商工业者委托展开的调查，以关注日本商品在安东贸易市场流通情况及征收情况为主，主要目的为扩大日本商品的贸易市场。安东日本商工会议所的调查资料为日本商工业者及时调整贸易政策和生产政策提供了情报信息。

第三，接受官方资助，部分资料共享。

安东日本商工会议所的调查结果一部分直接交付调查委托人，一部分作为共享资料公布在商业会议所的月报、经济时报、统计年报等出版物上。如 1928 年，安东领事馆、满铁总务部调查科、关东厅等日本官厅委托安东日本商工会议所对安东地区的豆饼、木材、柞蚕等进行调查。同年 1 月，安东日本商工会议所负责的《安东经济时报》（1938 年后改为由安东商工公会负责的《安东经济月报》）公布 1927 年安东地区的豆饼调查资料。① 1928 年《安东日本商工会议所统计年报》对安东地区的木材、豆饼、柞蚕等情况进行调查、统计、整理。

关东厅、满铁一般定期给予安东日本商工会议所 2000 日元和 5000 日元补助金作为调查经费，日本外务省（1928 年补助金为 7850 日元，

---

① 安東商業會議所『安東經濟時報』第 86 号、1928 年 1 月 25 日、4—6 頁。

1929 年增长到 9000 日元）则是支撑安东日本商工会议所运行的最大资金来源。会长濑之口藤太郎申请补助金时曾指出，这是安东作为伪满重要都市，为促进伪满发展及各种调查的需要，[①] 安东日本商业会议所在得到外务省补助金的同时，都必须承诺提供商业会议所的年度收支表、业绩报告书、调查内容，接受外务省的指示命令，一旦违反上述约定，就须返还补助金。[②]

表 4-4　1933—1936 年安东日本商工会议所经费预算

单位：日元

年份	会费	补助金	关东厅"大使馆"	满铁	采木公司	代办手续费	外务省	贸易商组合	采木商组合
1933	7068	8000	2000	5000	1000	1150		350	600
1934	7539	8000	2000	5000	1000	1350		200	600
1935	8480	8000	2000	5000	1000	1400	1000	250	600
1936	9144	10500	3000	5000	1000	1600	1000	250	600

年份	柞蚕商组合	屠兽场收入	股金	出版物收入	安东输出商组合	棉纱布商组合	朝鲜贸易商协会
1933	200	3521	2450	50	350		350
1934	200	4024	2800	50	200		350
1935	200	5300	3710	50			350
1936	200	8500	6910	50		200	350

资料来源：「昭和九年度安東商工會議所経費豫算書」『9. 安東商工會議所』、JACAR（アジア歴史資料センター）、Ref. B08061530600（外務省外交史料館）；「昭和拾壹年度安東商工會議所経費豫算書」『1. 満洲国/4）安東商工會議所』、JACAR（アジア歴史資料センター）、Ref. B08061533300（外務省外交史料館）。

---

① 安東商工會議所「昭和十一年度当所補助金ニ関シ請願ノ件」『在外邦人商業（商工）会議所関係雑件　第二巻/1. 満洲国/4）安東商工會議所』、1936 年、JACAR（アジア歴史資料センター）、Ref. B08061533300（外務省外交史料館）。

② 在安東領事桝谷秀夫「命令書」『在外邦人商業（商工）会議所関係雑件第二巻/1. 満洲国/4）安東商工會議所』、1936 年、JACAR（アジア歴史資料センター）、Ref. B08061533300（外務省外交史料館）。

安东日本商工会议所在上报调查资料的同时，还根据调查资料提出相应的建议对策。伪满建立后，安东日本商工会议所更是积极参与日本对中国东北的殖民建设，由于其活动几乎毫无限制，因此在加强对中国东北调查的同时，积极参与讨论，献计献策，在有关伪满的"内政""外交"，尤其是经济领域都能看到其言论。如1934年1月30日参加关东军统治部召开的"在满人员满蒙经济政策咨询会"，会上讨论"满蒙"币制本位、关税自主影响及对策、朝鲜移民招来策、"满蒙"资源开发政策及日本商权伸展策等。[①] 这些建议对日后伪满发布相关政策皆产生了一定的影响。

第三节　北京日本商工会议所的调查活动

华北事变后，北京、天津等地区相继沦陷，日本在政治上与军事上控制了华北。为使华北成为"原料供应地""兵站基地"，[②] 日本扶植汉奸、买办建立了许多经济机构，使华北经济日益殖民地化。同时，日本大力支持与鼓励本国商工业者进入华北以扩张经济势力。随着在北京日本商工业者人数及力量的增加，以及经济调查及统制的需要，日本政府资助本国商工业者在北京建立了商工会议所。

一　北京日本商工会议所的成立

（一）成立背景

首先，日本扶植成立伪自治政府，在政治、军事上控制华北地区，

---

① 関東軍統治部「満蒙経済政策に関する在満者会議の件」『昭和財政史資料第5号第185冊』、1932年、JACAR（アジア歴史資料センター）、Ref. A09050412700（国立公文書館）。

② 「昭和十六年度事業成績報告書」『北京日本商工會議所所報』第42號、1942年6月28日、64頁。

为日本中小企业进驻华北区域提供了相对稳定的政治环境。

1935年1月中旬，日军首先制造了"察东事件"，迫使南京国民政府承认察哈尔沽源以东地区为"非武装区"。5—7月，日本借口"河北事件"与"张北事件"，胁迫南京国民政府批准"何梅协定"及"秦土协定"，使河北、察哈尔两省的主权大部丧失。11月，日本策动滦榆区兼蓟密区行政督察专员殷汝耕在通县成立脱离南京国民政府的"冀东防共自治委员会"（1936年1月后改称"冀东防共自治政府"）。同时经过与宋哲元、南京国民政府之间的讨价还价，于12月18日在北京正式成立了"冀察政务委员会"。

七七事变后，华北地区相继沦陷。为了实施对华北占领区的政治、经济统治，日本扶植建立伪蒙疆联合委员会（1939年与"蒙古自治政府""晋北自治政府"合并改组为"蒙疆联合自治政府"）及伪中华民国临时政府等伪政权，将原日本的中国驻屯军改组为"华北方面军"，作为这两大伪政权的军事支柱。1940年3月30日，汪伪发布"华北政务委员会组织条例"，规定"为处理河北、山东、山西三省及北京、天津、青岛三市境内防共、治安、经济及其他国民政府委任各项政务，并监督所属各省市政府设置华北政务委员会"，①并设立华北分院作为"最高法院"。这样，"中华民国临时政府"改称"华北政务委员会"，实际是由日本操控的所谓"自治"组织。相对稳定的政治环境，及伪政权与日本中小企业间的特殊贸易联系，增加了日本企业的收益，吸引日本商工业者涌入华北地区开拓市场。

其次，日本在华北地区全面推行经济侵略及掠夺计划，鼓励本国商工业者进入华北投资设厂，开展贸易活动。

七七事变之前，日本已经制订各种对华进行全面经济扩张与掠夺之计划，其中，以1936年2月日本中国驻屯军（即后来的日本华北

---

① 《华北政务委员会法规汇编》上册，华北政务委员会，1941，第1页。

方面军）提出的《华北产业开发指导纲领》最有代表性。该纲领提出，日本对华北的经济侵略及掠夺，应分两个渠道进行：一是统制性部门和企业；二是除此之外的轻工业，可鼓励日本民间资本来华自由经营。[①] 七七事变后，随着华北地区的相继沦陷，日军迅速霸占了华北的金融、工矿、盐业、电力、交通等主要公司企业，建立起殖民经济统治体系。随着战线的扩大，为实行"以战养战"政策，1937 年底，日本内阁制定出《华北经济开发的根本方针》，命令立即建立日、伪满、华北"共荣共存"的所谓"一体化经济"，规定"在原则上许可私人的投资及经营，但基本工业及国防工业则全为日本所控制而成为专制事业，如铁、煤、盐、棉花、运输、电气、电报、电话等事业均将由日本各公司分别经营"。[②] 这为日本商工业者来华创业创造了机会。

最后，日本国内"军国化"的经济环境迫使中小企业来华投资"淘金"。

九一八事变后，日本统治集团为适应侵略战争的需要，在国内加紧推行战时统制政策和扩军备战，主要发展军事工业为主体的重工业，导致其国内中小企业经营困难。于是，在政策鼓动下，日本在华北地区通过持续进行的军事行动而获得的贸易市场，对其国内企业产生巨大的吸引力，日本商工业者纷纷涌入华北地区开拓市场。

这一时期，在华北从事工商贸易的日本人急剧增多，成为华北日侨中所占比例较大的群体。日本政府对于沦陷区的经济事业，划定了"统制事业"与"自由事业"两种。[③] "统制事业"大都由日本在华北

---

① 居之芬主编《日本对华北经济的掠夺和统制——华北沦陷区经济资料选编》，北京出版社，1995，第 13—15 页。

② 刘仁：《日寇开发华北的阴谋》，黎明书局，1938，第 11—12 页。

③ "统制事业"包括"日本本国所缺乏的国防资源与军事进行直接有关的交通通信事业、公用事业及与日本经济有'发生摩擦之虞'的蚕丝、水产等业"。"自由事业"则是指为满足日本工商业所要求的一般工业和商业，即统制以外的如纺织、毛织、面粉、烟草、啤酒、造纸、火柴、硫黄、洋灰、铁业及一般贸易商业。参见郑伯彬《日本侵占区之经济》，资源委员会经济研究室，1945，第 3、8 页。

的"国策会社"华北开发公司及其子公司经营。① 那么如何管控"自由事业"者？就是通过该区域的天津、北京等日本商工会议所进行间接把控。

（二）北京日本商工业者的增多与商工会议所的成立

1937 年 7 月 28 日，北京沦陷。北京被日本占领以后，日本人涌入北京。仅以 1938 年为例，1 月北京日本人口为 5797 人，到 9 月已经达到 22412 人，增长了 286.61%（见表 4-5）。② 8 月北京日本人口是 21085 人，其中商工业者有 1047 人，经营项目有 30 大类（餐具、服饰、家具、建筑、运输、钟表、乐器、美术、书刊文具、照相、印刷、矿山、煤油铁、器械、药品、贸易、电气、陆军专用物资军需品、旅游、旅馆、饮食、金融、律师、调查所、新闻、卫生、古玩、学校等），③ 上千种业务（见表 4-6）。

表 4-5　1938 年 1—9 月北京市内日本人口统计

单位：人，%

月份	日本人数量	累计增长
1 月	5797	
2 月	7425	28.08
3 月	9564	64.98
4 月	12544	116.39
5 月	16387	182.68
6 月	18944	226.79
7 月	20085	246.47
8 月	21085	263.72
9 月	22412	286.61

资料来源：『北京日本商工會議所所報』第 1 號、1938 年 11 月 25 日、22 頁。

---

① 华北开发公司的相关内容，参见居之芬、毕杰《日本"北支那开发株式会社"的经济活动及其掠夺》，《近代史研究》1993 年第 3 期。
② 『北京日本商工會議所所報』第 1 號、1938 年 11 月 25 日、22 頁。
③ 『北京日本商工會議所所報』第 1 號、1938 年 11 月 25 日、23—24 頁。

表 4-6 1938 年 8 月北京的日本人职业情况

类别	细目及数量(个)
食物、餐具(118)	白米、白面及杂合类(9),制粉业(1),清酒(8),麦酒(3),豆腐制造(5),食料品杂货(36),糕点制造(28),清凉饮料水制造(1),酱油酿造(4),冷冻鱼、咸鱼及鲜鱼(3),牛肉、猪肉(3),牛奶(3),青果(3),烟草(3),茶(2),制米冷藏(1),玻璃器、陶瓷器及漆器(5)
服饰品(53)	棉花、棉布及棉纱(6),毛织物、罗纱及绢布(3),和服店(9),洋服店(16),洋品杂货(7),鞋品(4),蒲团及蚊帐等(3),蒲团棉(2),刺绣、编物及手工艺品(3)
家具、室内设备(32)	家具及室内装饰等(14),绒毛制造(2),暖房及冷房(3),帐篷(2),榻榻米店(11)
钟表、贵金属、乐器、美术品(35)	钟表贵金属(7),眼镜及材料(3),留声机及唱片(6),金属加工(2),小配饰及化妆品(3),中国古美术品(4),翡翠、宝石及礼品(4),国旗、优胜旗、徽章(3),三味线(日本传统乐器,3)
照相(14)	照相机及材料(4),照相摄影(10)
书籍杂志、文房用品、运动用品(21)	书籍杂志(6),文房用品(6),运动用品(3),明信片等(6)
印刷(20)	印刷业(13),印刷机及材料(1),和纸、洋派印刷用纸(2),誊写纸(2),印章、篆刻及橡皮图章(2)
建筑(110)	建筑材料、土木建筑工程承包(99),涂料及喷漆(5),招牌(5),道路铺设(1)
煤、油、铁(12)	煤及挖煤业(3),挥发油、机械油及石油(5),古铁类(3),制铁(1)
矿山(8)	矿业(5),金矿(3)
器械、器具(29)	工作器械、工具(5),医疗器械、理化器械(3),打印机用器械(2),缝纫机(2),冷炼机(4),度量衡器、测量仪器(3),金库及金钱登记机、消火器(3),金属、木匠及刀具(3),刀剑(2),矿山及铁路用品(2)
药品(15)	制药、卖药及药(12),化学工业药品及材料(3)
贸易(22)	一般贸易(16),特殊产品贸易(3),皮革兽毛(3)
陆军专用运输、军需品(18)	陆军专用运输(10),军需品(8)
电气(26)	电信、电话机、收音机(6),电气工事(18),霓虹灯广告牌(2)
运输(44)	海运业(3),运送业(3),航空运输业(1),汽车运输(21),卡车运输(1),汽车及其他运输工具部件修理(9),汽车修理(6)
旅游、导游(4)	旅游(1),导游(3)

类别	细目及数量(个)
活动照片、剧场(6)	活动照片制作(1),剧场(5)
饮食店、咖啡店、饭店(155)	饮食店(92),咖啡店(62),饭店(1)
旅馆、借宿(132)	旅馆(90),借宿(26),公寓出租(16)
金融(46)	银行(5),企业投资(6),证券交易(11),保险业(7),当铺(14),土地建筑交易管理(3)
兴信所、调查所(2)	兴信所、调查所(2)
商工会馆(1)	商工会馆(1)
律师(10)	律师(10)
新闻(24)	新闻发行业(6),新闻社及通讯社(16),广告业(2)
卫生(67)	医院(24),助产士(12),牙医(7),护理会(7),针灸按摩(6),理发业(1),美容院(9),浴场(1)
清洗、染色、洗涤业(13)	清洗、染色、洗涤业(13)
古玩商(1)	古玩商(1)
介绍业(1)	介绍业(1)
学校、图书馆(8)	学校、图书馆(8)

资料来源:『北京日本商工會議所所報』第 1 號、1938 年 11 月 25 日、23—24 頁。

　　经北京日本总领事馆上报外务省批准,1938 年 7 月 13 日,在北京三条胡同日本居留民会内公会堂召开北京日本商工会议所成立大会,[①]当时会员总数为 189 名。[②] 大会讨论事项有:第 1 号议案,商业会议所成立经过报告;第 2 号议案,确立会员名簿;第 3 号议案,批准章程。大会投票选举出 15 名评议员。8 月 8 日又在日本居留民会内红室召开

---

① 在北京掘内總領事「至急第 44 號　參事官發往電第 420 號二關シ(商工會議所設置二關スル件)」『在外邦人商業(商工)會議所關係雜件第 4 卷 2. 中國/2)北京商工會議所』、1938 年、JACAR(アジア歴史資料センター)、Ref. B08061540200(外務省外交史料館藏)。

② 『北京日本商工會議所所報』第 1 號、1938 年 11 月 25 日、24 頁。

160

第一次议员会，出席者 11 人，选举山内恭治（三菱商事株式会社华北代表）为会长①（1940 年 5 月 29 日第五次议员总会选举中野正永为继任者②），发起人越智丈吉（信义洋行）为副会长，还有两名会计委员。8 月 24 日召开第二次议员会，出席者 9 人，审定会员会费等级，共 3 级，后扩展至 10 级。③ 会费等级的增加可以最大限度争取会员。最初加入商工会议所的会员都是在北京的日本人（见表 4-7），随着朝鲜人的涌入，1938 年 1 月为 2422 人，9 月已经达到 6760 人，占同时期在北京日本人的 30%。④ 因此，从 1939 年开始在北京的朝鲜人也被许可加入。

表 4-7　1938 年 8 月北京日本商工会议所第一届评议员名簿

人名	评议员级别	商号
山内恭治（会长）	一级评议员	三菱商事株式会社华北代表
越智丈吉（副会长）	一级评议员	信义洋行
田锅唯一	一级评议员	三井物产株式会社北京办事处处长
上田俊吾	一级评议员	
林龟喜	一级评议员	合名会社大仓组华北代表
畑常治郎	二级评议员	三府洋行
高田义四郎	二级评议员	
饭田钟三郎	二级评议员	北丰车部
中野正永	二级评议员	朝鲜银行北京分店经理
福田义三郎	二级评议员	永增书局
平野银治	三级评议员	
松下四郎	三级评议员	
喜多卯七	三级评议员	正信洋行

① 北京日本商工會議所「役員認可顧」『在外邦人商業（商工）会議所関係雑件第 4 巻 2. 中国/2）北京商工会議所』、1938 年、JACAR（アジア歴史資料センター）、Ref. B08061540200（外務省外交史料館藏）。

② 『北京日本商工會議所所報』第 18 號、1940 年 6 月 25 日、49 頁。

③ 『北京日本商工會議所所報』第 3 號、1939 年 2 月 25 日、23 頁。

④ 『北京日本商工會議所所報』第 1 號、1938 年 11 月 25 日、22 頁。

人名	评议员级别	商号
大岛几一	三级评议员	横滨正金银行北京支行行长
谷水吉次郎	三级评议员	

资料来源：『北京日本商工會議所所報』第 1 號、1938 年 11 月 25 日、24 頁；第 9 號、1939 年 9 月 25 日、31 頁。

北京日本商工会议所成立之后，得到迅速发展。1938 年 7 月北京日本商工会议所成立时只有 189 名会员，[1] 1939 年 7 月发展到有 938 名会员，[2] 1942 年 3 月会员增长到 2400 名。[3] 这主要有两个因素。一是北京被占领后日本人的蜂拥而入。据日本外务省东亚局公布的数据，至1940 年 7 月 1 日，在华日本人有 45 万人，其中在北京的日本人与 1938年 1 月（5797 人）相比已经暴升至 67437 人（增长了 10.63 倍），成为仅次于上海（73150 人）的第二大日本人聚集中心。[4] 日本商工业者人数也随之大增。

二是日本政府的大力支持。北京日本商工会议所是在日本政府的支持下建立起来的。仅 1938 年日本政府便秘密补贴其 5000 日元，[5] 后由于北京日本商工会议所各项活动都卓有成效，但资金不足，日本政府补贴又增至 1 万日元。[6] 此后每年政府补贴都如期发放，1940 年是

---

[1] 『北京日本商工會議所所報』第 1 號、1938 年 11 月 25 日、24 頁。

[2] 「北京日本商工會議所議員名簿」『北京日本商工會議所所報』第 8 號、1939 年 8 月 25 日。

[3] 「昭和十六年度事業成績報告書」『北京日本商工會議所所報』第 42 號、1942 年 6 月 28 日、3 頁。

[4] 『北京日本商工會議所所報』第 20 號、1940 年 8 月 25 日、77 頁。

[5] 外務大臣廣田弘毅「通總機密第 258 号　北京商工會議所設置補助金ニ關スル件」『在外邦人商業（商工）會議所関係雑件第 4 巻 2. 中国/2）北京商工會議所』、1938年、JACAR（アジア歴史資料センター）、Ref. B08061540200（外務省外交史料館）。

[6] 在北京堀内總領事「第 30 号」『在外邦人商業（商工）會議所関係雑件第 4 巻 2. 中国/2）北京商工會議所』、1938 年、JACAR（アジア歴史資料センター）、Ref. B08061540200（外務省外交史料館）。

8000 日元，1941 年和 1942 年均为 1 万日元。① 日本政府的支持对于商工会议所而言无疑是强有力的依靠，这当然是由于商业会议所本身就是为日本政府提供情报和咨询建议的外围机构，这也说明商业会议所并不是单纯的民间经济自治组织，而是受到政府的管控与支持。

表 4-8　1939 年 9 月北京日本商工会议所议员及役员名簿

商号	地址	姓名
东华大药房	东华大街 191 号	系川直树
北丰汽车部	东安门大街 23 号	饭田新三郎
大石洋行	东四牌楼六条胡同 61 号	大石善三郎（常议员）
横滨正金银行北京支行	东交民巷	大岛几一
信义洋行	东单大街 127 号	越智丈吉（副会长）
幸药园	东安市场南花园 4 号	川瀬平兵卫
亚细亚药房	东安门大街 21 号	金焕（后改名金原伯岳）
满蒙毛织株式会社华北分店	东安门大街 16 号	清冈健一郎
正信洋行	东城马匹厂 14 号	喜多卯七
日本制铁株式会社华北办事处	东城土地庙下坡 7 号	斋藤壮一
国际运输株式会社华北分店	西交民巷 109 号	白井喜一（常议员）
株式会社大林组北京分店	南池子大街 29 号	妹尾一夫（常议员）
三井物产株式会社北京办事处	西总布胡同 30 号	田锅唯一
北京住友公司	东四牌楼二条胡同 5 号	津田秀荣
朝鲜银行北京支店	东交民巷	中野正永（常议员）
丸万	西观音寺胡同 91 号	中泽寿治郎
合名会社大仓组华北代表	北池子大街 66 号	林龟喜（常议员）
三府洋行	西裱褙胡同甲 51 号	畑常治郎
三和工业合名会社	东四牌楼南大街 252 号	滨元三善（常议员）
兴大公司	前门外观音寺街 21 号	日向俊马
永增书局	和平门内翠花湾 4 号	福田义三郎（常议员）

---

① 『北京日本商工會議所所報』第 16 號、1940 年 4 月 25 日；『北京日本商工會議所所報』第 42 號、1942 年 6 月 28 日。

商号	地址	姓名
藤本百货店	东单大街 170 号	藤本柳次
名古屋宾馆	西长安街双树枫 5 号	牧野五良
春明堂书店	东单大街 192 号	森胁国男
中源纺织株式会社华北办事处	赵堂子胡同甲 2 号	山口真一（常议员）
株式会社兴中公司	东交民巷	山西恒郎
三菱商事株式会社华北代表	东单大街 345 号	山内恭治（会长）
中和公司	前门外西河沿 278 号	柳锡东
合资会社和田组	小雅宝胡同 66 号	和田悦郎
株式会社清水组华北分店	东城韶九胡同 8 号	渡边俊藏

资料来源：『北京日本商工會議所所報』第 9 號、1939 年 9 月 25 日、39 页。

二　北京日本商工会议所的主要调查活动

北京日本商工会议所设立后，迅速成为日本在华北区域的外在机构，在搜集情报、联络中日商人"协作"、经济统制等方面发挥着重要作用。

（一）对华调查活动

北京日本商工会议所成立伊始便展开对华调查活动。由于北京日本商工会议所对华调查资料太过繁杂，下面以《北京日本商工会议所所报》（第 1—22 号、第 23—35 号、第 36—61 号，1938 年 11 月至 1940 年 10 月、1940 年 11 月至 1941 年 11 月、1941 年 12 月至 1943 年 12 月）内容为中心进行深入研究。北京沦陷后，物价腾贵、经济秩序混乱，面对这种状况，如何引领遽行增多的日本商工业者和惊魂不定的华商共同稳定物价，恢复促进经济发展，成为日本国内及北京总领事馆亟待解决的问题。北京日本商工会议所的对华调查及建议即围绕上述目标展开。从 1938—1940 年所报刊载的"调查统计"栏目内容（见附录三）可见北京日本商工会议所调查的重点是基本生活物资、物价、交通、北京人口等，主要是为了抑制通货膨胀、稳定物价。基本生活物资调查是逐月进行的，持续调查项目包括北京市面粉及米行情、北京及张家口产杂粮行情、北京市内肉类及蔬菜行情、北京市屠宰场屠畜情况，以及北京市棉布、棉纱、棉花行情等；同时，商工会议所连续调查了北京每月的零售物价及商品物价指数，还不定期调查北京煤炭价格及卢沟桥事变前后北京物价和日本商品相关情况等。此外，商工会议所对北京地区的人口情况进行了持续且详细的调查，这是分国别分类进行的，除了对北京市内外中国人人口及户口进行统计，还特别对东安市场华人职业及北京市内外中国治安人员做了调查统计。商工会议所对北京市内及北京周边地区甚至华北地区日本人口及职业进行统计，尤其对北京领事馆警察署管内在留日本人人口进行统计，并对1937—1938年北京市内日本人人口变动情况做了调查，还统计了北京市内外国人数量，这样对北京市内外人口的全貌就有了总体的了解。同时，商工会议所对北京市内交通工具数量、华北全线铁路货物运输量、北京环城线各车站发送货物量、北京（正阳门站）到达及发送货物都制作了统计表。另外，对北京市内劳工工资、北京市特殊工业商品情况也都进行了调查。

对重要的调查项目，商工会议所还有专门的报告上交给日本军政方作为其制定政策的参考。如1940年3月北京日本商工会议所发行了题为《华北地区小麦面粉供需情况——以京津地区为主的调查》之别册，是以京津地区为主，对1940年1月中旬至2月末华北小麦粉供需情况的调查，内容包括：（1）阐述对华北地区实行小麦粉处理政策的必要性；（2）卢沟桥事变前后面粉业发展情况；（3）日本、日东、日清制粉公司发展情况；（4）北京地区面粉产销量及对策；（5）北京市粮食输入办事处；（6）北京、天津小麦粉市场及运转情况；（7）各主要城市（青岛、济南、太原、徐州、石家庄、承德）小麦粉流通情况。①

上述这些调查为日本管控沦陷后的北京区域提供情报。同时，北京

---

① 『北京日本商工會議所所報』第15號、1940年3月25日、1—59頁。

日本商工会议所也根据调查情况向日本军政当局提出应对建议。如针对北京市通货膨胀等混乱局面，商工会议所提交了《对于通货问题的考察》；① 为配合经济统制政策，商工会议所提交了《关于调整物资配给统制机构的意见》《关于振兴输出贸易紧急对策的意见》等报告。②

随着日本侵略战争的全面推进，华北成为"大东亚战争"最重要的"兵站基地"，③ 而北京由于其战略位置的重要性，迅速成为华北的中枢。1941 年 9 月，北京日本总领事在商工会议所第 13 次议员总会上"训示"称，"稳定物价，安定民生"，"促进华北产业经济发展"，直接关系着战争资源的供给，因此，商工会议所"责任重大"，要在保护中小商工业者利益的同时，从大的"国家立场"出发，以发挥华北作为"兵站基地"的作用，尽心尽力，争取中国方面，促进"中日协作"，共同指导中日商工业者推行日本政令措施。④ 为实现上述目标，北京日本商工会议所展开了更加详细的调查及政策落实行动。从所报综合来看，1941 年以后北京日本商工会议所的调查活动主要呈现如下两个方面的特点。

第一，调查项目种类及数量多。

从表 4-9 可见，仅 1941 年北京日本商工会议所对华调查统计基本情况为：连续调查 10 种，特殊调查 51 件，委托调查 116 件，定期调查报告 111 件，统计表 30 件，策划方案 11 件，搜集资料 700 件以上，定期刊物 2 种，不定期刊物 7 种，口头回答调查 512 件以上，资料提供 375 件以上，其他 3 件。全年调查资料总计 1216 件。其中接受当地日本军队、"兴亚院"、领事馆、各地商工会议所及一般商工业者的委托调查数量达 116 件。定期调查报告 111 件，主要是为日本军队提供每旬

---

① 『北京日本商工會議所所報』第 1 號、1938 年 11 月 25 日、1—2 頁。
② 『北京日本商工會議所所報』第 14 號、1940 年 2 月 25 日、1—2 頁。
③ 「昭和十六年度事業成績報告書」『北京日本商工會議所所報』第 42 號、1942 年 6 月 28 日、64 頁。
④ 「昭和十六年度事業成績報告書」『北京日本商工會議所所報』第 42 號、1942 年 6 月 28 日、64—65 頁。

的粮食、马料类价格报告及其他物价报告（资料目录、报告各 1 份）。

第二，调查范围及内容广。

北京日本商工会议所的调查范围是以北京及周边地区为中心，涉及华北全部地域。主要调查内容是对该区域商工业及其他一般产业的通报、统计、调查与编纂，调查内容涉及商业、工业、金融、贸易、物价、生活费、劳力工资、经济机构、经济统制、商品流通情况、各种企业发展状况及其他一般经济情况。[①] 这些详尽的调查报告为日本控驭华北地区的中日商人、掠夺华北物资、实行经济统制提供了基础情报。

表 4-9　1941 年北京日本商工会议所调查统计情况一览

调查类别	细目
连续调查(10 种)	日商物价(批发零售)371 项、华商物价(批发零售)398 项、日本人生活费指数(生活必需品)178 项、劳力工资(日华 143 个工厂 58 种职业)及其他 6 种(发表于《经济月报》)
特别调查(51 件)	企业资本变动情况、主要城市物价统制情况、工场调查、主要商品流通情况、北京同业公会情况、同业组合动向、北京产业状况、华北粮食需求供给情况、华北劳务情况、商工业者金融状况等(发表于《经济月报》)
委托调查(116 件)	当地军队、"兴亚院"、领事馆、各地商工会议所及一般商工业者的委托调查
定期调查报告(111 件)	向当地部队提供每旬的粮食、马料类价格报告及其他物价报告(资料目录、报告各 1 份)
统计表(30 件)	生活费指数、劳力工资指数、全域经济年表、北京输出入量统计、主要都市物价及统制状况、北京日本人工业投资状况、北京日本人产业领域类投资比较表、北京日本人职业类人口对比表、北京产业领域劳力工资比较表、停止价格与新公协定价格及其差额表、北京对日相关产品的日华商之间发布表、资产冻结前后的英美商品发布表、布帛制品等输入统计、粮店营业状况表及其他

---

① 「昭和十六年度事業成績報告書」『北京日本商工會議所所報』第 42 號、1942 年 6 月 28 日。

续表

调查类别	细目
策划方案（11 件）	针对目前粮食、物价、金融、技术等状况提供的对策,上报机关为当局施政提供参考
搜集资料（700 件以上）	作为商工会议所业务而搜集的参考资料,华北及东亚经济资料及其他
定期刊物（2 种）	《经济月报》(月刊):记载调查研究资料、统计资料及经济日志等内容。每月印制 800 份,分配给内外诸官厅、商工会议所、会员申请者 所报（月报） 《物价旬报》(旬刊)(月报附录,1940 年 8 月独立创刊):记载各旬物价概况、金融、粮食、衣服及原料、土建材料、杂品及其他、日华批发零售物价、主要商品物价汇总表等。每旬发行 200 份,分配给当地诸官厅、调查机关、会员申请者
不定期刊物（7 种）	记载:①最近华北经济的一般动向及人情风俗生活状况;②华北经济统制关系法合集;③最近的物价对策;④北京砂糖供需情况;⑤北京砂糖交易机构及市场行情;⑥北京同业金融组合现状;⑦北京产业概观
口头回答调查（512 件以上）	根据已有的资料口头答复直接来访者的记录,内容关于北京地区内外经济情势及一般经济状况
资料提供（375 件以上）	北京市内公署、会社、调查机关、华北内外商工会议所、一般咨询者、来访者等
其他（3 件）	

资料来源:「昭和十六年度事業成績報告書」『北京日本商工會議所所報』第 42 號、1942 年 6 月 28 日、17—19 頁。

（二）成为日本国内外地方政府及团体个人来华考察的一个主要据点

北京日本商工会议所主办的所报每期都设有"日本内地及满鲜各地主要来访者"栏目,据其统计,仅 1938 年 11 月就接待了日本及"满鲜"各地 64 个单位的来访者（见表 4-10）,[①] 1939 年 1 月接待了 28 个单位的来访者,[②] 同年 2 月接待了 27 个单位的来访者,[③] 同年4 月接待了 32 个单位的来访者,[④] 同年 5 月接待了 48 个单位的来

① 『北京日本商工會議所所報』第 1 號、1938 年 11 月 25 日、25 頁。
② 『北京日本商工會議所所報』第 2 號、1939 年 1 月 25 日、39 頁。
③ 『北京日本商工會議所所報』第 3 號、1939 年 2 月 25 日、38 頁。
④ 『北京日本商工會議所所報』第 4 號、1939 年 4 月 25 日、34—35 頁。

访者。① 其中主要是日本及"满鲜"各地商工企业的领导者、县市府官员、新闻工作者,也包括学者(如 1939 年 2 月来访者中有早稻田大学教授上阪西三及商学博士末高信)。② 日本的工商企业还组织各种经济视察团来北京进行考察,仅 1939 年 4—5 月就有 17 个日本经济视察团来到北京(见表 4-11),其中"日满实业协会承德华北视察团"规模达到 50 人。

表 4-10 1938 年 11 月日本及"满鲜"各地主要来访者一览

地区	来访者所属单位	地区	来访者所属单位
大连	秋田商会木材株式会社	京都	株式会社岛津能源(エネキ二)部
	北泽商店大连支店		服装染色同业组合输出部
	大连商工会议所	埼玉	埼玉县地方商工课
奉天	株式会社仁德制洋行	铫子	铫子商工会议所
东京	东亚通商株式会社	濑户	合名会社内田商店
	丸善株式会社西方商品批发部		丸山陶器合名会社
	大木合名会社		惣兵卫濑户支店
	株式会社厂商店	横滨	东洋瓷砖株式会社横滨办事处
大牟田	大牟田商工会议所		高山电气笠制造工场
大分	合资会社中岛制粉机制作所		株式会社横滨复合板商会
户畑	户畑商工会议所		株式会社川北商会
	户畑运输株式会社	神户	东洋防水布制造株式会社
	北九州药事商业组合	别府	合资会社魁食品料店
	户畑市议会	东京	百货店新闻部
熊本	熊本商工会议所		百货店新闻编辑部
	熊本县经济部商工课		产业调查经济研究所
	日之本号犁制作所		"日满支"拓殖文化研究所
佐贺	佐贺商工会议所		金商工兴信所
广岛	广岛商工会议所		满洲经济学人社
	濑川印刷所		《亚细亚年鉴》发行社
	细目组	京都	财团法人报德会

---

① 『北京日本商工會議所所報』第 5 號、1939 年 5 月 25 日、25 頁。
② 『北京日本商工會議所所報』第 3 號、1939 年 2 月 25 日、38 頁。

续表

地区	来访者所属单位	地区	来访者所属单位
冈山	大冈山劳动会	小樽	小樽新闻社
	冈山日产车株式会社	釜山	株式会社釜山日报社
大阪	株式会社平野屋罗纱店	大连	实业之满洲社
	株式会社北泽商店	丰原	桦太养狐协会
	株式会社天野吉商店	姬路	姬路商工会议所
	冈西不动产株式会社市场部	高知	高知商工会议所
	日本毛布工业组合		高知市木工购买贩卖利用组合
	株式会社吉田鹿之助商店		竹内商事合名会议
	清光社工厂		高知市役所产业系
	日本工业株式会社		高知县职工业组合联合会
	大阪府议会		高知县经济部商工课
	株式会社岛津制作所		

资料来源：『北京日本商工會議所所報』第 1 號、1938 年 11 月 25 日、25 頁。

表 4-11　1939 年 4—5 月来北京的日本经济视察团一览

时间	团体名称	人数（人）
4 月 10—12 日	名古屋"蒙疆"经济视察团	13
4 月 14—16 日	京都棉纺织类染色工业组合经济视察团	7
4 月 18—20 日	京都市会议员产业视察团	6
4 月 21—23 日	石川县会议员产业视察团	8
4 月 21—23 日	岐阜商工会议所议员产业视察团	6
4 月 22—25 日	名古屋华北"蒙疆"商业调查团	7
4 月 25—28 日	东京纺织类批发商同业组合华中华北视察团	18
5 月 8—10 日	东京商工会议所中国经济视察团	8
5 月 10—13 日	岐阜商工会议所议员产业视察团	12
5 月 11—13 日	名古屋市会议员华北产业视察团	8
5 月 13—15 日	大阪政治经济研究会"满支"视察团	22
5 月 17—20 日	大牟田商工会议所实业视察团	12
5 月 19—21 日	日本纺织类新闻社主办"满支"经济视察团	32
5 月 22—25 日	神户商业会议所议员产业视察团	5
5 月 24—26 日	日满实业协会承德华北视察团	50
5 月 26—28 日	大阪商工会议所议员东北华北经济视察团	7
5 月 28—30 日	富山县经济部实业视察团	7

资料来源：『北京日本商工會議所所報』第 5 號、1939 年 5 月 25 日、目録頁。

（三）北京日本商工会议所以北京地区为中心组织各种联盟，协调日华经济团体，共同推行日本在华北占领区的侵略政策

为实现"日华经济提携"，在日本政府的筹划下，北京日本商工会议所与中国商会合作筹建"北京日华商工协会"。1939 年 1 月 30 日，北京日华商工协会成立大会在中南海怀仁堂举行。① 中日双方共有 300 余名代表参加，日本大藏省、商工省、外务省等机构及满铁总裁、伪满、伪蒙疆政府都发来贺电。《北京日华商工协会会则》第一章"总则"规定：事务所在北京市内，是"以促进日华经济提携，协力华北经济建设，达日华两国共存共荣之目的"。主要业务有：有关日华"经济提携"方针的提出、审议及建议；对政府有关日华经济发展提供咨询及对策；对日华双方信用、贸易及合办事业者及其他"经济提携"事业的介绍、仲裁及调停等；日华商工业及其他产业的调查与通报；日华产业经济相关者的恳亲联络；有关协助援助成立中国经济视察团（日方）及日本经济视察团（中方）；日华重要商品的陈列展示并建立各地商品陈列馆及附属机构；推介新商品及代理店。第二章"会员"规定，会员包括北京日本商工会议所及北京市商会的正式会员及二者所属的银行、商店及个人等普通会员。会员由北京日本商工会议所及北京市商会推荐加入。第三章"董事"规定设会长 2 名，由中日方各出一人，理事中日各 5 名（各有 3 名常务理事），监事中日方各 2 名，顾问若干名（由理事会推荐）；会长、理事、监事为会员总会成员；任期两年。② 根据会则，推选日方会长为山内恭治（后为中野正永，均为北京日本商工会议所会长），中方会长为邹泉荪③（北京市商会会长）。组建

① 『北京日本商工會議所所報』第 3 號、1939 年 2 月 25 日、36 頁。
② 北京日華商工協會「北京日華商工協會會則」『在外邦人商業（商工）會議所関係雑件第 4 卷 2. 中国/2）北京商工會議所』、1939 年、JACAR（アジア歴史資料センタ ー）、Ref. B08061540200（外務省外交史料館藏）。
③ 邹泉荪（1902—1973），山东福山人。全面抗战爆发前，任北平银行公会会长，后进入张自忠改组的冀察政务委员会。1942 年 2 月起，历任汪伪经济委员会委员、"华北政务委员会"委员等职务。日本投降后被国民政府逮捕，1947 年以汉奸罪被判处无期徒刑。

北京日华商工协会的主要目的就是引导、拉拢、调查甚至强迫中国商人为日本要建立的"大东亚新秩序"服务。

"大东亚共荣圈"明确提出以后，北京日本商工会议所会长中野正永表示，促进"中日协作"，共建"大东亚共荣圈"是接下来最主要的任务。[1] 因此，在经济组织"日本贸易报国联盟"提出在总部东京之外设立支部后，很快，日本国内、朝鲜、中国、东南亚等18处商工会议所内都设置了支部，以进行"大东亚共荣圈内的产业贸易调查研究"。其中，1941年9月29日第23次北京日本商工会议所役员会议决定，以中野正永为支部长设置"大东亚产业贸易调查会北京支部"。[2] 这些打着经济组织幌子的调查机构，实际上都是在为日本对外侵略服务。

可见，日本政府批准建立而由驻北京日本总领事监督指导的商工会议所一直发挥着为日本政府搜集经济情报，提供政策咨询，及利用经济团体的身份拉拢北京市商会促进"中日协作"，以推行日本政令的重要作用。这种"隐秘"作用在"合法"身份的掩护下，是日本武力根本无法达到的，商工会议所因而成为"大东亚战争"的帮凶。

第四节　台北日本商工会议所的调查活动

《马关条约》签订后，日本的商工业者开始进驻中国台湾地区并逐渐组成普通经济团体。[3] 20世纪初，日本商工业者就已经开始筹划在台

---

[1]　「昭和十六年度事業成績報告書」『北京日本商工會議所所報』第 42 號、1942 年 6 月 28 日、65 頁。

[2]　「昭和十六年度事業成績報告書」『北京日本商工會議所所報』第 42 號、1942 年 6 月 28 日、11 頁。

[3]　有关日据时期台湾日本经济团体问题的研究，目前主要见波形昭一「台湾における経済団体の形成と商業会議所設立問題」波形昭一編著『近代アジアの日本人経済団体』、17—38 頁；波形昭一「台北商工会議所の設立と展開過程」柳沢遊・木村健二編著『戦時下アジアの日本経済団体』、53—94 頁。

湾建立商业会议所。几经探索实践后，1909 年，日本人设立了台北商工会，这被看作台北日本商工会议所的前身。但实际上，直到 1938 年，在日本"南进"政策下，台中、高雄、台北、新竹、屏东、彰化、台南、基隆、嘉义、花莲港、宜兰等地才次第正式创立商工会议所。同时，为将台湾岛的商工会议所统一起来配合日本的侵略扩张政策，1939 年 3 月 30 日，日本又推动设立了台湾日本商工会议所。

日本"南进"政策推行期间，台湾地区日本商工会议所为日本殖民者搜集经济情报、协助推行经济统制政策，在日本试图构建所谓"南方共荣圈"活动中发挥了重要作用。①

一　日本在台湾的早期经济组织

1895 年 8 月，在台北居住的几名日本商人组成了"商业谈话会"。1896 年 9 月，"商业谈话会"改称"台北商工会"，并制订有详细的组织规约，1897 年 6 月被解散。随着在台湾的日本商工业者势力的增强，1898 年 10 月，他们又重新设立了台北商工会，② 其成立之初有会员 105 名，到 1899 年 2 月增至 153 名。③ 台北商工会的发起人是松村虎雄，主要成员包括台湾总督府殖产课前课长，后成为茶叶商人的大庭永成（大成号主人、茶叶），台湾总督府土木部前技师牧野实、白井正治（炭矿业）、河田二会六（贺田组事务长、大仓组前组员）等商工业者，选举大庭永成为干事长。《台北商工会会则》一共有 17 条，④ 其中

---

① 1941 年，日本占领东南亚各地之后，提出建立"南方共荣圈"的目标。所谓"南方共荣圈"的地理范围大致包括法属印支、泰国、荷属东印度、马来亚、缅甸、菲律宾、新几内亚东部、所罗门群岛、东帝汶等地。日本的主要目的是欲将上述地区的物产与日本本土的需求联结起来，最终形成以日本为"盟主"的地区联合体。疋田康行编著『南方共荣圈：戦時日本の東南アジア経済支配』多賀出版株式会社、1995 年、4—5 頁。

② 「臺北商工會の再興」『臺灣日日新報』1898 年 6 月 12 日。

③ 「臺北商工會」『臺灣日日新報』1898 年 11 月 6 日；「臺北商工會の決議」『臺灣日日新報』1899 年 2 月 18 日。

④ 「臺北商工會の會則」『臺灣日日新報』1898 年 10 月 20 日。

第三条指出该团体是以会员的"睦邻友好，发展本岛商工业及改良其设施"为目的，第五条规定了"为本会与本岛相关的一般商工业者，向官府衙门询问、咨询并为之答辩申明，并且由本会决议进行请愿建议"等活动范围。入会手续很简单。除此之外，规定每月召开一次例会，干事任期是一年，会费是一个月50日元等。

20世纪初开始，正式进驻台湾市场的日本大企业的派出代表逐渐拥有更大的势力。由于已存的台北商业会和台北商工会力量不足及效率不高等，在台湾的日本商工业者动议设立商业会议所，并在1903年2月15日成立了"台北商工谈话会"作为设立商业会议所的预备组织，后于1909年11月改称为"台北商工会"并进行了改组，① 改组后的台北商工会在台湾的日本经济团体中起着领导作用。而台北商工会的章程明确规定该组织负有调查及发表商工业调查状况和统计表等责任。

二　日本在台湾建立商工会议所

尽管在台湾的日本商工业者一直努力推动建立商工会议所，但他们的愿望迟至20世纪30年代初期还没有实现，这是因为此时期的台湾本土商工业者相较于日本驻留台湾的商工业者在数量上占有绝对优势，日本侵略者担心建立以多数会员表决为基础的商工会议所，会使台湾本土商工业者在会议所中占据主导地位，难以被日本当局操控，于是在台湾地区设立商工会议所的问题上一再拖延。但20世纪30年代后期，日本推行"南进"政策后，出于打造"南进基地"的需要，开始在台湾各地纷纷设立商工会议所。

日本在据台初期、第一次世界大战期间，以台湾为中心的"南进"出现两次高潮。② 1935年前后，日本以台湾总督府为中心，进行"南

---

① 「改商工會」『漢文 臺灣日日新報』1909年11月23日。

② 矢野暢『「南進」の系譜 』中央公論社、1975年；矢野暢『日本の南洋史観』中央公論社、1979年；〔日〕中村孝志：《中村孝志教授论文集——日本南进政策与台湾》，卜凤奎译，台北，稻乡出版社，2002。

进"政策上的准备以及企图以台湾为基地加速"南进"政策的实施,这进一步奠定了台湾在日本"南进"政策上的地位。[1] 1936 年,日本海军省拟定的《国策要纲》提出:"确保帝国在大陆地位的同时,向南方发展。"[2] 这是日本第一次在国策中正式提出具体的"南进"行动方针。1936 年 9 月,日本政府起用具有军人背景的小林跻造担当第 17 任台湾总督,小林提出"皇民化、工业化、南进基地化"的施政口号,力图将台湾打造成日本"南进"的基地。

为推行上述施政方针,配合"南进"政策,1936 年 10 月,日本政府公布律令(第四号),决定在台湾设立商工会议所。但迟至 1938 年 3 月 10 日,台中商工会议所才宣告设立,之后,高雄(3 月 17 日)、台北(3 月 23 日)、新竹(3 月 25 日)、屏东(4 月 4 日)、彰化(4 月 6 日)、台南(5 月 6 日)、基隆(5 月 27 日)、嘉义(6 月 7 日)等城市相继建立商工会议所(见表 4-12),而花莲港(1941 年 10 月 11 日)、宜兰(1942 年 5 月 20 日)商工会议所设立时间更迟。

表 4-12 1938—1939 年台湾地区各商工会议所会员一览

单位:人

会议所所在地	年份	会员数				合计
		法人	个人			
			日本人	台湾人	朝鲜人	
台北	1938	305	449	622		1376
	1939	385	507	835		1727
基隆	1938	88	209	367	3	667
	1939	91	227	423	1	742

---

① 臧运祜:《台湾与日本南进政策的准备——以日本据台 40 周年(1935 年)前后为中心》,中国社会科学院台湾史研究中心主编《割让与回归:台湾光复 60 周年暨海峡两岸关系学术研讨会论文集》,台海出版社,2008,第 221 页。

② 島田俊彦·稲葉正夫編『現代史資料(8) 日中戦争(1)』みすず書房、1964 年、354 頁。

会议所 所在地	年份	会员数				合计
		法人	个人			
			日本人	台湾人	朝鲜人	
新竹	1938	30	41	177	1	249
	1939	38	49	222	1	310
台中	1938	50	116	304		470
	1939	62	152	386		600
彰化	1938	22	18	259		299
	1939	37	21	294		352
嘉义	1938	34	97	274		405
	1939	55	115	347		517
台南	1938	74	143	331		548
	1939	89	149	400		638
高雄	1938	93	216	277		586
	1939	106	228	332		666
屏东	1938	24	49	239		312
	1939	26	48	226	1	301

资料来源：臺灣商工會議所「會員一覽表」『臺灣商工會議所一覽』1940 年 5 月 15 日、32—33 頁。

在台湾地区与在中国大陆地区的日本商工会议所不同。第一，从个人会员构成来看，除了在台的日本商工业者，还包括台湾本地商工业者及少数朝鲜人（见表 4-12）。[1] 第二，台湾本地商工业者占有较大比重，如 1938 年台北日本商工会议所个人会员包括本地商工业者 622 人，日本商工业者 449 人，本地商工业者占比 58.1%，这一比例在 1939 年增长到 62.2%。而新竹、彰化、屏东等地的商工业者会员更是数倍于日本商工业者。第三，日本商工业者掌握着商工会议所的领导权。如，台北日本商工会议所的会长是木村泰治（台湾土地建筑公司社长），副

---

[1] 臺灣商工會議所「會員一覽表」『臺灣商工會議所一覽』1940 年 5 月 15 日、32—33 頁。

会长是有田勉三郎（华南银行副总经理）、重田荣治（菊园商行董事会会长），参事包括台湾银行理事、三井物产台北支店店长、台湾电力公司董事、日本通连公司台湾支店店长、三菱商事台北支店店长、商工银行董事长、台湾拓殖公司常务理事长、大阪商船台北支店店长。由于日本商工业者在台湾地区经营规模相对较小，符合会员资格的日本商工业者数量远远低于台湾本地商工业者，因此，台湾日本商工会议所成立之时，台湾总督府采取积极干预的手段，例如，在商工会议所议员的组成比例上，台湾总督府规定，无须经过选举的由官方指派的"官选议员"占总议员一半的比重，即通过增加"官选议员"的数量弥补日本议员较少的劣势。同时台湾总督府掌握会议所会长、副会长的任免权，因此，台湾日本商工会议所成立之初便呈现出"半官半民"的特点，日本人从台湾商工会议所成立之初便占据主导地位。[①]

为了推行日本政府的统制政策，打造台湾"南进基地"，台湾岛的日本商工会议所被统领起来。于是，在台北、基隆、新竹、彰化、台中、嘉义、台南、高雄、屏东9个商工会议所的发起及推动下，根据《台湾商工会议所令》第51条第2项规定，台湾日本商工会议所于1939年3月30日正式被日本台湾总督批准成立，会长为后宫信太郎[②]（台北日本商工会议所的会长），副会长为木村泰治（台北日本商工会议所副会长）与本山文平（台中日本商工会议所会长）。台湾日本商工会议所于同年5月4日在台北铁道宾馆召开第一次总会，议定台湾日本商工会议所设立及议员认可、会费、规则等内容。[③]《台湾商工会议所

---

① 参见波形昭一「台北商工会議所の設立と展開過程」柳沢遊・木村健二編著『戦時下アジアの日本経済団体』、53—94頁。

② 1913年，后宫信太郎在台湾总督府的资助（130万日元）下，成立台湾炼瓦株式会社，他因此被称为"炼瓦工"。太平洋战争期间，台湾总督府为执行日本政府的"南进"政策，以后宫信太郎捐献的100万日元为基金，在1940年9月6日成立"财团法人南方资料馆"，专责搜集华南及南洋一带的政治、经济、文化等情势研究资料。

③ 「臺灣商工會議所錄事」第二輯、『台北商工會議所報』第2卷第6號、1939年6月28日、72—89頁。

章程》规定，台湾日本商工会议所设会长 1 人、副会长 2 人，常议员 7 人，由议员总会选举产生，主要职责为有关商工业的通报、中介介绍、调停仲裁、证明鉴定、调查统计及编纂、建筑物建造及管理、有关振兴产业贸易的必要事务，并负有向政府官厅提供关于商工业的咨询建议等职责。①

三 台北日本商工会议所的主要调查活动——以报刊内容为中心

据目前可见的资料来看，台湾各日本商工会议所发行的刊物主要有《台北商工会议所报》（1938 年 9 月第 1 卷第 1 号至 1943 年 12 月 28 日第 6 卷第 12 号共 62 期）、《高雄商工时报》（1938 年 7 月至 1942 年 12 月）、《高雄经济情报》（1940 年 12 月）、《台南商工会议所报》（1938 年 6 月至 1940 年 7 月 19 日共 18 号）、《屏东商工会议所报》（1939 年 5 月到 1941 年 4 月 5 日共 19 号），另外，还有《台中商工会议所报》（1938 年 6 月第 1 卷第 1 号）、《新竹商工会议所报》（1939 年 8 月第 1 号）、《彰化商工会议所报》（1939 年 8 月第 1 卷第 1 号），基隆、嘉义、宜兰等商工会议所资料目前不清楚。

因内容太过庞杂，无法一一列举，从台湾各商工会议所发行的刊物内容来看，其活动主要包括四部分：（1）建议、请愿、代理；（2）交易谈判、中介；（3）通过举办讲演会、座谈会、展示会、竞技会，出版刊物、张贴画等上传下达日本官厅的政策；（4）根据不同主题展开调查及研究等。

《台北商工会会报》（何年开始出版不详，目前可见到的是 1936 年 3 月 20 日第 2 卷第 1 号至 1938 年 8 月 21 日第 4 卷第 23 号）是台北商工会连续出版的重要刊物。1938 年 9 月，《台北商工会会报》更名为《台北商工会议所报》。下面以台北商工会发行的《台北商工会会报》

① 「臺灣商工會議所定款」『臺灣商工會議所一覧』1941 年 5 月 15 日、39—46 頁。

及台北商工会议所发行的《台北商工会议所报》为中心，窥探近代台湾地区日本经济团体的主要调查活动。

从上述报刊记载的主要内容可见，台北商工会的主要活动是接受商工业者及官厅的委托进行调查，并发表台湾商工业的调查状况和统计表；制定、修订、废除、施行商工业相关法规，向政府官厅提出建议及就商工业相关事宜向政府官厅提供咨询；设置和管理商工业的建筑设施，以及建造其他谋求商工业发达的设备；等等。

在七七事变之前，台北商工会以发展台湾经济、经营商工事业为主。七七事变之后，尤其是 1937 年 8 月 15 日日本华南派遣军司令官古庄干郎发出"台湾由防卫转移到战时体制"的训告后，[①] 台北商工会开始全力为日本的侵略行径摇旗呐喊，并同时接受日本政府委托定向调查，为日本的"南进"政策服务。

七七事变后，"整个台湾地区的经济体系就犹如一架被驱动着而飞速运转的机器，日夜不停地为日本的对外扩张侵略政策服务"。[②] 此时期，日本资本主义势力在台湾的各项产业均有发展，随着日本侵略战争的不断扩大，在日本政府扶植下建立起来的日本商工会议所的活动逐渐褪去经济团体的固有属性，成为日本战争机器的一部分。例如，台湾的日本商工会议所要定期向七七事变日本战死者寄送灵前供奉物。[③] 而 1938 年高雄日本商工会议所一行 4 人从高雄出发，去慰问驻屯在厦门日军的行为，[④] 更是用实际行动表明了商工会议所支持侵略战争的态度。

七七事变后，日本政府宣布台湾进入"战时体制"，台湾总督府马

---

① 「海军飛行隊及警察官慰問」『台北商工會會報』第 3 卷第 15 號、1937 年 9 月 30 日、2 頁。

② 赵铁锁：《日本殖民者对台湾的经济掠夺》，《台湾研究》1999 年第 1 期。

③ 『台北商工會議所報』第 1 卷第 3 號、1938 年 11 月 20 日；『台北商工會議所報』第 2 卷第 1 號、1939 年 1 月 20 日，『台北商工會議所報』第 2 卷第 2 號、1939 年 2 月 28 日。

④ 庄司進一郎「厦門の数日」高雄州商工獎勵館・高雄商工會議所『高雄商工時報』第 1 卷第 3 號、1938 年 9 月 10 日、38—42 頁。

上予以响应。"物资统制是日本战争状态下统制经济的核心。"① 战争打破了原本就严重依附进口农作物和工业原料的日本本土经济运转系统。因此，如何从殖民统治地区最大限度地掠夺资源，保障日本国内民众的生活及战争物资的充分供应，成为殖民当局首要考虑的事情。为此，台湾总督府出台了物资统制令。物资统制令的内容，涉及的工业物资，如旧铜铁屑、铣铁、铅、铜、铁、锡、金等金属矿产，石油、煤炭、机械、化工品、皮革、橡胶、化学工业品等工业原料，米谷、黄豆、砂糖、乳制品、棉麻织物等基本生活必需品，木材、肥料及含有单宁的树皮等，② 几乎完全覆盖了台湾民众的生产生活。1939 年 12 月，总督府颁布了《总动员物资使用收用令》，③ 后来又发布了《总动员物资使用收用令施行规则》。④ 1941 年 4 月颁布了《生活必需物资统制令》，对蔬菜、水果、牛奶等乳制品、猪肉等重要的生活物资加强配给和消费统制。12 月，总督府又重申《物资统制令》，⑤ 严格控制配给台湾民众的生活物资。

统制令是在对台湾各地基本物资进行全面系统调查的基础上颁布的。此时期，台湾地区各商工会议所的一个主要任务就是配合物资统制令的制定及推行，接受官厅委托进行各项调查，如台北日本商工会议所 1938 年 7 月至 1939 年 8 月的委托调查计有 220 余件。物价统制是经济统制中最重要的内容。为解决战时物价问题与提高军需生产力，1939 年 8 月，日本中央物价委员会制定《物价统制的大纲》，⑥ 同年 10 月，又制定《物价统制实施要纲》，⑦ 包括物价基准的决定（输出品、输入

---

① 陈小冲：《日本殖民统治台湾五十年史》，社会科学文献出版社，2005，第 256 页。
② 具体内容见『臺灣總督府府報』1939 年 2 月 1 日、1939 年 3 月 13 日、1939 年 6 月 24 日、1940 年 5 月 3 日、1941 年 3 月 8 日。
③ 「總動員物資使用收用令」『臺灣總督府府報』1939 年 12 月 16 日。
④ 「總動員物資使用收用令施行規則」『臺灣總督府府報』1939 年 12 月 30 日。
⑤ 「物資統制令」『臺灣總督府府報』1941 年 12 月 30 日。
⑥ 臺灣商工會議所『物價統制の大綱』(調查及資料第二輯)、1939 年 8 月 20 日。
⑦ 臺灣商工會議所『物價統制實施要綱』(調查及資料第三輯)、1939 年 10 月 29 日。

品）、公定价格（公定价格的品目、范围与顺序、生产规格的统制、公定价格与非公定价格的调和、战时适当物价的决定）、供需的调整（关于增加生产的供给的调整、需求的调整、一般购买力的调整）、工资（战时适当工资标准的决定、劳务需给的调整）、运费（对煤炭、矿石、肥料、钢材、麦等特定重要物资运输费的统制）、利润（各种事业战时适当利润率的算定、分配方法、收支计算及使用）、房租及地租等、物价统制的厉行（政府率先垂范、国民协力）、资料的整备（战时物价指数、工资对策资料，包括构成价格要素的原料费、工资、运费、利润等比例，反映工资高低一般趋势的指数、基本生计费指数）。物价统制必须以物价指数资料为基础。因此，台北、基隆、新竹、彰化、台中、嘉义、台南、高雄、屏东9个商工会议所，连续多年对所属各地各种米、麦、豆、花生、面粉、蔬菜、肉类、干货、茶、糖、水产、禽蛋、日用品、肥料种子、建筑材料、煤炭等资源，几乎涵盖生产生活等所有方面，对其等类、产地、每项每月的价格都进行了详细的统计。[1] 同时，商工会议所编辑《台湾经济法令集》，举办各种演讲会、座谈会，出版与商工业者紧密关联的刊物以引导商工业者的行为，宣传配合统制令的推行。[2] 太平洋战争开始后，日本的"北进"计划被打破，只能谋求在南太平洋的殖民行动，日本侵占南印度支那等地后，引发了美英等国对日本的抵制。1941 年，英美完全禁止向日本运送钢铁、石油等战略物资，导致日本的战略资源与军需生产严重不足。因此，日本政府开始直接参与具体的经济活动，并随着战争的持续发展而不断强化。日本战争动员涉及范围极其广泛，包括兵力动员、劳务动员、国民精神动员、电力动员、生产力扩张计划所需的物资动员、金融动员等。

　　日本通过《马关条约》割占中国台湾与澎湖列岛后，设台湾总督

---

①　臺灣商工會議所『臺灣各地商工會議所物價、諸料金調查書　昭和十八年』、1942 年7 月。

②　「過去一年間を顧みて台北商工會議所」『台北商工會議所報』第 2 卷第 8 號、1939年 8 月 25 日、卷首頁。

对台湾地区进行殖民统治。第二任台湾总督桂太郎（任职时间为1896年6—10月）向日本首相伊藤博文提出"经略"台湾地区的建议，认为"经略台湾不应限于台湾，而应确立更大的对外进取的政策。……倘若不采取进一步控制中国海、接近中国南部沿岸、与南洋列岛往来，据台澎之地以扩张国势之策，定遗百年之憾。……台湾之地势，不独对中国南部，更是对南方群岛伸张羽翼的绝佳位置"。① 可见，台湾从被占领之初便被纳入日本"南进"战略。一战之后，日本对殖民统治地区的认识，由过去的主要着眼于军事价值演变为"总体战"所需重要物资的供应地，其间为寻求总体战所需的新资源而提出"南进论"，经过多年刻意经营的台湾理所当然地成为日本"南进"的据点。九一八事变后，中国东北完全殖民地化，随着"南进论"的抬头及推进，台湾成为日本侵略东南亚的前线基地。太平洋战争前夕，1941年6月24日，日本内阁通过了《关于南方政策上台湾地位的文件》，正式规定台湾"要作为帝国在南方的前进基地之一"，并强调要把台湾全面性地编入中央确立的"南进"政策，要对台湾的地位、资源、经验等，最大限度地活用之。②这样，台湾被明定为"南进基地"。太平洋战争爆发后，台湾的地位更为重要，被日本政府提升为"大东亚共荣圈的重要核心地带"。台湾的日本经济组织在构建所谓"南方共荣圈"中发挥着重要作用。

随着台湾经济及军事战略地位的凸显，台湾在日本谋求"南进"的布局中占据了非常重要的位置。在此期间，台湾日本商工会议所鼓吹"大东亚建设"，自称是"南方共荣圈"的重要"建设者"，其活动完全围绕日本军部的需求，实施经济统制并大力赞扬及宣传支持"大东亚战争"（见表4-13、表4-14）。

---

① 〔日〕江口圭一：《日本帝国主义史研究——以侵华战争为中心》，周启乾、刘锦明译，世界知识出版社，2002，第81页。

② 矢野暢「附錄資料（14）」『日本の南洋史観』、210頁。

表 4-13　1938 年 9 月至 1939 年 5 月《台北商工会议所报》调查资料汇总

号次及发行日期	调查资料目录
第 1 卷第 1 号（1938 年 9 月 20 日）	实施纸类消费节约；针对公共团体使用铁、钢材、铜的消费量调查
第 1 卷第 2 号（1938 年 10 月 20 日）	金属使用规则和修改主旨；重要矿物增产令施行规则；取缔物品贩卖价格规则公布实施；棉制品生产贩卖限制有所缓和；铅亚、铅锡等使用限制规则公布实施；采用学校毕业者限制令；台湾重要产业调整委员会官制公布；台湾重要产业调整委员会初次总会
第 1 卷第 3 号（1938 年 11 月 20 日）	外国汇率管理规则及施行细则更改；部分解除皮革使用限制；新旧麻袋和配给政策统制要纲；铜使用规则的运用以及当局的方针；台北市发出公共团体铁钢材分配的通牒；特殊处理降低保税工厂制品成本；10 月台湾内外贸易情况
第 1 卷第 4 号（1938 年 12 月 20 日）	出口和岛内买卖农产品检查规则公布实施；日本国内授权的棉布在台湾岛内贩卖不需要再次获得认可；石油资源开发法在本岛实施
第 2 卷第 1 号（1939 年 1 月 20 日）	小型运输业法实行敕令公布；1939 年台湾资金调查规则实施；洋松（美洲松）贩卖取缔规则公布实施；台湾物价委员会规则公布实施；房产税实施
第 2 卷第 2 号（1939 年 2 月 28 日）	国民注册以及雇佣限制令实施；旧铜铁屑统制分配规则发布；有关小运输业法职权委任的规定章程公布；户税城镇移转从 1939 年实施；物品贩卖价格与零售业利润率
第 2 卷第 3 号（1939 年 3 月 28 日）	台湾酒精法令施行规则公布；肥料取缔法施行规则公布；船员职业能力申告令施行规则公布；铁屑公定价格实施
第 2 卷第 4 号（1939 年 4 月 20 日）	督府发布产业经济相关的 1939 年度预算；台湾事业公债和铁道部追加预算；两院通过台湾米麦输出管理特别会计法；台北州当局就岛都物价下调的对策；商工省发布告示更正猪皮、水牛皮的贩卖价格；台北、基隆市内皮革价格下跌；决定指定旧铜铁屑收集商；台湾电力计划
第 2 卷第 5 号（1939 年 5 月 25 日）	新南群岛编入台湾总督府的管辖；台湾米谷输出特别管理会计法公布；台湾、朝鲜两银行证券发行限度扩张；台湾银行保证发行限度施行日期公布；台湾银行贷款利率下降；强化集中金属产业政策公布；台湾银行在中国中南各地开始从事外国货币汇兑业务；会社利益分配及资金融通制度公布；强化物资及资金调整；分配调整协议会规则公布实施；追加指定物品铜使用限制；租金统制令以及工场上班时间限制令公布；雇佣限制令以及工场事业场技术人员培养令公布；台湾开始施行更改后的税令；加征砂糖消费税、商品券印纸税；台湾居住房税施行规则公布

表4-14 1942年11月至1943年12月《台北商工会议所报》调查资料汇总

号次及发行日期	调查资料目录
第5卷第10号 (1942年11月4日)	大东亚建设大纲的全貌(上);有关广东的新式制糖工厂;解决输出组合问题:获得日本方面的输出权;南方共荣圈的华侨;岛都台北市;经济法令奉奉周运动;台北市主办的联合商业奉公团;顺应国策活动;经济统计数据表;本岛经济日志
第5卷第11号 (1942年11月25日)	大东亚建设大纲的全貌(中);米与玉米的统制(1941年12月30日总督令);南方共荣圈的华侨;收到成果的岛都:一般家庭金属类特别回收运动;经济统计数据表;本岛经济日志
第5卷第12号 (1942年12月25日)	大东亚建设大纲的全貌(下);五年计划:黄麻、苎麻大增产;南方共荣圈的华侨;日本内地与殖民地行政一元化;督府官制修订;台湾米谷管理委员会召开;一期米买卖价格的答申决定;督府发布的禁制品贩卖许可送往各州厅;盛大的发布会仪式;台湾铁工业统制会;台湾产业组合联合会;积极地增加资金;东亚经济悬谈会召开;经济统计数据表
第6卷第1号 (1943年1月24日)	大东亚战争第二年的新春;前途有望:共荣圈的将来;南方经济共荣圈物资集结地昭南;南方经济界的开发;企业许可令:新增加的指定18种;台湾电力供给规程改革(从12月1日实施);设立新高都市开发株式会社悬谈会;经济统计表;本岛经济日志
第6卷第2号(1943年2月28日)	新生香港的复兴概况;法属印度的概况:以产业经济和资源为主;基于外国汇兑业务管理办法公布贸易管理规则;经济统计表
第6卷第3号 (1943年3月25日)	法属印度的概况:以产业经济和资源为主;南洋贸易转移到以马尼拉半岛为中心;广东香港和海南岛之间寄钱简单化;大东亚战争特别临时军事费;泰国国民文化令:国民服装规定,台湾帽子出口贸易好转;台湾贸易会创立总会与东亚贸易联合组合发展的解散;经济统计表
第6卷第4号 (1943年4月27日)	日法印之间的经济强化:成功扩大交易范围;勘定后的爪哇渔业界开始了认真的活动;大东亚战争第二年决定的督府方策;在决战之时最大限度地发展后勤;台湾产业奉公会成立仪式;经济统计表
第6卷第5号 (1943年5月25日)	复兴发展的活跃:中国南方各地的形势;法属印度的概况:以产业经济和资源为主;为了事务简单化顺利;更改后的劳务调整令发布;战争死亡保险法及施行规则;经济统计表
第6卷第6号 (1943年6月25日)	法属印度的概况:以产业经济和资源为主;原住民的全力协助;南海宝库的现状;台湾产业联合会;农产物增产的卖出状况;1943年度二期米的买卖价格公示;内地与台湾之间的航空邮政复活;经济统计年表
第6卷第7号 (1943年7月25日)	第28回临时帝国议会:就整顿企业、增产粮食等重要问题进行了审议和表决;府令公布实施修订后的劳务动态调查规则;本岛建造的木质:台湾第一号下水式;储蓄报国:购买债券制度实施;无尽的宝藏优秀的树种:法属印度的森林;台湾拓殖株式会社定时股东总会募集了社债4000万元;督府举行战场特殊功勋——甲级劳务军功章第一回授予式;经济统计年表;本岛经济日志

号次及发行日期	调查资料目录
第 6 卷第 8 号 （1943 年 8 月 30 日）	无限买入债券制度；海上纪念日与造船计划；资料：台湾石油专卖（7 月 1 日开始实施）、南支当局基本方针的决定（1944 年度计划）、丰富的缅甸纤维资源——棉花、黄麻、苎麻等；台湾会社的变动；统计资料
第 6 卷第 9 号 （1943 年 9 月 28 日）	资料：爪哇的经济建设现状；期待大东亚根本性的工业腾飞；1943 年上半年本岛新设会社反映了根据地的性质；商业展示总崛起，展示了决战的气魄；召开全岛商业奉公团大会；重组的台湾中小商工业者合力会创立总会召开；皇民奉公会主办的全岛分配周展览会；统计资料
第 6 卷第 12 号 （1943 年 12 月 28 日）	日本内地与台湾之间的交通；最近的分配问题；资料：政府决定由情报课发表确立的金融非常政策、公布抑制农业团体的财产处分临时措施令、日本内地的精细制糖业转为军需制品部门、此期预想的糖产额表、公布 1944 年度第一期米买卖价格、公示砂糖以及蜜糖的公定贩卖价格

注：本表内容根据史料照录，未做处理，特此说明。

　　具有"半官半民"性质的台湾日本商工会议所，从设立之初就拿着日本政府补助金接受委托调查并致力为日本军部募集军需物资。[①] 1938 年，日本政府给予台湾商工会议所补助金 3400 日元；[②] 1939 年与 1940 年，日本政府为新竹、彰化商工会议所分别连续提供 2500 日元、3000 日元的补助金；1939 年为台南商工会议所提供 1400 日元补助金；1940 年，为嘉义商工会议所提供 3000 日元补助金。[③] 随着日本侵略战争的不断扩大及战时经济统制政策的强化，台湾日本商工会议所自发性、协调性的活动功能即经济团体原本的功能遭到弱化。1939 年 9 月，受日本国内实行"新体制"政策的影响，商工会议所请愿、建议、交易照会等活动减少，取而代之的是围绕确保建成"南方共荣圈"的活

---

① 「重要物産代用品展示會補助金下附出願」『台北商工會議所報』第 1 卷第 2 號、1938 年 10 月 20 日、5 頁。
② 「昭和十三年度商工會議所經費決算　覽」『臺灣商工會議所一覽』1940 年 5 月 15 日、37 頁。
③ 「昭和十四年度商工會議所經費豫算一覽」「昭和十五年度商工會議所經費豫算一覽」『臺灣商工會議所一覽』1941 年 5 月 15 日、23、25 頁。

动，如接受官方委托调查米、糖等军需物资；调查价格等统制令的影响；对"南方共荣圈"的华侨进行调查；为满足战时计划经济要求，设立铁工业统制机构，统制铁的生产、配给、贩卖等；促进台湾与东南亚的物资流通；通过《商工经济会法》《商工组合法》等，整顿中小工商业。① 到 1943 年，台湾日本商工会议所被台湾日本商工经济会取代。

---

① 臺灣商工會議所『昭和十七年度臺灣商工會議所事業報告書』1943 年 3 月、1—15 頁。

第五章

在华日本商业会议所
与日本的对华政策

在华日本商业会议所搜集的以经济内容为主的第一手调查资料及据此提出的诸多建议，在为日本商工业者及企业提供经济情报，助力日本经贸发展的同时，其中一些标注为"密"、"机密"或"极密"的调查资料暗中上报给日本政府与军部后，对日本制定对华扩张政策产生了重要影响。同时，商业会议所在日本推行海外殖民侵略政策时亦发挥了"协助国策"的作用。

第一节　在华日本商业会议所与"山东问题"

"山东问题"以及由此引起的"排日运动"既是影响中日关系的主要事件，也是牵动国际关系的重大问题。在"山东问题"交涉期间，在华日本商业会议所积极参与其中，进行了相关调查并提出了诸多建议，为日本政府制定相关对策提供情报和咨询参考。

一　"山东问题"的缘起

甲午战后，列强掀起了瓜分在华势力范围的狂潮，重点之一是

"租借"沿海港湾和海军基地。德国先是借口派兵侵占了胶州湾，接着于1898年3月6日与清政府签订了《胶澳租借条约》，条约内容包括租借胶澳（青岛）、修筑胶济铁路和开发沿线矿藏，及关于山东省事务共三项十款。同年8月至10月，中德又签订了《胶澳租地合同》、《胶澳潮平合同》和《胶澳边界合同》。[①] 中德《胶澳租借条约》及其附件的签订，使青岛成为德国殖民地，山东变成德国势力范围。一战爆发后，日本政府马上抓住了对华扩张的机会，认为目前"与帝国最有痛切利害关系者，为邻邦中国问题……当今之急务就是排除阻碍我国在华发展的最大障碍——德国势力"。[②] 因此，日本以日英同盟条约中关于战时互助的约定为借口，于1914年8月23日对德宣战，进而强行占领山东青岛等地区。为了"合理"长期占据山东，日本采取了一系列手段。首先于1915年1月向袁世凯提出了"二十一条"要求，其中包括继承德国在山东的一切权利、山东省内地和沿海土地不得让与或租与他国等。1915年5月25日，袁世凯接受了最后通牒，签订《关于山东省之条约》，[③] 日本不仅继承了德国在山东的权利，还得到了其他权益，如关于铁路问题：中国自行建造由烟台或龙口接连于胶济路线之铁路，如德国放弃烟潍铁路借款，则可向日本国资本家商议借款；自开山东省内合宜地方为商埠（换文中规定由中国政府拟定，但要与日本公使协商后定之）。日本企图独霸山东的行为激起中国民众的强烈抗议，这就引发了第一次"排日运动"。

一战结束后，日本无视北洋政府外交部的要求，非但没有撤出青岛等占领区，反而采取一系列军政措施，企图长期占据青岛。在巴黎和会期间，中国代表提出了收回山东的一切权益、废除"二十一条"、废除

---

① 王铁崖《中外旧约章汇编》第1册，第738—741、793—796、827—829页。

② 『加藤外务大臣、在本邦英国大使会谈 欧洲战争二对スル英国ノ态度及日英同盟ノ适用二付在本邦英国 大使加藤外务大臣卜会谈ノ件』外务省编纂『日本外交文书 大正期』大正3年第3册、1966年、95页。

③ 王铁崖编《中外旧约章汇编》第2册，第1112—1114页。

外国在华势力范围、撤退外国军队和巡警、撤销领事裁判权、归还租借地和租界、关税自主等要求，但讨论最多的还是"山东问题"。尽管中国在舆论上处于有利地位，但是日本态度异常强硬，其外务大臣加藤高明曾无耻诡辩说：既然德国拒绝了日本的最后通牒，那么就不受通牒中关于将来把租借地归还中国的约束。① 加上在会前日本也已经与列强达成了协议密约，因此西方各国同意由日本继承德国在山东的全部权益。中国政府最终拒绝在合约上签字。中国代表团在巴黎和会上争取修改"山东问题"方案失败的消息传到国内后，引发五四运动，随后，全国各地的学生、商人、店员、工人积极响应抵制日货，日本称之为第二次"排日运动"。

根据日本的情报，在华英美人士也参与了山东等地抵制日货运动，这成为西方与日本进行商业竞争的手段之一。1919 年 11 月 2 日，裴夫理士（美国驻北京公使馆员）在齐鲁大学发表演说，就当时抵制日货的方针提出意见。他说，"抵制日货为非常重大之问题，需用永久之努力才能杜绝日货，杜绝日货才可见抵制日货之成效，方可说达成了目的"，建议"对目前的储备日货需改变以往方针，此时积极贩卖，将之卖尽，不再输入。这一举措将在今后完全断绝日货"。同时他表示，"中西感情甚为圆满，中英美三国人士联手反日喜不自禁。若维持现状，始终保持不懈，定能达成目的"。② 此外，有研究认为，通过日本情报机构的描述，可以发现日本自始至终就没有把五四运动仅仅看成是中国人的反日，而是将之视为日本与美国在华利益争夺的一部分进行考量。③

---

① 臼井勝美『日本と中国——大正時代』原書房、1972 年、51 頁。

② 参见青島守備軍民政長官法學博士秋山雅之介「米公使館員ノ日貨排斥方針其他ニ関スル演説要旨」『青島民政部政況報告並雑報第一巻/18 情報送付ノ件/3 米公使館員ノ日貨排斥方針其他ニ関スル演説要旨」、1919 年、JACAR（アジア歴史資料センター）、Ref. B03041671600（外務省外交史料館）。

③ 高莹莹：《反日运动在山东：基于五四时期驻鲁基督教青年会及英美人士的考察》，《近代史研究》2017 年第 2 期。

二 在华日本商业会议所对与"山东问题"相关的抵制日货运动的情报搜集

始于 1919 年的抵制日货运动是近代中国持续时间最长的一次抵制运动。"山东问题"是五四运动爆发的直接原因，巴黎和会上中国外交的失败，成为五四运动的导火线，抵制日货则是这一运动的重要内容。五四学潮爆发后，抵制日货运动在学界的号召下，"星星之火迅成燎原之势"，[①] 逐渐发展成学、工、商各界广泛参与的全国性运动。

五四运动由学生开始，很快得到了中国工商界的广泛支持。北京总商会在 5 月 6 日便召开会员大会，形成"不购日货""急救学生""以本会及全国商会名义电欧会力争"等决议，随后多次开会，提出"各商号一律停运日货，私运者议罚""不用日本银行钞票""不阅日报，不登日报广告"等号召，[②] 并从 7 日起在全城发起抵制日货运动。全国多地商会纷纷响应，这些商会除了发动抵制日货、提倡国货活动外，还发布通电要求政府释放被捕学生、拒签合约、反对日本接管青岛，并表示愿为政府后盾。[③]

福州是福建省当时倾销日货的最大市场，经过学生抵制日货，倡用国货的宣传和严格检查以及广大店员的督促，取得明显效果，绝大多数商人都不再贩卖日货。1919 年底福州惨案发生后，全国各地、各界群起响应，进一步加强了抵制日货的斗争。日商对福州抵制日货运动进行了专门调查。在中日交涉时，日本驻华公使小幡西吉称"闽人仇日最烈，屡焚日货，侨商损失最巨，生命财产皆濒危险，不得已派队保护"。[④] "南北各地所起排日风潮，甚为激烈，以故日本人所受直接损

---

① 彭明：《五四运动史》，人民出版社，1998，第 355 页。
② 龚振黄编《青岛潮·全国商界之崛起》，中国科学院历史研究所第三所近代史资料编辑组编辑《五四爱国运动资料》，科学出版社，1959，第 107—108 页。
③ 马敏主编《中国近代商会通史》第 2 卷，第 888—894 页。
④ 《小幡公使态度强硬 真欲以武力压服我耶》，《民国日报》1919 年 12 月 1 日，第 1 张第 2、3 版。

失，亦颇重大。"①

为采取应对之策，在华各地日本商业会议所都参与了调研、咨询、汇报等活动。1919 年，上海日本商业会议所对中国抵制日货运动及其影响进行了大量调查，最终形成的调查报告主要有《山东问题相关之抵制日货的影响》、《山东问题相关之排日状况》（第一、二、三辑）等。这些报告的调查内容主要是中国各界抵制日货运动的基本情况及影响。多达 1013 页的《山东问题相关之排日状况》第二辑的第一章为概论，第一节为"其后的'山东问题'"，内有拒绝在讲和条约签字、中国"排日党"的行动，包括中国国民大会、学生联合会、中国外交调查会等中国抵制日货团体活动以及梁启超、伍廷芳等人相关言论的调查；第二节为"'山东问题'与美国人"，包含美国政府的反对态度、驻南京美国领事的讲演、在华美国人的"排日"等七项内容；第三节为"英国人与'山东问题'"；第四节为"法国、意大利与'山东问题'"；第五节为"日本与'山东问题'"，包括外务大臣内田的声明、青岛居留民地的问题；第六节为"排日与南北和议"；第七节为"和议再停顿"；第八节为"中国政界的现状"；第九节为"所谓山东调停案与军事协定"；第十节为"请愿风潮与当局"；第十一节为"其后的排日与抵制日货"；第十二节为"在华英美人的新事业"。第二章，华北地区的"排日"状况，包括天津、北京、山东、开封等地。第三章，华中地区的"排日"状况，包括武汉、四川、芜湖、南京、镇江、九江、安庆、扬州、常州、无锡、松江、苏州、杭州、宁波、嘉兴、绍兴等地。第四章，华南地区的"排日"状况，包括福州、厦门、广东等地。第五章，上海的"排日"状况。商业会议所的调查足迹遍及中国大江南北，尤其对上海各界的"排日运动"进行了非常详细的调查。报告在对上海各界"排日"情况进行概述后，

---

① 《全国力争中之闽案　日本态度强硬》，《民国日报》1919 年 12 月 7 日，第 1 张第 3 版。

又分别对上海学生联合会、留日学生联合会及上海华侨学生会、全国
各界联合会、上海各界联合会、中华民国学生联合会、女子各界活
动、上海各路商界联合会、商界公团与商帮协会、中华商学联合促进
实业会、国货维持会与路权维持会、工商研究会及工商总会、基督教
会与穆斯林、爱国实业团与国货陈列所、少年宣讲团与商业救国恒心
团、救国十人团与铁血团等团体的"排日"活动及言论、美英等国与
中国的关系、纸业砂糖等中国各业抵制活动进行了汇报。抵制日货运
动对日资各业的影响则是调查的另一个重要内容。日本对华输出的部
分商品，特别是作为大宗商品的棉纱与棉布遭到一定打击。据统计，
1919 年 5 月到 10 月日本棉纱共计输入 15888 担，1918 年同期则为
28613 担，减少了 44.5%（12725 担），而反观其主要的竞争对手印度
棉纱 1919 年为 79147 担，相较 1918 年的 18015 担，增长了 3.39 倍
（61132 担）。[1]

三　在华日本商业会议所针对"山东问题"提出的建议及其
影响

在华日本商业会议所通过相关调查活动，发挥了情报调查、政策建
议的作用，并为日本政府进一步采取应对措施提供了参考。

1919 年 7 月 24 日，上海日本商业会议所副会长野平道男基于相关
调查，在致日本驻上海总领事有吉明的信函中，就抵制日货运动指出：
"此次弥漫于全中国之排日风潮根深蒂固，自爆发以来已过三月有余，
今日险恶之暗流造成吾人商工业者之营业完全闭塞。"[2]因此，申请召
开在华商业会议所联合会共同商讨相关问题。1921 年 1 月 23 日，日本
驻上海公使馆总领事山崎馨在向日本外务大臣山田康哉汇报请示在华
日本商业会议所联合会准备开会的电文中写道："此次集会为针对最近

---

① 上海日本商業會議所『山東問題に関する排日状況』、927—928 頁。
② 外務省編『日本外交文書　1919 年』第 2 冊下巻、1970 年、1366—1367 頁。

变得显著的排日问题，对于列国的对华活动，我们需要共同商议对抗政策。"① 可见，在华日本商业会议所召开联合会的主要目的，一是应对"排日运动"，二是为在即将举行的华盛顿会议上解决"山东问题"提供咨询与建议对策。

1921 年的在华日本商业会议所联合会有关"山东问题"的"极密"议案包括：第一号案，有关山东问题的日中交涉文件；第十一号案，有关山东主要都市开放一事；第十二号案，尽快建成山东铁路延长线的相关文件；第十四号案，青岛、上海之间与青岛、大连之间海底线的相关文件。这些议案内容涉及山东省内商埠开放、铁路修建等问题。

第一号案　有关山东问题的日中交涉文件

关于胶州的德国旧租借地问题。

胶州的德国旧租借地作为全部自开商埠地在世界开放。商埠地的行政由居留各国人民组织的市参会负责，市参会的决议需要承认中国政府，而且该市参事会员的过半数须为在留外国人。任用日本人为商埠地的最高警察官吏并在中国政府担职。

理由：从日本对华政策的大局来看，青岛作为日本的专管居留地是不可或缺的，但将之放在中国主管之下。时下，依照日本政策显著扩张的学校、医院、神社、其他设施由在留日本人经营虽然困难，但自开商埠地成功开放之时，利用那些已经完全成为日本财产的电灯、瓦斯、水道、电话等事业，作为日本居留民团体的有利财源，来维持经营日本人的一切设施就比较容易了。

中国的法制相当完备，但也不足以安心运用其依托生命财产。能使在留外国人安心并能保护其生命财产的信赖得益于警察行政，其职能由外国人担任是必要的，而且于在留外国人中日本人人数最

---

① 山崎總領事「第二十六号」『在支那本邦人商業會議所連合會関係一件第一卷/分割1/在支日本人商業會議所聯合會議案（极密）』、1921 年、JACAR（アジア歴史資料センター）、Ref. B10074349400（外務省外交史料館）。

193

多，其最高官吏任命日本人担当是最合适的。

山东铁道及其支线（高徐、顺济两线）为日中合办的民营铁道且根据中国铁道条例经营。（上海日本商业会议所提出）

在借款关系之下经营时，不管营业成绩如何，中国都有偿还责任。合办企业这种做法便于日本在华的利益收入，且日本在合办中不过是股东，加之有第二、第三条铁路投资的良好先例，这是个一举两得的方法。

第十一号案　有关山东主要都市开放一事（青岛日本人实业协会提出）[1]

根据 1915 年 5 月 25 日中日《关于山东省之条约》的规定，直至目前，中国政府尚未开放一处作为外国人居住与贸易之地，如中国出现紧急问题，在此期间要选择适当的候补地方紧急开放。此事已向尊敬的内阁总理大臣及外务大臣禀报，并在与中国一方进行交涉。

适合开放的城市如下：胶州、博山、坊子、潍县、德州、临清、羊角沟、济宁、兖州、沂州。

关于以上所述诸城市的开放另以其他公文书发表，应开放的商埠地及章程由中国政府拟定，且预先要与日本国公使一同协议决定。

第十二号案　尽快建成山东铁路延长线的相关文件。延长线路

---

[1]　这也是日本占领青岛后既定方针的落实。1914 年 11 月 7 日，日本占领青岛后，日本外务大臣加藤高明于 12 月 3 日以《关于对华政策事项》训令日本公使与中国谈判，此为"二十一条"的底本，其中指出胶州湾最后处理之意见为"中国政府若全部承诺我之要求，则归还该地之事亦不难商议。但在实行归还时，开放该地为商埠，并设我专管之侨居地区，则属绝对必要"［日本防卫厅战史室编纂《日本军国主义侵华资料长编——〈大本营陆军部〉摘译》（上），第 105 页］。经过与袁世凯交涉，中日签订的《民四条约》第三条规定："中国政府允诺，为外国人居住、贸易起见，从速开放山东省内合宜地方为商埠。"王铁崖编《中外旧约章汇编》第 2 册，第 1112 页。

的划定是审议研究之后的决定（青岛日本人实业协会提出）

A 从济南站始，经济河、临清至直隶省顺德的路线。

B 从济南站始，经东河、曹州至河南省开封的路线。

C 从高密站始，经诸城、沂州至徐州的路线。

以上三线是中国中部开发商最需要紧急建设的铁路，特别是山东铁路在山西省的延长线与将来日本煤炭开发问题具有重大关系。

关于本件速成向日本的总理大臣、铁道大臣、外务大臣、大藏大臣、农商大臣、陆海大臣及北京日本驻在公使寄送相同内容的文件以提出建议。

第十四号案　青岛、上海之间与青岛、大连之间海底线的相关文件（青岛日本人实业会提出）

本件中青岛、上海间即德国所有的海底线，据这次对德国和平条约中的附带内容，其一切权利、特权及财产全部无偿且无条件由日本取得。为尽快有效利用此条件，特向当局（陆海、外务、递信各大臣）禀申。

本件目标是联络华南及华中、南满，其关系到对华经济发展的非常重要问题。①

上述议案的内容主要涉及陆海交通与城市开埠两个方面，然而在这些看似完全为了发展经济的背后，皆掩藏着日本为战时做动员之真实目的。

在华盛顿会议上，中日交涉的主要问题是"山东问题"，中国寄希望于在英美调停下"能为中国公平地解决山东问题，而且能致力于消除或

---

① 在支日本人商業會議所聯合會事務所「第一回在支日本人商業會議所聯合會議事報告(二輯)」『在支那本邦人商業会議所連合会関係一件第一巻/分割 2』、1921 年、JACAR(アジア歴史資料センター)、Ref. B10074349500 (外務省外交史料館)。

放松当时存在的对于中国行使主权权利的各种限制和侵犯"。① 而日本之目的则为通过条约获得德国在山东的权益。对于较量的最终产物，即中日双方正式签署的《解决山东悬案条约》及其附约，② 史学界一直有不同的评价，③ 但在讨论中国内部政争（直系主张"联美"并结好英国，与直系对抗的皖、奉两系则倾向"联日"或与日本有瓜葛）或美英与日本在太平洋地区尤其是在中国激烈角逐的国际环境时，日本在谈判期间的情报准备工作却鲜少有人提及。其实，在外交活动中，建立在充分的资料与调研基础上的议案是谈判成功的重要因素。由此就不难解释日本商业会议所为何要建议尽快修筑山东铁路及其延长线，也正如议案明确注明的，"特别是山东铁路在山西省的延长线与将来日本煤炭开发问题具有重大关系"。而日本需要将中国国内资源通过其控制的大连和青岛运到日本国内以供应日本国内生产及战时资源储备，山东铁路及其延长线的价值自然是不言而喻的。与此案相关联的就是青岛实业协会提出的"极密"第十三号案由日本投资海兰铁路（陇海铁路）。海州毗邻胶州，日本人占据山东并欲开放胶州为商埠，必然想染指陇海铁路的建设。第一次世界大战爆发后，陇海铁路第二批债票停发，陇海铁路工程陷于中断。陇海铁路督办施肇曾与工程司商议，拟用"垫款兴工办法"，日本商家便乘机假借中国包工"转贷款项作为合办"，并要求"由日本技师代为监视工

---

① 中美关系史丛书编辑委员会主编《中美关系史论文集》第 1 辑，重庆出版社，1985，第 274 页。

② 王铁崖编《中外旧约章汇编》第 3 册，第 208—215 页。

③ 参见唐启华《被"废除不平等条约"遮蔽的北洋修约史（1912—1928）》（修订本）；吴沧海：《山东悬案解决之经纬》，台北，台湾商务印书馆，1987；孔庆山：《华盛顿会议与美国对华政策》，中美关系史丛书编辑委员会主编《中美关系史论文集》第 2 辑，重庆出版社，1988；郑则民：《1920—1926 年的中日关系》，《民国档案》1994 年第 4 期；董宝才：《华盛顿会议上中国外交的教训》，《北京师范大学学报》1998 年第 3 期；杨天宏：《北洋政府"联美制日"外交及其困境（1920—1924）》，《四川大学学报》2019 年第 5 期；等等。

程"，① 欲通过陇海铁路渗透日本在华势力。但日本在华扩张导致中国抵制日货风潮"举国鼎沸"，民众对此事非常警惕，反对的声音非常强烈，为避免引发更大的抗议，中国政府不敢"冒不韪之名"，给日本染指陇海铁路的机会。② 因此，交通部最后不得不表示："施督办所拟垫款包工一节，不过是一种计划，实无成议，现即此项计划亦已作罢矣。"③ 当然，因比利时持有对陇海铁路建设的权利，也不允许其他外国人干涉。但日本自然不会善罢甘休，此时又想投资徐州与海州之间的工程，因为该线与高密、徐州线（胶济铁路延长线）有着最密切的关系。④ 另一种方式就是建议通过在海兰增加日本雇员以扩张势力。[见第十五号案在中国海兰增加日本人的文件（天津日本商业会议所提出）]⑤

另外，从议案的内容可以清晰地看到，基于自身经济利益及国家政策等方面的考虑，在华日本经济团体与日本政府在亟待解决的中日问题上态度是一致的。上海日本商业会议所常议员松岛准吉称，由于相关交涉已经出现问题，"我们希望至少提出大体的宗旨以解决山东问题"，而在华日本商业会议所给日本政府提供的相关情报及向日本政府提出的诸多针对性建议都对日本的对华交涉产生重要影响。

在华盛顿会议上，"山东问题"的核心是铁路问题。日本的目的是通过把持铁路，变相控制整个山东。谈判伊始，日本坚持"中日合办"胶济铁路（在1921年日本商业会议所联合会讨论时提出将其作为民营

---

① 《洛潼路又将归日人包办》，《申报》1919年8月1日，第2张第7版。

② 《京华短简》，《申报》1919年8月19日，第2张第6版。

③ 《交通部声明洛潼包工未成》，《申报》1919年8月16日，第2张第6、7版。

④ 青島實業協會「第卅六號案　海蘭鐵道ニ日本ヨリ投資ノ件」『在支那本邦人商業会議所連合会関係一件第一巻/分割1/在支日本人商業會議所聯合會議案（极密）』、1921年、JACAR（アジア歴史資料センター）、Ref. B10074349400（外務省外交史料館）。

⑤ 在支日本人商業會議所聯合會事務所「第一回在支日本人商業會議所聯合會議事報告（一輯）」『在支那本邦人商業会議所連合会関係一件第一巻/分割3』、1921年、JACAR（アジア歴史資料センター）、Ref. B10074349600（外務省外交史料館）。

铁路由株式会社经营，但觉得无法成功而被否决，遂建议合办），因为"在借款关系之下经营时，不分营业成绩如何，中国都有偿还责任。作为合办企业的做法便于在华的利益收入，且日本在合办中不过是股东，加上有之前铁路投资的良好先例，这是个一举两得的方法"。① 中国对此坚决反对。在遭到中国代表团强烈反对后，日本人又要求中国向日本银行家筹借一笔长期贷款来赎买铁路，在贷款使用期间应使用由日本金融家推荐的总工程师、运输主任和会计主任各一人，还是企图长期控制这条铁路。中国代表当即反对，并稍后提出"现款赎路""用有价证券分期付款"两个方案供日方选择。② 日本同意中国赎路自办，但表示要借日款赎路，以便成为胶济铁路的债权人。其附加条件是胶济铁路的总工程师、运输主任和总会计师都由日本人担任，这样日本实际上仍然把胶济铁路牢牢抓在手中。后来在美、英施压及调停下，中日双方最终选择由中国以国库券方式赎回胶济铁路。最后，《解决山东悬案条约》及其附约规定：日本将青岛、济南铁路及其支线并一切附属产业，包括码头、货栈及他项同等产业等移交中国。中国照上述铁路产业之现值实价偿还日本。中国应于该铁路产业移交完竣，同时以中国国库券交付日本。此项国库券以铁路产业及进项作抵，期限 15 年。在库券偿清前，中国政府应选任一日本人为运输主任，并选任一日本人为会计主任，与中国会计证权限相当，任期均以库券偿清之日为止。1923 年 1 月，根据相关约条，中国政府发行了 4000 万日元（年息 6 厘，期限 15 年）的国库债券，以胶济铁路的收入和财产作为担保，该路收入必须存入横滨正金银行的青岛和济南分行。这样，中国以支付赎金为代价收回了日本占据的胶济铁路，但由于日本人担任运输主任和会计主任，胶济铁路的管理权仍然受日本牵制，胶济铁路并未完全收回。同时，青岛、济南铁

---

① 在支日本人商業會議所聯合會事務所「第一回在支日本人商業會議所聯合會議事報告（二輯）」『在支那本邦人商業会議所連合会関係一件第一卷/分割 2』、1921 年、JACAR（アジア歴史資料センター）、Ref. B10074349500（外務省外交史料館）。
② 王芸生编著《六十年来中国与日本》第 8 卷，三联书店，1982，第 319 页。

路两延长线，即济顺线、高徐线的让与权，开放于国际财团共同进行，由中国政府自行与该团协商条件。另，青岛、烟台间及青岛、上海间德国海底电线的权利、名义、特权均归中国，但两线的一部分，即为日本政府用以安设青岛、佐世保间的海线者不在此列。

《解决山东悬案条约》及其附约规定：日本应将胶州德国旧租借地交还中国（第一节）。在移交旧租借地之行政权及该地域之公产中，并解决其他应行清理事项，各任命委员三人组成联合委员会，商定执行详细办法之权。在移交的德国旧租借地公产中，有为设立青岛日本领事馆所必需者，归日本政府保留。其为日本居留民团体公益所必需者，如学校、寺院、墓地等，仍归该团体执管，而于道路、自来水、电话电灯等公共工程，旧租界之外国侨民有相当参与权。将胶州德国租借地全部开放为商埠。尊重无论在德国租借时还是日本军事占领时经合法、公道取得者。并强调关于日本人民或日本公司所得此项权利之法律上地位及效力各问题，应由中日联合委员会协定。这项规定也能依稀看到日本商业会议所给政府递交的提案的影子。

总之，通过日本政府解密的档案资料可以看出，华盛顿会议之前，为解决所谓"山东问题"，各在华日本商业会议所进行了大量相关调查活动，并为日本政府提供了诸多建议对策，助力日本在华盛顿会议上通过《解决山东悬案条约》及其附约获得在华最大利益。

第二节　在华日本商业会议所与九一八事变

九一八事变是日本在中国东北蓄意制造并发动的一场侵华战争。目前，国内关于九一八事变的研究范式多元，研究领域也从传统的政治、军事拓展到经济、社会和文化等方面，包括相关资料的整理挖掘均已取得较为丰硕的成果。这些成果尤为注重关东军和日本军部在九一八事变中作用的研究。同时，随着学界对满铁档案的整理与出版，中方学者开始关注满铁在日本侵华战争中所起作用等方面的研究。但综合而言，目前学界对于遍布近代中国的经济组织——在华日本商业会议所于九一八事变前后的活动状况、政治态度、对武力侵华的反应及作用等关注不多。其实，九一八事变前，在日本出兵山东、万宝山事件等侵华行为导致的全国抵制日货运动时期，在华日本商业会议所通过情报调查及频繁的请愿运动不断促使经济问题政治化，与日本国内的对华强硬论调相呼应，具有很强的煽动性。然而当时各在华日本商业会议所对武力解决"满洲问题"的态度并不一致，如上海日本商工会议所尚仅限于舆论的鼓动，仍然主张采取与列强"协调"的方式解决中国"排日"问题，但天津、奉天等地日本商工会议所则是希望日本政府对东北采取强硬手段，甚至建议发动战争使在华日本商工业者摆脱"经营困境"。在华日本商业会议所的"排日"调查内容及请愿建议等言行对于关东军最终武力侵占全东北起到推波助澜的作用。九一八事变发生后，各在华日本商工会议所对其反响虽不完全一致，但以九一八事变为分界点，日本资产阶级对战争的态度发生了巨大的变化，特别是纺织业者对"满洲问题"的态度发生了"逆转性"变化，① 这为日本发动"一·二八"事变继续扩大对华侵略奠定了经济和社会基础。

一　在华日本商业会议所的调查和请愿活动与九一八事变的爆发

华盛顿会议后，根据条约，日本在中国的既得利益被各方承认，但同时也受到了遏制，即不能再在中国进行明目张胆的军事扩张，便转而主要采取经济及外交手段扩大在华利益。日本重点扩张的区域之一是东

---

① 〔日〕石井宽治：《日本的对外战略（1853—1937年）：帝国主义思想的演变》，周见、周亮亮译，社会科学文献出版社，2018，第306页。

北，而辽宁省①是日本利益的中心区域。据载，1930 年，在中国东北生活的日本人有 233749 人，其中居住在辽宁的有 218575 人（旅顺大连、"铁路附属地"、日领事馆内），占比为 93.5%。而居住在东北的其他外国人为 102198 人，只有 3001 人居住在辽宁。② 东北的铁路多由日本垄断和控制。九一八事变前，日本在东北的所谓商租土地共有 403.6 万亩。③ 日本政府及财阀在东北的直接投资为 175663.6 万日元，占东北全部外国投资 242561.8 万日元的 72.4%。④ 日本在东北投资额以运输业居首位达 52627 万日元（占全部外国投资额的 55%，下同），矿业 28454.5 万日元（67%），工业 16225.4 万日元（91%），商业 11775.3 万日元（74%），金融业 20433.9 万日元（90%），渔业 97.9 万日元（83%），其他为 46049.6 万日元。⑤ 除了满铁，1931 年，日本财阀及中小资本家在东北开办的独立会社（不包括中日合资）达 1349 家，资本为 70683 万日元。⑥ 另外，日本因资金不足和中国法规限制等原因，还以公开"合办"、秘密"合办"、"委托经营"等方式侵夺中国东北的林业、矿山、水电权益。总之，九一八事变之前，日本在东北的经济金融等领域全面布局、"业绩"显著，并排挤其他列强而视东北为其禁脔。

为了实现国家统一，结束军阀割据的局面，1926 年 7 月 9 日，国

① 1907 年，清朝废除盛京将军，在原奉天府的基础上设立奉天省。1929 年 2 月 5 日，南京国民政府颁布训令，将奉天省改名为辽宁省，自 3 月 1 日起施行。1931 年九一八事变后，又改回奉天省。1945 年日本战败后再次改称辽宁省。新中国成立后，辽宁地区改设辽东、辽西两省，1954 年合并成辽宁省。

② 〔日〕满史会：《满洲开发四十年史》上卷，第 84 页。另，有资料记载为 228784 人。见伪满通信社编《满洲国现势》，1936，第 383 页。还有资料记载为 25 万人。〔苏〕B. 阿瓦林：《帝国主义在满洲》，北京对外贸易学院俄语教研室译，商务印书馆，1980，第 296 页。

③ 孔经纬：《东北经济史》，第 329 页。

④ 伪满洲国政府编《满洲建国十年史》，1943，第 598 页。东北全部外国投资另有数据为 242763.6 万日元。见〔日〕满史会《满洲开发四十年史》上卷，第 685 页。

⑤ 〔日〕满史会：《满洲开发四十年史》下卷，第 345 页。

⑥ 伪满通信社编《满洲国现势》，第 463 页。

民革命军开始出兵北伐。在日本帝国主义对华侵略扩张的总体策略上，明确标定的首要目标是攫取中国东北地区，因而自北伐开始以来，日本政府即强烈反对一切可能加强中国内地与东北地区联系的政治军事行动。日本既设法阻止关内势力联系东北，也不鼓励奉系向关内发展。1927 年 4 月以后，日本田中内阁为阻挠北伐军前进，勾结英、美等国派兵炮轰南京，并且派遣日军在汉口登陆。1927 年 7 月 7 日，田中义一在东方会议上提出《对华政策纲领》，指出基于日本在远东的特殊地位，确定对中国东北及其他地域区别对待的根本方针，明确了八项政策，特别是第五项"帝国在华权益及日侨生命财产有受不法侵害之虞时，除根据需要采取断然自卫措施予以保护外，别无他法"，及不予公布的第七项"至于东三省政局之稳定，则有待东三省人本身之努力，方为至善之策"，第八项"尤其对捏造日华关系流言，以掀起排日、抵制日货之不法分子，固应解除其疑惑，但为维护我之权利，须进而采取适当措施"，① 意在表明"满蒙"为日本据有利益的特殊地区，不愿国民政府统一东北，必要时日本会出兵维护在该地区的利益。之后，田中又凝结会议精神，向日本天皇汇报了对外扩张政策的总战略，提出了"惟欲征服中国，必先征服满蒙；如欲征服世界，必先征服中国"的侵略步骤。② 这体现出日本干涉中国统一，攫取中国东北，加速实施其"大陆政策"的侵略意图。因此，7 月 8 日，田中内阁同意日军借口保护济南日侨出兵山东，主要意图是维护其在东北的"特殊利益"。1928 年 5 月，日本再次出兵山东，制造了济南惨案。同年 6 月，关东军在沈阳又制造了皇姑屯事件。但 1928 年 12 月 29 日，张学良改旗易帜，宣布服从国民政府，中国在形式上完成了统一，这意味着田中内阁强行阻止中国南北妥协的策略破产，日本对"满"政策遭受挫折。同时，在

---

① 日本防卫厅战史室编纂《日本军国主义侵华资料长编——〈大本营陆军部〉摘译》（上），第 139—141 页。

② 中国社会科学院近代史研究所编《日本侵华七十年史》，中国社会科学出版社，1992，第 265—268 页。

北伐的过程中，国民政府的"革命外交"也付诸实践。国民政府收回了海关附加税权力，收回了九江和汉口的英租界，又迫使列强接受对关税主权的谈判。中国最终在原则和形式上收回了关税自主权。1931年4月14日，日本驻华公使会见外交部长王正廷时，询问国民政府"革命外交"之第一期收回关税自主权，第二期取消治外法权，第三期收回租界，第四期归还租借地，第五期收回铁路、内河航运权、沿海贸易权之程序，是否确实如此，王做了肯定的回复，并补充说明收回租借地也包括旅顺、大连在内。这使得一直持有"日本无满蒙即无法生存"观点的石原莞尔等人进一步认为，要确保日本在"满蒙"的既得利益，只能选择武力，而不是币原外交。① 可见，日本占领东北是既定国策，只是需要时机与借口。

日本的一系列侵华行径，引起中国激烈的"排日运动"。日本出兵山东后，中国各地商会一面抗议国民政府的"忍让行为"，一面抵制日本的侵华行径。在奉天总商会的指导下，奉天等地出现了"打倒田中内阁""废除二十一条""反对东方会议"等宣传标语。② 上海总商会则致电日本商业会议所，谴责日本政府派军队来华是"妨碍吾国主权"，"并非保护侨民之正常举动"，是"别有用意"，欲"妨碍中国统一大业"，为"东亚大局"及"两国前途"计，希望日本商业会议所能进言日本政府，"使不至于中日外交史上又造成一种裂痕"。③ 武汉、广州等地商会也纷纷抗议日本出兵山东。④ 济南惨案后，中国的反日运动更趋激烈，全国商会联合会联合上海总商会致电各地商会呼吁"勿存

---

① 日本防卫厅战史室编纂《日本军国主义侵华资料长编——〈大本营陆军部〉摘译》（上），第190—191页。
② 外务大臣田中义一「満蒙問題ニ関スル交渉一件 排日関係満洲排日運動取締交渉関係ニ在リ」『満蒙問題ニ関スル交渉一件 松本記録 第二巻/1奉天における排日運動」、1927年、JACAR（アジア歴史資料センター）、Ref. B02030034600（外務省外交史料館）。
③ 《各界反日出兵之继起》，《申报》1928年4月21日，第4张第13版。
④ 《日本出兵之反响》，《申报》1928年4月25日，第2张第6版。

隔岸观火之念""一致奋起",否则"国将不国",并呈文国民政府,要求当局不再忍让。① 但国民政府仍持消极忍让的态度,助长了日本的侵华野心。中国商民掀起抵制日货运动反对日本侵华初见成效。有研究表明,1927—1928 年中国抵制日货期间,在中国从各主要贸易伙伴进口普遍增长的情况下,从日本进口的增长率低于其他贸易伙伴,从而表明抵制日货运动显著抑制了日本产品进入中国,② 其中,棉纱受影响最大。在抵制日货运动高涨时期,日本国内纱厂被迫压缩生产,日本棉织品价格也有所下降。同时,日本在华纱厂的产量也受到一定打击,根据华商纱厂联合会的报告,1926—1927 年,中国华商纱厂的产量为 126.1 万包,在华日本纱厂的产量为 71.8 万包;1927—1928年,华商纱厂产量增至 137.8 万包,在华日本纱厂产量减至 69.6万包。③

1928 年 6 月 26 日,主要为应对中国的"排日运动",在日本领事馆和驻上海陆海武官的协助下,上海日本商工会议所联合日本在华纺织同业会、上海日本棉纱同业会、上海日本棉布同业会、上海日本糖商会、上海三井物产株式会社、上海三菱商事株式会社、南满洲铁道株式会社上海事务所、日资银行等在上海的日本大企业经济团体共同组成"金曜会",事务所设在上海日本商工会议所内,会议大部分资金也由上海日本商工会议所承担。每月召开两次例会,商讨时事、交换情报、研究中日经济动向,除了标有"极密"的内容外(如 1931 年度金曜会讨论的有关中国问题的文件都标有"极密",每次会议日本驻华领事官、商务官、陆海军都会派人参加),金曜会通过发行《金曜会》小册

---

① 《沪各界对日暴举之愤慨》,《申报》1928 年 5 月 6 日,第 4 张第 13 版。
② 梁华:《抵制日货运动的贸易效应探究——以 1927 年为例的经验分析》,《中国经济史研究》2016 年第 6 期。
③ 李湘、张仲礼:《1905—1937 年中国人民抵货运动对棉纺织品市场的影响》,《商业研究》1963 年第 3 期。

子对外宣传和发布信息。[1] 1928—1931 年，金曜会召开了一百多次会议，其中心议题就是共享调查信息并讨论如何应对中国的"排日运动"，如因"排日运动"在华纺织品滞留货物激增、运输中断、对各地的影响、中日朝野对抵制日货的认识、中日条约交涉，还包括"满蒙问题"、济南惨案等问题的调查及建议等。如 1929 年《金曜会》共发表了 26 辑《上海抵制日货实情》报告，包括《暴戾的上海抵制日货实情》《极其激烈的抵制日货运动》《更加严厉的排斥日货》《排日会运动与煽动民众的真相》等。其中《条约交涉与反日运动》（《上海抵制日货实情》第 23 号）对长沙、上海、南京的"排日"情况进行了调查。[2]在华各商业会议所对抵制日货运动的应对与态度有所不同，作为中心的上海日本商业会议所在 1923 年之后中国持续进行的抵制日货运动中，其应对态度就开始日渐强硬，从组织金曜会及其活动来看，其与日本军政的联系愈加紧密，因此，其经济活动及相关建议日益政治化。但其与东北及天津等地的日本商工会议所建议使用武力彻底解决"满蒙问题"的态度不同，与上海日本商工会议所中的中小商工业者的态度也不一样，上海日本商工会议所中的大资本家并不明确主张用武力，而是希望通过国联等与列强协调的方式解决中国的"排日"问题。[3]

20 世纪 20 年代末至九一八事变前，受奉票贬值、民族工商业崛起、废厘改设营业税等因素影响，奉天等地区日本商人利润明显减少，并在与中国商人的经济竞争中处于劣势，这些情况加剧了在华日商的不满情绪。在日本官厅的暗示与纵容下，奉天等地日本商工会议所在处理

①　上海日本商工會議所「金曜會パンフレット」『在外邦人商業（商工）会議所関係雑件/上海商工会議所』、1928—1931 年、JACAR（アジア歴史資料センター）、Ref. B08061546400（外務省外交史料館）。

②　上海日本商工會議所「上海排日貨實情　第 23 號　條約交渉と反日運動」『在外邦人商業（商工）会議所関係雑件/上海商工会議所/分割 1』、1929 年、JACAR（アジア歴史資料センター）、Ref. B08061546600（外務省外交史料館）。

③　山村睦夫「満州事変期における上海在留日本資本と排日運動——上海日本商工会議所を中心に」『和光経済』第 20 巻第 2、3 号、1988 年、132 頁。

相关问题时，不断把经济问题政治化，这使政治问题不断升级，成为诱发九一八事变的一个因素。①

参加了东方会议的日本驻奉天总领事吉田茂曾向田中提交"对满政策意见书"，他认为"中国排日运动之不足惧，以往事例可资证明"，"唯独吾人之执行对华对满政策，却片面恐惧中国之排日感情，实难理解。既图对华对满之发展，则应对排日有精神准备"，并以英国对印度，并不在于印度人是否以善意欢迎，法国在阿尔及利亚，美国在中美等侵略行为来比对说明，"企图在别国扩展本国之国力"，还要感知该国官民的善意之国策"未闻有成功之先例"，他主张"当前之对策，每逢机会即应首先向天津、山海关、洮南、吉林、临江、间岛各地断然增兵或派兵，以防关内兵乱波及满洲"，进而要求张作霖在日本"指导"下，"改善"东三省政治。② 这些狂言妄论试图为日本出兵东北找寻"合理性"，也诱导了奉天等地日本商工会议所的言行。

日本政府在与中国关税自主谈判中的一系列政策和言行也影响了日本商业会议所的态度。自认在东北有"特殊利益"的东北日本商业会议所更是借所谓"非法征税"等问题推波助澜，③ 为日本出兵东北制造借口和舆论。

《南京条约》签订后，中国很快丧失了关税自主权。晚清及此后中国历届政府为修约和收复关税自主权进行了不同程度的努力。在巴黎和会上，中国第一次明确提出关税自主的要求，但列强拒绝讨论相关问题。在1921年华盛顿会议上，中国再次提请各国允许中国自订税则。经过6次会议，九国代表签署《九国间关于中国关税税则之条约》，同意中国"切实值百抽五"、加征二五附税，但同时规定中国的关税自主

---

① 〔日〕西村成雄：《中国东北地区废厘·新设营业税政策与日本奉天商工会议所——九一八事变前夜日中经济关系的一个侧面》，《第三届近代中国与世界国际学术研讨会论文集》第4卷，第1872页。

② 日本防卫厅战史室编纂《日本军国主义侵华资料长编——〈大本营陆军部〉摘译》（上），第165—166页。

③ 参见孟二壮《近代中国东北地区日本商业会议所研究》，第92—93页。

只能在列强的主持下逐步实现。在 1926 年开始的北伐过程中，实行关税自主是国民党的一个重要目标。这样，经过谈判，至 1928 年底，所有在与中国签订的条约内享有协定税则特权而又参加北京关税特别会议的十二国中，除了日本均已与中国缔结了平等、互惠的关税新约，允许中国恢复独立主权国家所应享有的关税自主权。经过艰难谈判，[①] 直至 1930 年 5 月 6 日，日本才与中国正式签署了承认中国关税自主权的《关税协定》。[②]

在中日关税谈判期间以及正式签约后，在华日本商业会议所在日本政府的暗示下，持续进行反对中国新税收的政策，而大连、奉天等日本商业会议所则以反对"非法征税"等为名，希望日本出兵彻底解决此问题。

1926 年 12 月，北京政府宣布自 1927 年 1 月 1 日起，征收华盛顿会议允许的附加税。张作霖还筹划依据关税特别会议决议案，计划自 1929 年 1 月 1 日实行关税自主，并将实施步骤及计划提上日程。对此，英美等并无太大意见，但日本表示反对并令驻华日本各地领事向中方施压。1 月 25 日，币原喜重郎电告上海总领事矢田七太郎：日本政府正在试图"阻止英美等国承认自主征收而尽力活动……只要不出现非常不利之情况，就应力促日商哪怕通过暗中抵抗而暂不纳税"。"即使已对附加税本身提出了抗议，也要再次对此种征收方法提出抗议"，令各驻华领事根据以往多次电文的宗旨"速拟抗议文，并将日商意见一起电告"。[③] 矢田便将从上海日本商工会议所临时理事会议中所获情况电告币原：棉织业者认为，如能向消费者转嫁负担则新税制对日商收益冲击不大，但多数在华日本商人因惧北伐军而情愿增税以助孙传芳，并想趁白银汇率较高之机做笔大买卖。而且，由于列强默许，如不受某种威胁，

---

① 交涉过程参见单冠初《南京国民政府收复关税自主权的历程——以 1927—1930 年中日关税交涉为中心》，博士学位论文，复旦大学，2003 年。

② 王铁崖编《中外旧约章汇编》第 3 册，第 798—799 页。

③ 「幣原外務大臣より在上海矢田総領事宛（電報）邦商の付加税納付差控え方および付加税徴収方法に対する抗議方訓令」、1927 年 1 月 25 日、外務省編纂『日本外交文書　昭和戦前期 I』第一巻第一冊、日本國際連合協会、1961 年、841—842 頁。

孙也不会中止能获得军费之附税。① 币原回电矢田称："在当业者主动纳税反而有利时，我方对其自发纳税并无强烈异议。"惟鉴于前述日本政府反对中国征收附加税之立场，令日商以"附带抗议"之形式纳税。②

20世纪20年代，为应对日本商工业者资金匮乏的问题，日本众议院通过了日本政府的《针对在华商工业者资金协助及发展的提案》，③为贯彻执行此提案，天津日本商业会议所与扮演着日本在海外"排头兵"角色的天津日本居留民团协作，④ 共同倡议召开在华居留民团与商业会议所联合会，讨论解决资金补给、针对中国抵日构建统一组织及中日通商条约改定等问题。但上海日本商业会议所并没有响应天津日本商业会议所建立统一组织共同应对"排日"的倡议，这是因为九一八事变之前，其与中国商会关系尚可，且受损不大的上海日本大资本家并不想公然"激化"与中国商民的矛盾，因此，金曜会讨论的有关"排日"等很多内容也是直接电达日本官厅，并不公之于众。

1927年8月，奉天日本商业会议所因中国政府"课税"问题致电日本当局，称中国官厅的行为"明显无视国际信义"，是"蹂躏条约"。中国政府不但"企图非法课税"，还要"以此来阻止我们通商，开展排日排货行动"，日本政府应立刻"采取强硬手段"，使中国官厅"改正

---

① 「昭和2年1月26日在上海矢田総領事より幣原外務大臣宛（電報）孫伝芳の二分五厘附加税徴収に対する邦人当業者および各國の態度について」、1927年1月26日、外務省編纂『日本外交文書 昭和戦前期Ⅰ』第一巻第一冊、842—843頁。

② 「幣原外務大臣より在上海矢田総領事宛（電報）邦人当業者の二分五厘付加税納付について」、1927年1月28日、外務省編纂『日本外交文書 昭和戦前期Ⅰ』第一巻第一冊、844—845頁。

③ 衆議院議長川原茂輔「在支商工業者ニ対スル資力補救立之力發展策ニ關スル建議書」『第五十六回帝国議会提出建議/在支商工業者ニ対スル資力補救並之力発展策ニ関スル件』、1929年、JACAR（アジア歴史資料センター）、Ref. A14080408000（国立公文書館）。

④ 相关内容参见幸野保典「天津居留民団の低利資金請願運動」波形昭一編著『近代アジアの日本人経済団体』、133—158頁。

不法行为"，从而努力维护日本商权。[①] 同月 2 日，上海日本商业会议
所也决议向日本政府请愿，并向中国政府提出抗议，其所提要点有两
个：进口税之附税（关于纱布之部分）及出厂税。[②]同年 11 月，奉天日
本商业会议所调查科对"排日"情况进行集中调查后，认为是张作霖
频繁发动军事行动导致中日关系紧张及日本商民生活经营困难。奉天日
本商业会议所以此为由向日本政府请愿，称中国政府"蛮横非法的行
为严重侵害了"日本的"既得权益"，"破坏"了日本商民的经济发展，
尤其是中国政府的"非法征税行为"，"严重影响了"日本商工业者的
"基本生活和开展经营活动"。"虽然已多次与奉天当局进行交涉，但奉
天当局的处理态度及应对措施毫无成果，令日本商民身心俱疲。希望日
本政府监察商民之苦情，迅速采取坚决果断措施，彻底扫除经济发展上
的障碍因素，保障日本商民的生存环境。"[③] 即要求日本政府对张作霖
采取强硬措施，重新考虑日本对东北的政策，确保日本在"满蒙"的
权益。

　　南京国民政府致力于改订关税平等新约的同时，于 1928 年 12 月 7
日颁布了一项国定海关进口税则，作为关税自主后征税的标准。中国提
高关税后，受影响最大的将是来自日、英的占中国进口额 25% 的纺织
品和 3% 的卷烟。从一战结束直到 20 年代中期，英美两国的对华输出额
在外贸总输出额中只占 2%—5%。而日本的对华输出额则占其外贸输出
总额的 30% 左右，尤其是棉纺织品的输出额占比为 40%—50%。[④] 因

---

① 「支那官憲の不当課税と当所の對策」奉天商業會議所編『奉天經濟旬報』第 2 卷第
　 4 号、1927 年 8 月 5 日、5 頁。
② 《蒋介石抄送殷汝耕关于各国反对关税自主情形函》（1927 年 8 月 16 日），中国第二
　 历史档案馆编《中华民国史档案资料汇编》第 5 辑第 1 编《财政经济》（2），江苏古
　 籍出版社，1991，第 1—2 页。
③ 「昨年の満洲經濟界を顧みて」奉天商業會議所調査課編『奉天經濟旬報』第 3 卷第
　 1 号、1928 年 1 月 5 日、1—8 頁。
④ 姜文求：《从关税特别会议召开的背景看其失败的原因》，《民国档案》1996 年第
　 3 期。

此，税则公布后，日本虽屡次反对该税则，但各国多拒绝合作。① 在各方压力以及列强拒绝合作反对新税则的情况下，经过多次谈判，② 1929年1月31日，日本驻宁领事正式通知中国外交部：日本枢密院已通过中日关税协议，在华日侨均应自2月1日起遵守新税率。③ 但中国欲在当地按新税则征税时，日本又以此前的协定并未谈及输出附加税为由，让东北各地领事、关东厅和日商等一起反对并企图强行通关阻挠海关依法征税。2月2日，大连日本商工会议所会长佐藤至诚致电田中称：实施二五输出附税将对东北输出贸易造成极大打击，不仅将使东北经济界陷于不振，且对日本也影响甚大。因此，望速与中国政府交涉，以阻止该计划之实行。④ 2月4日，奉天日本商工会议所会长庵谷忱也致电田中，强调"我在满贸易商已因2月1日开征之输入税缺乏一定宽限期而蒙受难以预测之损失，现在如再突然征收输出附税，无疑将置我输出商于绝地。不仅将给满洲财界带来很大打击，且将给我国带来巨大影响，故望政府速以适当措施阻止之"。⑤

随着东北抵制日货运动的高涨，日本商业会议所的相关调查活动及言论也更加频繁，仅1929年1月至8月，奉天日本商工会议所调查科主办的《奉天经济旬报》等刊物上发表的有关中国方面抵制日货的报道就达130余篇。⑥ 从1930年开始，奉天日本商工会议所持续在《奉

---

① 童世光译《英报之日帝国主义在满洲的前途观》，《东方杂志》第25卷第24号，1928年，第55—57页。
② 相关研究参见王建朗《日本与国民政府的"革命外交"：对关税自主交涉的考察》，《历史研究》2002年第4期。
③ 王芸生编著《六十年来中国与日本》，第186页。
④ 「在上海横竹商務参事官より田中外務大臣宛　輸出付加税は本邦輸出業者に影響を与える不法課税で あることについて」，1929年2月2日、外務省編纂『日本外交文書　昭和戦前期Ⅰ』第一巻第三冊、671頁。
⑤ 「庵谷奉天商業會議所会頭より田中外務大臣宛電報　輸出付加税導入至急阻止方請願」，1929年2月4日、外務省編纂『日本外交文書　昭和戦前期Ⅰ』第一巻第三冊、677—679頁。
⑥ 数据源于奉天商業會議所調査課編『奉天經濟旬報』第5—8巻、1929年1月5日—1930年8月25日。

天商工月报》上"披露"中国政府的"非法行为"及日本商民受到的"不公待遇",并有意引导日本商民与中国政府进行对抗。如 1931 年 3 月,奉天日本商工会议所发表文章,指责日本商品在利用中国方面铁路运输时受到不公正的待遇,谴责中国方面有意保护本国工业,刻意打压日本商品,无视国际信义,践踏既定条约,使日本商民利益遭受重大损失。① 1931 年 7 月,日本为了转移国内日趋严重的政治经济危机,加紧对华武装侵略,出动军警镇压吉林省万宝山农民,制造万宝山事件。万宝山事件发生后,日本继续扩大事态,并借口"中村事件",在日本国内宣传"满洲问题,除行使武力外,别无解决之途"。② 奉天等日本商工会议所持续就所谓"非法征税"等无理问题呼吁日本商民与奉天官厅展开对抗,对征税问题不要袖手旁观。③ 8 月,奉天日本商工会议所在题为《"非法征税"与商民须知》的文章中,暗示日本商民在遭遇中国政府的"非法行为"时应强硬回击,如"坚决拒绝'非法征税',立即向日本领事馆警察寻求帮助,通过日本官厅采取相应措施"。④ 9 月,奉天日本商工会议所发表《日中国交上的重大问题》一文,控诉中国方面"非法修建满铁平行线""强制向日本商人征税""煽动抵制日货运动"等行为"严重妨碍"了日本商民的正常通商和生活,认为中日关系紧张以及中国方面抵日情绪高涨,完全是由国民政府长期的抵日教育造成的。⑤ 大连日本商工会议所调查了东北日本商人在"非法征税"中的损失,主张日本政府在日商"坚决抗议""非法征税"的情况下,

---

① 「支那鉄道の運賃差別待遇」奉天商業會議所編『奉天商工月報』第 306 号、1931 年 3 月、304—305 頁。

② 〔日〕井上清:《日本军国主义》第 3 册,马黎明译,商务印书馆,1985,第 254 页。

③ 「営業税と附属地の邦商」奉天商業會議所編『奉天商工月報』第 310 号、1931 年 7 月、3 頁。

④ 「不当課税と商民の心得」奉天商業會議所編『奉天商工月報』第 311 号、1931 年 8 月、4—5 頁。

⑤ 「日支国交上の重大問題」奉天商業會議所編『奉天商工月報』第 312 号、1931 年 9 月、4—5 頁。

应拿出"彻底方策",采取"断然措施"以维护日本商权及"国威尊严"。① 这些主张以公开发表的方式,在日本商民中广泛传播。在日本商工会议所的宣传鼓动下,中日矛盾不断激化,为日本出兵东北制造了社会舆论。

1929 年之后,从美国开始的经济危机迅速波及整个资本主义世界,日本也无法幸免,其国内经济萧条,中小企业破产增多。同时,中国抵制日货运动影响了日货在华销售。为了转嫁国内经济危机,以及侵占中国市场,在舆论及军事两方面皆做好准备的情况下,1931 年 9 月 18 日,日本制造了"柳条湖事件",继而发动了侵占东北的军事行动,是为九一八事变。

日军占领沈阳后,为占领全东北,关东军申请增派军队,但日本陆军中央认为在东北的军事行动基本已达到目的,故并未考虑控制全"满",并认为"可以告一段落",之后的军事行动应与日本内外政策保持密切联系。② 此时,虽然目的一致,但急于武力解决"满洲问题"的关东军与顾虑国联及国际影响的若槻礼次郎政府的暂缓政策尚有矛盾。但 12 月犬养毅担任首相后,发表了"应与军部协力,积极解决满蒙问题"的谈话,日本对华政策变为强硬,日本军方与政府之间就武力占领东北问题达成一致。

二 在华日本商工会议所与九一八事变后日本的社会舆论宣传

日本政府为了向国内外宣传发动九一八事变的"正当性",掌控战局,更为了引导国内社会舆论,动员情报系统开展了关于九一八事变的舆情调查。在日本军政部门的新闻统制政策干预下,日本国内新闻媒体

---

① 大連商業會議所會頭佐藤至誠「東三省ニ於ケル不当課税問題ニ關シ要望ノ件」『中国ニ於ケル租税及負担金関係雑件/不当課税関係第三巻/1. 一般不当課税問題(在支各公館ヨリノ報告ヲ除ク)」、1927 年、JACAR(アジア歴史資料センター)、Ref. B08060805500(外務省外交史料館)。

② 日本防卫厅战史室编纂《日本军国主义侵华资料长编——〈大本营陆军部〉摘译》(上),第 198 页。

对九一八事变的论调宣传出现合流现象。而在此期间，在华日本商工会议所一面调查九一八事变相关情况，如大连日本商工会议所提交了《东三省官兵匪贼暴行案例》《满洲事变前我权益侵害事例》等报告；一面指责中国方面应该对日本出兵负主要责任，认为日本方面纯属"无奈下的正当防卫"，为日本侵华行为提供舆论支持。同时，在华日本商工会议所推促日本政府进一步采取"强硬"手段解决"满蒙"等问题，为日本全面占领东三省推波助澜。1931 年 9 月 29 日，日本召开主旨为"全国商业会议所代表呼吁对华强硬"的大会，上海、奉天、大连等在华日本商工会议所皆派代表出席了会议。在会上，奉天日本商工会议所会长藤田九一郎痛陈中国方面对日本商人的"暴行"，谴责中国"排日"及战争"挑衅"行为，呼吁日本政府用强硬的战争手段彻底解决中国方面的"不法不当行为"。9 月 30 日到 10 月 2 日，藤田九一郎以奉天日本商工会议所会长的名义在日本《中外商业新报》上连续发表题为《就此斩断排日的祸根：在华日本人含泪期盼》的三篇文章。藤田九一郎历数中国的"暴行"，并言称在华日本商人对此已是"忍无可忍"，进而指出日本出兵东北是"迫于无奈而正当防卫"，并期望日本政府能借此"彻底保障日本在满洲将来之权益"，呼吁日本政府借此机会彻底占领东北地区。[①] 奉天日本商工会议所在致国联调查团的呈报中极力指责奉系军阀在九一八事变前侵害日本权益，批评奉天地方政府对日资管理的土地、矿山、森林、铁路采取不法行为，滥发纸币扰乱经济秩序，非法课税、于海关检查放行单妨碍通商等行为，并极力突出奉系军阀以上行为对在奉天日本人的影响。[②] 东北地区日本商工会议所向国联调查委员会递交材料中的观点，也基本被李顿调查团报告书所

---

① 「排日の禍根を此期に断て：在支那人は熱涙を呑む排日の禍根を此期に断て」『中外商業新報』昭和 6 年、1931 年 9 月 30 日—1931 年 10 月 2 日。

② 「支那軍閥の經濟擾亂に就て」佐佐木孝三郎編『奉天經濟三十年史』奉天商工會、1940 年、635 頁。

采用，① 从而影响了国联调查团对日本发动九一八事变原因的判断。国联调查团最终发表的报告书认为：日本在中国东北拥有特殊利益，中国的抵日行动损害了日本的利益。九一八事变爆发的重要原因之一，是中国开展的抵制日货运动严重损害了日本的利益，最终导致中日冲突、日本发动"报复性"战争。② 因各国媒体对《李顿调查报告》的看法对日本方"有利"，③ 最终助长了日本扩大侵华的野心。

三　九一八事变后在华日本商工会议所的政治态度及影响

九一八事变后，中国民众表现出异常强烈的反侵略情绪，体现在贸易上就是要求"彻底对日经济绝交"。九一八事变后的4个月，日本对中国北部、中部、南部、香港之输出贸易平均受损甚大，较上年同期减少了64%，其中南部减少89%，重要商品减少最多者为棉纱81%、丝织物59%、水产55%。日本商工会议所指出，中国抵制日货使日本商工业损失约18500万两，仅上海一埠华商所购之日货被反日会封存者约值6000万两。④ "历来之迭次反日运动，从未有如今日之断绝中日商人之信用往来而从事彻底之抵货运动。"⑤ 九一八事变后，中国商民抵制日货的决心和行动使在沪日本商工业者对利用外交手段解决中日问题愈加失去信心，而反观武力占领之下，日本在东北获得的实在利益更是现实的反映。因此，在上海的日本资本家从九一八事变

---

① 孟二壮：《近代中国东北地区日本商业会议所研究》，第105页。

② 中日问题研究社编辑《国联调查团报告书》，中日问题研究社，1932，第179页。

③ 陆军省新闻班「リットン報告に対する外国新聞の論調」『各種情報資料・陆军省新聞発表』、1932年、JACAR(アジア歴史資料センター)、Ref. A03023842700(国立公文書館)；陆军省调查班「『リットン』報告ニ対スル欧洲諸國言論機關の論調」『各種情報資料・陆军省新聞発表』、1932年、JACAR(アジア歴史資料センター)、Ref. A03023845800(国立公文書館)。

④ 《九一八以后日货输华减百分六四　上海封存日货约值一万万两　请看日本商工省及上海日商会之调查》，《大公报》1932年2月17日，第2张第6版。

⑤ 《日商对于钱业决议经济绝交之恐慌》，《商业月报》第11卷第10期，1931年10月，第5页。

初期的"质疑与不满",迅速转向趋同于日本军部,主张对中国"排日运动"应采取武力应对的态度。1931 年 10 月 11 日,日本在上海企业代表与其他在沪日侨共计 4000 余人召开"上海居留民大会",决议请求日政府"速用断然强硬而有效之手段彻底解决'对日经济绝交',为了达到上述目的,我等能接受任何牺牲"。① 上海日本商工会议所成员以"痛下悲壮之决心,不惜牺牲对华贸易"为题,向日本外务大臣提出以"永久、根本性"地解决"满蒙问题"为"大目标"的建议,他们认为,如果将"满洲事变"作为地方问题来解决,今后的中日关系将"永远纠纷不断",这不仅会使日本在以长江为中心的整个中国的经济基础"遭到根本破坏",而且也难于继续维持在"满蒙"的既得权益。在 1931 年 12 月 28 日召开的第 136 次金曜会上,上海日本商工会议所所做报告为"日华纺织织布工场职工怠业情况""排日地方商业情况的疲弊与不振状况"等,渲染中国"排日运动"的危害。② 1931 年末,因张学良的部队在锦州附近仍有活动,为占领东北,关东军开始以占领锦州为目的进行准备,并于 1932 年 1 月 3 日占领了锦州,进而计划出兵"北满"地区。与此同时,上海日本商工会议所在 1932 年 1 月 22 日向日本政府提出对长江流域出兵的建议。可见,上海日本商工会议所改变了之前主张与列强"协调"解决中国"排日"问题的态度,也开始建议武力解决经济问题。在日本商工会议所的夸大其词的"排日"情况调查及"悲情"请愿煽动下,以上海为主的在华日本企业家为摆脱由中国"排日运动"带来的商业困境,期待日本海军使用武力的愿望,引起日本社会的强烈共鸣,这为日本军部扩大对华侵略,发动"一·二八"事变奠定了社会基础。

日本为转移国际视线,顺利推进在东北地区的侵略行动,1932 年 1

①　"国防部史政编译局"译《日军对华作战纪要 41　卢沟桥事变前海军作战之战略指导》,台北,"国防部史政编译局",1991,第 97 页。

②　上海日本商工會議所『第百三十六回金曜会』上海日本商工會議所、1931 年 12 月 28 日。

月 28 日，日本海军与陆军协同进攻中国上海守军，是为"一·二八"事变。在"一·二八"事变期间，日本在上海纺织业者组织日籍职员，加入日本陆海军，直接参与对华作战。如大康纱厂约有 40 名职员加入日军第九师团第二野炮高射炮队。① 上海纺织公司派出 18 人参与架设无线电，公大纺织工厂组织职员印刷数百张上海区域地图，并将刊行的地图运送至一线部队手中，供其作战使用。② 同时，上海日本商工业者捐款捐物支援侵沪的日本陆海军。③ 大康纱厂和上海纺织公司还向日本海军陆战队提供汽车运兵至前线和运送伤病员，提供货车运送日军野炮至作战前线。④ 中日双方军队经过战斗，1932 年 3 月 3 日，日军司令官根据其参谋总长的电示，发表停战声明，同日，国联决议中日双方下令停战。经过停战会议谈判，5 月 5 日，中日双方签订了《上海停战协定》。

实际上，九一八事变发生之时，犬养毅内阁以"国际协调""不干涉中国内政"为主要方针，一般的日本国民对于"满蒙"的重要性尚认识不足，但日军在东北、上海的一系列"成功"举动，犬养毅内阁（明治宪法下最后一个政党内阁）因犬养毅遇刺结束而海军大将斋藤实接任首相后，日本军国主义色彩愈加浓厚，再加上商业会议所等在华日本经济团体对中国"排日运动"的极力渲染及"武力解决"问题等建议的煽动，于是，"一·二八"事变后，日本国民"对事变的热情与日俱增，逐渐形成举国一致的态势"。⑤ 1932 年 9 月 15 日，日本与伪满签订了《日满议定书》，确认了日本在"满蒙"的既得利益，承认日"满"共同防卫及日本驻兵权。至此，日本完成了九一八事变之作战目

① 上海居留民团编『昭和七年上海事変誌』上海居留民団、1933 年、447—448、457 页。
② 上海居留民団編『昭和七年上海事変誌』、467、472 页。
③ 上海居留民団編『昭和七年上海事変誌』、444—445 页。
④ 上海居留民団編『昭和七年上海事変誌』、466—467、451 页。
⑤ 日本防卫厅战史室编纂《日本军国主义侵华资料长编——〈大本营陆军部〉摘译》（上），第 222 页。

的。此后，在华日本商业会议所搜集中国情报、协助日本对华推行经济统制政策，沦为日本军国主义的帮凶。

第三节　在华日本商业会议所与经济统制政策

一战后，日本开始出现统制经济思想，经济统制政策经过数年的修订与调适，三四十年代战时经济统制被正式推出，在战后退出历史舞台，这前后大约 30 年的时间可称为广义上的"经济统制时期"。在此期间，日本在本土、海外殖民地和占领区全面推行经济统制政策。其中，日本本土是战时经济统制政策的中心，而中国、朝鲜、东南亚是日本经济统制政策的延伸和补充。

"商业会议所不单单是建议咨询机关，作为民间意见的代表机构，商业会议所积极参与国家经济政策的制定和执行，尤其在经济统制政策实施中发挥着重要的作用。"[①] 遍布中国各地的日本商业会议所作为日本在华的重要经济组织，在日本对华经济统制政策的制定及推行中发挥了重要作用。

一　日本制定并推行经济统制政策

1918 年 9 月 8 日，日本推出《军需工业动员法》，正式以法律形式使战争动员合法化、制度化，是日本战时经济统制萌芽的重要标志。为准备发动大规模侵略战争，日本政府加快战略原料及战争所需其他物资的储备。第一次世界大战是日本工业发展的飞跃期，1914 年日本工业生产总值为 13.72 亿日元，至 1919 年达到 68.89 亿日元，[②] 其中，纺织业、采矿业和重化学工业取得明显进展。同时，生铁和粗钢等生产量及

---

① 小穴毅訳編『戦争経済と商工会議所』商工行政社、1939 年、6 頁。
② 山本義彦編著『近代日本経済史：国家と経済』ミネルヴァ書房、1992 年、65 頁。

进口量的快速增长，为一战后日本经济尤其是军需工业的发展打下了坚实的基础。在一战刺激及日本政府的法令推动下，日本工业体系开始由轻工业向重工业转型。1927年5月，日本在内阁中增设资源局。1929年4月，日本内阁颁布了《资源调查法》和《资源调查令》。内阁资源局的设立及上述法令的颁布，标志着日本总动员体制的初步建立。① 九一八事变后，为发动全面侵华战争，日本积极进行经济上的准备，为创建独立的重化学工业体系，日本通过国家政权的力量扶植以军工生产为中心的重化学工业生产，优先发展与战争关系密切的工业部门，开始了对个别经济活动的统制。1934年，日本政府将《军需工业动员法》改名为《军需动员法》，从而进一步扩大军需动员范围。七七事变后，日本进入"战时经济统制"时期，日本用法令、法律等形式对经济加以宏观控制，将国民经济的各方面置于政府的控制之下，对资金、原料、市场等方面都实行倾斜政策，加强国民经济的战争化、重工业化。此外，应陆海军的要求，日本议会决定《军需动员法》"适用于中国事变"。据此又制定了"工厂企业管理令"，将众多优良企业置于陆海军的控制之下。为了满足战争需要，日本于1937年10月5日发布《军需动员实施训令》。1938年4月1日，日本国会紧急审议并通过了《国家总动员法》。该法于1939年、1940年两次修订、补充，是二战期间较完备的一部战争动员法，其目的在于最大限度地动员国家的全部力量，满足战争需要。1941年，因日本侵占南印度支那等地，英美完全禁止向日本运送钢铁、石油等战略物资，日本的战略资源与军需生产严重不足，无法支撑持久战争。因此，1941年8月，日本颁布"重要产业团体令"，政府负责的统制机构——各种类别的"统制会"及"统制组合"开始建立，直接参与具体的经济活动，并随着战争的持续发展而不断强化。1941年12月太平洋战争爆发后，日本又发布动员工人、资本、能源、交通运输工具等提高工厂产量的八项计划，大量民用产业被

① 杨栋梁：《日本近现代经济史》，世界知识出版社，2010，第156—157页。

迫转为军用产业。日本战争动员涉及范围极其广泛，包括兵力动员、劳务动员、国民精神动员、电力动员、生产力扩张计划所需的物资动员、金融动员等。但随着日本战败，1945 年 9 月 29 日，《国家总动员法》被废除。1949 年，日本在战后改革中实施"道奇计划"，经济统制正式终结。

二　在华日本商工会议所在"经济统制"中的活动与作用

在日本推行经济统制政策期间，在华日本商工会议所起到了参与政策制定，配合日本政府在占领区组织并指导推行经济统制政策的作用。

九一八事变后不久，奉天日本商工会议所副会长菅原谦亮作为奉天日本在留民代表，向日本军方提出了在东北实行经济统制的主张。可见，奉天日本商工会议所是日本在东北推行经济统制政策的倡导者。

日本武力占领东北后，试图让东北经济成为军事性的掠夺式的国家垄断资本主义统制下的殖民地经济，[①] 以便更好地推行经济统制政策。在扶植溥仪建立伪满洲国后，日本开始推行"日满经济紧密化""日满经济一体化"政策，目的是在伪满的经济领域实施一系列的统制政策。1932 年 7 月，日本关东军特务部与满铁共同拟定了《满洲经济统制根本方策》，提出在东北地区实行经济统制政策，并与日本协调经济，试图把东北军需产业和重要经济部门完全控制起来，使东北经济彻底成为日本经济的附庸。1933 年 3 月，伪满洲国公布"满洲国经济建设纲要"，正式将经济统制政策作为伪满洲国的根本经济方针。

为了在东北顺利推行经济统制政策，日本政府在吉林（1935 年 3 月）、齐齐哈尔（1935 年 12 月）、鞍山（1936 年 8 月）、锦州（1936 年 8 月）、海拉尔（1936 年 1 月）、图们（1937 年 2 月）、牡丹江（1937 年 4 月）等日本工商业势力都不算十分发达之地推广设立商工会议所。这些商工会议所的设立有着明显的政治目的，即作为经济统制机关，以及在

---

① 苏崇民：《日本侵占下东北经济的殖民地化》，北京交通大学出版社，2018，第29页。

满铁附属地的治外法权及行政管理权被撤销后，与东北地区的中国人商会合并重组等。如齐齐哈尔被日本称为"西北满洲"的"国防"与经济中心，但日本在齐齐哈尔地区迟迟未设立商工业者统制机关。1935年，齐齐哈尔领事内田五郎向日本驻伪满"全权大使"汇报设立齐齐哈尔日本商工会议所的事宜时表示，九一八事变以来，齐齐哈尔市内日本工商业"渐次发达，工商业者根基稳固"，随着日本在此地统治的稳固，日本在齐齐哈尔的各项事业也将"蒸蒸日上"，如仅依靠商业协会①、建筑协会、旅馆组合等组织难以对日本各行业的商工业者进行联络统制。随着日"满"间撤销满铁治外法权及移交征税权于伪满等事务的落实，非常有必要设立日本商工业者的统制机关，对日本商工业者进行指导。② 于是，1935年12月，由齐齐哈尔日本人商业协会、土木建筑协会等组织合并成立齐齐哈尔日本商工会议所。1938年2月，根据伪满"商工公会法"，齐齐哈尔日本商工会议所和齐齐哈尔商会合并为齐齐哈尔商工公会。

伪满时期，日本政府对东北各商工会议所的定位，由之前回应日本政府工商业咨询，协助日本对东北的侵略，展开工商业情报调查等内容，扩大到实现"日满经济紧密化"，配合日本对东北展开经济统制，指导日本商工业者完成与伪满商会的合并，配合日本最终将东北完全殖民地化。③ 可见，东北日本商工会议所被改组为商工公会后，其作为商工业者代表的经济职能逐渐丧失，彻底成为配合日本展开对"满"经济统制政策的驻外行政机构。

---

① 1934年1月，齐齐哈尔当地的日本商工业者组建经济组织，即同业公会，成员不足50人，且以小商人为主。为了对齐齐哈尔进行经济控制，在日本政府的支持下，1935年1月，齐齐哈尔同业公会被整合成规模更大、职能更多的齐齐哈尔商业协会，成员有82名。

② 在齊齊哈爾領事内田五郎「商工會議所規則館令制定方ニ付請訓ノ件」『在外邦人商業（商工）会議所関係雑件第一巻/3. 齐齐哈爾商工会議所』、1935年、JACAR（アジア歴史資料センター）、Ref. B08061529900（外務省外交史料館）。

③ 孟二壮：《近代中国东北地区日本商业会议所研究》，第148页。

　　1937 年，日本发动全面侵华战争后，日本进入"战时体制"，其经济也相应地进入"战时经济统制"时期。同年 9 月，日本通过了《临时资金调整法》、《输出入品等临时措置法》和《〈军需工业动员法〉适用法》，开始了对经济的全面控制。

　　日本占领上海后，逐步加强对上海的经济统制，上海日本商工会议所在其中发挥了重要作用。[①] 此时期，上海日本商工会议所的主要活动包括通报、中介、协商、调停、仲裁、鉴定证明、推荐参考人、调查统计及编纂、设置与管理建造物、联络及与外国商工团体交涉等。[②] 从上海日本商工会议所编纂发布的事务报告书来看，1941—1942 年，上海日本商工会议所的主要业务包括：参与销售日本国债活动，配合日本推行国民总动员运动，促进以上海市商会为中心的中日经济协作，协助实施物资统制政策，配合物价统制政策（包含物价调查、家庭收支调查），联络调停各中日组合，受陆海军、总领事馆、"兴亚院"委托对资产冻结、法币崩溃的影响进行调查。[③]

　　日本宣布对美英开战后，上海日本商工会议所立即召开干部紧急会议明确表明配合日军行动的立场。1942 年，为配合日本侵略扩张政策，日本驻上海总领事馆在《上海日本商工会议所规则》的基础上对会议所进行改编，改编后的上海日本商工会议所成为完全受总领事馆支配的"上意下达、协助国策"的日本在外机构。[④] 如根据日本军政的指令，上海日本商工会议所多次召开由制糖、油脂、金属、纺织、瓦斯、酿酒、制水、制钢、制粉、制纸、制药、酱油、化妆等业有影响力者参加

---

① 相关研究参见山村睦夫「日本占領下の上海日本商工会議所」柳沢遊・木村健二編著『戦時下アジアの日本経済団体』、255—298 頁。
② 『上海日本商工會議所所報』第 23 号、1940 年 6 月、2 頁。
③ 上海日本商工會議所『昭和十八年度事務報告』、1941 年、1—20 頁；『昭和十七年度事務報告』、1942 年、10—25 頁。
④ 上海日本商工會議所「第七回定期議員總會議事錄」『上海日本商工會議所所報』第59 号、1942 年 6 月、2—3 頁。

的恳谈会，听取各业代表意见，讨论如何实施统制物价。①

太平洋战争爆发一年后，鉴于日本国内外形势的变化，1942 年 12 月 21 日，日本召开御前会议，制定了《为完成大东亚战争所需要的对华处理根本方针》。方针一，日本以汪伪参战作为打开日华间局面的一大转机，根据"日华合作"的根本精神，专注于加强汪伪的政治力量，同时设法消除重庆抗日的根据和名义，和"革新中国"真正同心协力，"为完成战争而迈进"。方针二，针对世界局势的演变，力求在英美的反攻达到高潮之前，根据上述方针，谋求取得对华各项施政的成果。要领一是加强汪伪的政治力量。包括尽量不干涉汪伪的内政，使汪伪加强对日本占领区域内地方政府的"领导"，迅速调整以致废除在中国的租界和治外法权及其他特殊事项，促使汪伪确实具体实现增强为完成战争所必需的生产，普及官民对战争目的的认识以及加强"维持治安"等，以使其彻底地协助作战。要领二是经济政策。当前的对华经济施政以增加取得完成战争必需的物资为主要目的，重点开发和取得占领地区内的重要物资，并积极取得敌方物资；当采取经济措施的时候，要力戒日本方面的垄断（主要指同业公会等日本组合），同时有效地利用中国方面官民的责任与创见，以使其体现积极对日合作的实效。② 可见，日本新的对华方针主要是利用汪伪（明确提出日本暂时不进行任何以重庆为对手的诱和工作）及中国商民协助日本的"大东亚战争"。

1943 年 3 月 29 日，上海日本商工会议所召开定例总会，就适应汪伪参战后之中日关系，由全市日商共同协议，谋取适应政府新政策之方法。主席青木认为，日本新经济政策的重点在于：（1）在上海等地的经济体制中减弱过去的日本式性格，予以中国中心之性格；（2）尽量使华人做自主的统制，予以中国中心之性格。同时他指出，这样做虽然有中国方面"收回利权"的倾向，但此次政策改变，不应视为"收回

① 《日商上海商工会议所召开各业恳谈会　讨论如何实施统制物价》，中国经济研究所译刊《经济特讯日译》总第 11 号，1942 年 9 月 25 日。

② 〔日〕服部卓四郎：《大东亚战争全史》上卷，第 499—500 页。

利权"。"此系于大东亚立场上树立中日共存共荣之大义。"因此，中日
财界应始终于"公正立场"，根据"虚怀若谷善邻相扶之大义"，适应
"国策"，完成建设经济上海之目的。同时发扬"政策转变"之真髓，新
经济政策的变革与影响将涉及生产、配给、收买、交易、通货、物价等，
至为复杂。而以此等为中心，其间，上海日本商工会议所不得不负责之
范围势必扩大，更因官厅改革机构之结束，由官厅所委托之各种事务，
亦为难以避免之情势，目前全国商业统制总会已将关系商品之登记等事
委托会议所办理。又，总领事馆似已内定将大量华人食米配给事务移交
会议所进行。鉴于上述种种情形，与日本经济新情势之影响，以及国际
政局、战局等关系，则内外实处多事之秋。商工会议所为适应此等变局
所负之使命与责任，诚至为重大。①

　　1943 年 5 月，为因应日本对华新经济政策，上海日本商工会议所
再次改进组织。（1）设立事务局局长及次长。事务局局长由专务理事
兼任，承会长之命，统理事务局。事务局次长相当于过去之副理事，由
会长、副会长、专务理事选定。（2）事务理事室（新设）掌理会长、
副会长，及关于专务理事之秘书事项。（3）总务课及经理课，系向来
之庶务课、会计课，因业务扩大而设。（4）情报课改为企划课，负责
商议对外业务之中心问题，过去情报课之主要业务为情报之搜集及报
告，关于一般经济之企划、部会、委员会、恳谈会、星期六会以及其他
会议之企划、报告工作之作成，及关系官公署、经济团体之连携调整
等。（5）调查室，并合情报课之动态调查，再做一静的基本调查，再关
于日本人生活调查，以明了日本人最低生活指数。（6）新设统制课，掌
理 1942 年被改革经济团体之统制指导权，联络新设日商对策委员会，调
查统制业务关系之业态，以及关于中国方面经济统制团体之关联事项。
（7）出版课，所报、月报、年报等之编纂、出版及发行。（8）经济相谈

---

① 《日侨商工会议所召开定例总会　青木主席致词》，《申报》1943 年 3 月 31 日，第 1
　张第 4 版。

所（即旧商工相谈所）。①

在日本的操纵下，汪伪政权对英美宣战后，作为民间组织的上海日本商工会议所在日本政府与汪伪政权间发挥了重要的作用：一方面，代替日本政府与军队，支援汪伪政权成立全国商业统制总会；另一方面，统合上海的日本商工业者，强化协助日本国家政策的职能，从而支持日本占领上海的政策。②

总之，为支持日本的侵略行为，在日本对华推行经济统制政策期间，在华日本商工会议所关于保持营业自由、支援会员事业的活动几乎消失，成为代替日本行政机关承担管理关于物资统制、物价对策等经济统制活动的日本外围机构。

---

① 《为应付对华新经济政策　日商工会议所改进组织》，《中国商报》1943 年 5 月 19 日，第 1 张第 2 版。
② 山村睦夫「日本占領下の上海日本商工会議所」柳沢遊・木村健二編著『戦時下アジアの日本経済団体』、255—298 頁。

结　语

　　近代在华日本商业会议所是伴随着日本对华侵略政策的展开及占领区域的渐次扩大而设立的。日俄战争后，日本以朝鲜及中国东北南部为侵略基地，极力推进其"大陆政策"。随着奉天等地开埠设领，在华日本商工业者人数大增。日本为了在中国快速扩张其经济势力，在日本驻华领事馆的建议下，参照日本国内相关制度，首先在奉天设立了由日本商工业者组成的商业会议所。近代，日本在中国东北、华北、华中、华南包括香港、台湾地区相继至少设立了44个商业（工）会议所。为了行动一致，解决利益相通的重要问题，在华日本商业会议所及实业协会还通过区域内或者不同区域甚至跨国间的互动联合，建立了在华日本人商业会议所联合会、"满洲"日本人商业会议所联合会、"满鲜"日本人商业会议所联合会等联合组织。日本商业会议所通过纵横交错的组织系统与日本国内外其他调查机构一起构筑成范围广大的情报信息网。同时，在华日本商业会议所依据其调查资料及国家利益导向提供的建议，对日本政府制定及推行对华政策起着重要的作用。

　　一　近代在华日本商业会议所的特性

　　一般而言，近代在华日本商业会议所是在中国从事经营活动的日本工商界人士根据需要经政府批准组成的经济团体，具有独立法人资格。从其特点来看，与日本国内商业会议所一样，具有"半官半民"的性质。

首先，在华日本商业会议所完全依照日本相关法律设立。日本国内商业会议所采用会员强制加入、会费强制征收的模式，在法律定位上是明确的"公法上的社团法人"，① 即为达成国家目的而存在的社团法人，因此，日本国内的商业会议所是官方明确规定的"半官半民"性质的组织。而在华日本商业会议所的最初法规依据是日本 1902 年修订的《商业会议所法》，1927 年日本政府颁布《商工会议所法》后，在华日本商业会议所以此法为准相应改为商工会议所。另外，从在华各个商业会议所制定及修订的条例来看，其成立目的、会员构成、经费来源、主要活动等，均与日本国内商业会议所没有太大差异。

其次，所有在华日本商业会议所每年都从外务省获得数量不等的补助经费，东北地区的商业会议所还会同时受满铁、关东都督府（关东厅）的资助。在华日本商业会议所的活动受到日本领事馆的管理和监督，并且有接受领事馆的委托开展调查和向领事馆提交各类出版刊物的义务。日本驻华领事馆是商业会议所的直接领导机关。起初，会议所在制度与人事安排上尚有一定的主动权，但随着日本侵略战争的扩大及经济统制政策的推行，驻华日本领事以顾问身份不断加大对商业会议所的干预力度，并且商业会议所还必须接受日本陆海军特务机关的监督与指令，这使在华日本商业会议所作为商工业者代表的经济职能逐渐丧失，转而以军事宣传、经济情报调查、配合日本展开对华经济统制政策为主，彻底成为日本在外行政机构，沦为日本军国主义的帮凶。

再次，在华日本商业会议所的会员构成也反映了其"半官半民"的性质。各地在华日本商业会议所的发起人和主要领导成员所属单位无一例外都是具有较强政府背景的一些大企业的在华分支机构，如三井、三菱、日本邮船、朝鲜银行、台湾银行等财阀。几乎所有的日本资产阶

① 南滿洲鐵道株式會社産業部編『滿洲國に於ける商工團體の法制的地位』南滿洲鐵道株式會社、1937 年、11 頁。

级在九一八事变到太平洋战争期间，都在追随军部主导的那条在经济上并不合理的路线，① 之所以这样，是因为"政治资本主义"。

需要特别说明的是，东北地区的日本商业会议所与中国其他地区有些不同。与日本国内商业会议所明确的法律定位为"公法上的社团法人"相比，东北地区日本商业会议所的法律定位并不清晰，主要原因在于"关东州"、满铁附属地、领事馆管辖地各自区域内法律依据有所不同。② 如奉天日本商业会议所正式成立后，1917 年成为公益社团法人，名义上为民间经济团体，然而奉天日本商业会议所自始至终都受到关东厅、领事馆及满铁的严格监督和指导。但在实际运行中，尤其是九一八事变后，东北地区的日本商业会议所与日本国内的日本商业会议所在功能上并无差别，③ 都竭力为日本对外扩张服务。

总之，在华日本商业会议所从其预备成立到制定细则章程，会长、副会长及议员的选举确定，以及经费预算等项，均必须上报日本外务省批准，并严格听从各领事馆及其长官的领导、监督与任务委托，东北地区的日本商业会议所则同时受到关东都督府（关东厅）的管辖。在华日本商业会议所均普遍长期通过日本驻华领事馆接受外务省的经费资助，并接受其监督和调查委托。上述均充分说明，日本在华商业会议所绝非行会性质的"行业自治"组织，而是受日本政府管控的"半官半民"性质的经济团体。

二　近代在华日本商业会议所的主要活动及对华调查特点

近代在华日本商业会议所在存续期间，其活动及对华调查内容随着日本侵略政策的变化而不断调整，在华日本商业会议所根据调查资料提

---

① 〔日〕石井宽治：《日本的对外战略（1853—1937 年）：帝国主义思想的演变》，第9 页。
② 参见南满洲鉄道株式会社総裁室地方部残務整理委員会『満鉄附属地経営沿革全史』上巻、龍渓書舎、1977 年、1269 頁。
③ 南滿洲鐵道株式會社産業部編『滿洲國に於ける商工團體の法制的地位』、11 頁。

出的请愿、建议对日本制定侵华政策产生了相当大的影响。

　　总体而言，在华日本商业会议所的主要活动集中体现在五个方面。第一，在华日本商业会议所是驻留中国的日本商工业者的代表组织，其领导机构是在日本驻华领事的监督下由会员公选而成的，在华日本商业会议所以维护日本商工业者利益为宗旨，在鉴定、协调和仲裁商工纠纷，维护日本商工业者利益等方面开展诸多活动；第二，在日本总领事馆同意下，建设有关工商业的建筑物及管理为促进工商业发展的其他必要设施；第三，回应日本行政官厅关于商工业事项的咨询，并以日本商工业者的名义向日本政府展开陈情、建议活动；第四，协助日本政府制定及推行经济统制政策；第五，根据日本官厅的命令或商工业者的委托，对中国进行情报调查及相关资料的搜集、整理、编纂等工作，其内容以经济为主，同时涉及政治、军事、文化等领域。

　　对中国各类工商业进行调查是在华日本商业会议所日常最重要的活动，还包括对当时发生的重大事件进行广泛调查。其对华调查具有如下几个特点。

　　其一，调查持续时间长，频率高。

　　从1907年2月奉天日本商业会议所正式成立，到1944年前后商工会议所被改组成经济会议所为止，根据日本商业（工）会议所的规则，在华日本商业会议所从成立之初就开展对华调查活动，持续时间将近40年。

　　在华日本商业会议所对当地（不限于）工商业的定期调查基本上是每个月一次，有时会多次，如1938—1939年，北京日本商工会议所对北京市棉布、棉纱、棉花、煤炭、粮食等行情，及物价、劳工工资、交通工具数量、人口等情况每月都有数据统计（详见附录三）。每年逐月持续对北京地区的日商物价、华商物价、日本人生活费指数、劳力工资等进行调查统计。1941年，北京日本商工会议所全年调查包括连续调查10种、特殊调查51件、委托调查116件、定期调查报告111件（每月3次向当地部队提供粮食、马料类价格报告及其他物价报告）、

统计表 30 件、搜集资料 700 件以上。[①] 1941 年，天津日本商工会议所
的定期调查包括：各租界零售市场调查（每月 3 次），天津批发物价
（每月 3 次），生活必需品物价及批发零售物价指数统计（每月 1 次），
天津四站货物到发统计（每月 1 次），天津港、华北六港贸易统计表
（每月 1 次）。每月不定期调查数量则在 10 次以上。[②]

其二，涉及地域广，参与人员众多。

近代，日本在中国各地建立了至少 44 个商业（工）会议所，伪满
时期，在东北地区还有 200 多个商工公会。在华日本商业会议所的调查
活动遍及除了新疆、甘肃、青海、西藏等地的几乎所有中国区域。每个
商业会议所的调查范围往往并不局限于当地，如天津日本商业会议所的
调查范围不局限在天津地区，甚至扩大到包括山东、山西、河北、"蒙
疆"在内的整个华北地区。从 1925 年大连日本商业会议所的《排斥日
货相关件》看，其调查涉及地区包括大连、营口、锦州、奉天、铁岭、
四平、长春、哈尔滨、安东等地，几乎包括东北所有重要城市，甚至还
调查了烟台的相关情况。[③] 各种商业会议所联合会更是为资料调查与共
享提供方便。

如前所述，从在华日本商业会议所会员构成看，有三井物产、三井
银行、三菱商事、朝鲜银行、东洋棉花、近海邮船、台湾银行等日本工
商界大财阀，也包括众多中小商工业者。在华日本商业会议所还通过举
办各类讲演会、常识讲座、恳谈会来汇集资料，被邀请来的有当地日本
领事馆、"兴亚院"、朝鲜总督府等政界，甚至有日本驻扎当地的海军、
陆军特务机关等军界，还有日本大学教授等学界，这些部门和人员都与
在华日本商工会议所有情报交换关系。

---

① 「北京日本商工會議所昭和十六年度事業成績報告書」『北京日本商工會議所所報』
　　第 42 號、1942 年 6 月 28 日、17—19 頁。

② 天津商工會議所「昭和十六年度事業成績報告書」『在外邦人商業（商工）會議所關
　　係雜件/天津商工會議所/分割 4』、1942 年、JACAR（アジア歴史資料センター）、
　　Ref. B08061552300（外務省外交史料館）。

③ 大連商業會議所『大正十四年度大連商業會議所事務報告』、1926 年、25—52 頁。

其三，调查形式多样。

不限于直接调查、资料搜集和刊物发行等基本形式，还通过举行演讲会、常识讲座、恳谈会等形式搜集、交换各类信息。

其四，调查内容涉及范围广且数量巨大。

按照在华日本商业会议所规则，其主要活动内容包括商情通报、贸易中介、纠纷调停、证明鉴定、商业调查及编纂、贸易统计、政策建议以及各类咨询服务等。调查内容不仅涉及商品贸易、市场价格、税收政策、工资水平，还大量涉及工业、农业、矿业、金融等各个领域。

其五，调查资料具有史料价值。

近代在华日本商业会议所对中国进行大量调查活动，留下了庞大丰富且独具特色的日文资料群。这些调查资料对近代中国社会经济史和日本侵华史研究具有特殊的无可替代的史料价值。这些资料可以为近代中国研究尤其是经济史研究提供独特的资料乃至弥补中文史料的不足和缺失。

需要强调的是，从近代日本商业会议所秘而不宣或公开出版的众多资料来看，它是独立于满铁、东亚同文书院之外的自成体系的资料群。这一点必须明确指出，许多学者将日本商业会议所调查资料与满铁等资料混为一谈，这就掩盖了日本商业会议所资料群的独特价值，也掩盖了日本商业会议所对华调查的"隐秘"意图与作用。该资料群与满铁、东亚同文书院等中国调查资料既各成体系又可参照互补。日本商业会议所与满铁等的资料相比，另一独特之处在于，除了间接调查外，直接资料搜集者与提供资料者往往就是各商业会议所的成员，所以能够留下实际商业贸易人的重要情报资料，其翔实性与时代性是不言而喻的。

三 近代日本商业会议所对华调查活动的"隐秘"作用

在日本领事馆的管理、监督与委托下（包括军队的委托），日本商业会议所是搜集中国情报的重要据点，这些以经济内容为主的第一手调查资料，在为日本国内外商工业者及企业提供信息，使其在"商战"

中联合一致打败竞争对手的同时，也为日本政府和军部利用，尤其是提供给日本政府的请愿、建议为日本对外政策的形成起到了重要参考作用。可以说，在华日本商业会议所是日本构筑"帝国"情报网络中的重要一环。

通过对近代在华日本商业会议所的实证性研究可以揭示出，与军事侵略相比，日本对华经济侵略更具有隐秘性。近代日本商业会议所是日本制定对华经济侵略政策的重要情报提供者和直接参与者，它们以"民间经济团体"的"合法"身份，为日本"国家利益"服务，配合支持日本军事侵略，更为推行日本的殖民侵略政策发挥"排头兵"及"协助国策"的作用。正如奉天日本商工会议所会长石田武亥所言，奉天日本商工会议所存在的 30 余年，"专心一意配合日本在大陆经营发展的国家政策，不断开展各种活动。满洲国建立后，我国出台了新的经济建设方针，并提出'五族协和'的口号，商业会议所的使命亦不得不随之改变。即过去商业会议所主要以扶持我国工商业在东北的经济发展为己任，现在转变为为帮助满洲国的经济发展出谋划策"。[①] "日本在台湾和朝鲜，以至满洲事变以前 25 年间在满洲活动的主要目的，都与英国在印度、荷兰在印度尼西亚、法国在印度支那的活动目的一样，它在于开发商品市场、投资市场和粮食供应基地，得以服务于日本资本主义的经济利益。"[②] 随着日本侵略扩张政策而陷入军国主义泥潭的近代在华日本商业会议所既是战争的获益者，也是战争的推动者。

二战后，负责制定日本战后赔偿计划的埃德温·鲍莱（Edwin Pauley）指出，在日本近现代史上，日本财阀"强大的潜在战争能力不仅体现在对金融和商工业的控制，甚至对日本政府亦具有强大的支配力"。他认为"财阀才是最大的战犯"。远东国际军事法庭追究了军部在政治及军事上的责任，解散财阀是追究财阀战争的重要方式。所以，

[①]　佐佐木孝三郎编『奉天經濟三十年史』、1—2 页。
[②]　〔日〕满史会：《满洲开发四十年史》上卷，第 4 页。

鲍莱制定的日本战后赔偿计划要求撤掉日本重工业设备的七到八成并赔偿给战胜国。但日本三大财阀之一的三菱第四代总裁岩崎小弥太认为，"三菱从未有过背信于国家和社会的行为，也从未与军部官僚相勾结挑起战争。三菱遵从国策之命，作为一国之臣民尽理所当然之义务，吾不知耻从何来"。① 可见，战争的疯狂与残酷并没有让这些在战时日本经济运行中占据中心地位并参与战争的财阀高层有丝毫的内疚。

四　近代在华日本商业会议所与中国商会的关系

日本商业会议所在成立之初，由于根基不稳，为打开经贸局面，一直试图与中国商会商人"友好往来""携手合作"。如在1909年4月23日奉天商品展览会召开之际，奉天日本商业会议所议员及商人代表宴请奉天商会代表，宴会参加者还包括日本驻奉天总领事、奉天行政委员、满铁职员、新闻报社记者等共12人。这次招待会被日本驻奉天总领事小池张造称为"未曾有之嘉会"。奉天日本商业会议所副会长县佐吉发言称此前中日奉天商会"虽无联络之名，已有协和之实"，自此之后，应该捐弃"小嫌隙"，联合起来对付欧美商人，从而将"亚细亚之商权统操于亚细亚人之掌握"。奉天商务总会协理崔立瀛回应称，双方要"化除畛域"，"交换知识、互相扶持"，"和平商议"，"以无违约章为宗旨，共进福利为目的"。6月10日，奉天日本商业会议所会员及41名商人与中国商务总会副会长一行52人就商品展览会场事宜再次举行招待会。② 但这种看似"和谐"的中日商业招待会并不能掩盖双方竞争的实质。而中日双方商会代表的互访活动也寻常可见。双方一是为了友好往来，二是为了相互探听了解中日商贸情况。但在情报搜集整理方

---

① 〔日〕武田晴人：《财阀的时代》，第251—252页。
② 在奉天總領事小池張造「奉天商業會議所員ニ於テ清國商務總會員招待ノ件」『本邦商業會議所関係雑件/在支ノ部/1. 奉天商業会議所/1）奉天商業会議所員ニ於テ清国商務総会員招待ノ件 六月」、1909年、JACAR（アジア歴史資料センター）、Ref.B10074314600（外務省外文史料館）。

面，在华日本商业会议所显然别有用心且更胜一筹。中国商会不自觉间在初期成为日本商业会议所获取中方资料的渠道之一，后期，有些商会有所警觉，便不再为日本商业会议所提供相关数据，但沦陷区的中国商会则被裹挟进日本人构筑的情报网中。

中日商会的矛盾在抵制和反抵制日货运动中体现得最为激烈。如前所述，在中国"抵制日货运动"期间，事关民族利益，中国商会积极倡导并身体力行参与相关活动，而在华日本商业会议所一方面出于自身经济利益及投资环境等方面的考虑，另一方面则接受日本政府的委托，对中国的抵制日货运动情况进行详细调查，[1] 并根据调查情况，向日本政府提供咨询及对策建议，对日本制定对外政策产生影响。如 1923 年因日本拒还租期届满的旅顺、大连而引发中国抵制日货运动期间，中日商会共同召开会议讨论相关问题，中国商会恳请日本商业会议所促使日本政府"变更对华方针"，[2] "变更其侵略之政策"，同时表示若如此，中国商会亦当"劝告敝国民取消抵制行动"。[3] 当时的中国舆论认为"于我国无丝毫之利，而与日本有莫大之益，何则，抵制和缓，此会之功也"。[4] 实际上，中日商会试图通过民间经济外交期望通达政治诉求的方式是行不通的。九一八事变后，在华日本商业会议所与日本军部基本合流，主张用武力解决中国问题。七七事变后，为拉拢利用沦陷区的中国商会为日本对华侵略政策服务，东北区域的中日商会合并成伪满商工公会，而天津、北京等地的中国商会被迫与日本商会合作，共同推行经济统制政策，为日本维护沦陷区经济秩序、掠夺中国资源服务。

---

① 王耀振：《在华日本商业会议所对抵制日货运动的因应（1915—1923）》，《日本侵华南京大屠杀研究》2021 年第 4 期。

② 《中日商会见之谈话纪》，《大公报》1923 年 8 月 3 日，第 2 张第 6 版。

③ 天津市档案馆、天津社会科学院历史研究所、天津市工商业联合会编《天津商会档案汇编（1912—1928）》第 4 册，天津人民出版社，1992，第 4905 页。

④ 《对中日代表会之非难》，《益世报》1923 年 8 月 29 日，第 3 张第 10 版。

附　录

一　日本《商工会议所法》*

第一条　商工会议所以图商工业之改善发达为目的。

第二条　商工会议所为法人。

第三条　商工会议所之地区：依照市之区域，但依商工业之状况，于必要时，又得依照町之区域，于特别事情时，市得合市町村，又町得合町村为一地区。

第四条　凡设立商工会议所时，须依第十二条第一号有议员选举权者三十人以上为发起人，并得其有议员选举权者三分之二以上之同意，开创立总会，以规定章程及其他必要事项，申请主管大臣之认可。

第五条　商工会议所于前条设立认可之日成立。商工会议所成立后，迄役员选任时，其间之必要事务由发起人行之。

第六条　章程应记载之事项：

---

　* 裕仁「商工會議所法」『御署名原本・昭和二年・法律第四九号・商工会議所法制定商業会議所法廃止（勅令第三百七十四号参看）』、1927 年、JACAR（アジア歴史資料センター）、Ref. A03021636400（国立公文書館）；上海市商会：《商会法修改问题》，《上海总商会月报》第 7 卷第 7 号，1927 年 7 月。

1. 名称地区及事务所之所在地。

2. 关于议员额数并选举及选定之规定。

3. 关于役员额数权限及选任之规定。

4. 关于会议之规定。

5. 关于事业及其执行之规定。

6. 关于庶务及会计之规定。

第七条　商工会议所为达其目的得执行之事业：

1. 关于商工业之通报。

2. 关于商工业之绍介及斡旋。

3. 关于商工业之调停及仲裁。

4. 关于商工业之证明及鉴定。

5. 关于商工业统计之调查及编纂。

6. 关于商工业营造物之设置及管理。

7. 其他企图商工业改善发达之必要事业。

第八条　商工会议所对凡关于商工业之事项，得建议于行政厅。商工会议所对于行政厅之咨询应即答复。

商工会议所如分设商业部及工业部时，凡部须依章程之所规定，得各为前二项之建议及答复。

第九条　行政官厅对于商工会议所得命其为关于商工业事项之调查。

第十条　商工会议所对于商工业者得要求其关于商工业统计及其他调查必要资料之提出。

第十一条　商工会议所设议员总会。

第十二条　议员总会以揭示于下方者组织之。

1. 依第十四条乃至第十八条之规定，就有被选举权者由选举人所选举之议员。

2. 凡代表地区内之重要商工业，依第十九条之规定所选定之议员。

第十三条　议员之定数在五十人以内。前条第二号议员之员数，仅议员定数五分之一。但依地方状况，其比例不妨未满五分之一。

同一商工会议所凡前条第一号之议员，得兼同条第二号之议员。

第十四条 具有下列条件者有第十二条第一号之议员选举权。

1. 日本臣民及依日本法令设立之公司，但公司以资本及财产为基本，其出资之半额以上及议决权之过半数，须属于日本臣民（包含依日本法令设立之法人）者。

2. 于商工会议所之地区内，继续二年以上有本店支店及其他营业所者。

3. 以自己名义为商行为之营业者，交易所及有矿业权者，于商工会议所之地区内，一年间依命令所定之额以上，纳营业收益税、交易所营业税及矿税者。但于地区外有营业所者，则其纳税额之算出方法，以命令定之。

前项第三号之纳税额决定以前，以最近所决定之一年间纳税额为其纳税额。

公司以资本及财产为基本，所出之资依命令所定之金额时，虽不具关于第一项第三号纳税之条件，仍有第一项之选举权。

对于家督相续者，关于第一项之选举权条件，凡具有被相续人之资格者，即视为被相续人。

凡合并后尚存续之公司及因合并另设立之公司，准用前项之规定。

第十五条 有下列各号之一者，不有前条之选举权。

1. 破产而未得复权者。

2. 处六年之征役及禁锢以上之刑者。

3. 处六年未满之征役及禁锢之刑，已执行或尚未执行者。

第十六条 有第十二条第一号之议员选举权者，即有其被选举权。

第十七条 有下列各号之一者，不有前条之被选举权。

1. 禁治产者及准禁治产者。

2. 女子及年龄未满三十岁者。

第十八条 第十二条第一号之议员选举依投票行之。投票限于一人一票。

投票由选举人自行之。但公司及无能力者，依命令之所定，以代理人行之。

投票采单记投票或五人以内连名投票之方法，选举得分选举人为二级行之。

规定于前五项者以外，关于选举之方法手续取缔及其他选举之必要事项，以命令定之。

第十九条　第十二条第二号之议员，于地区内之重要商工业中每业各举一人。

前项所谓重要商工业之种目，另以章程定之。

第一项之议员，须具有第十四条第一项第一号之条件者。

有第十五条及第十七条各号之一者，不得为第一项之议员。

规定于前四项以外，关于第一项之议员选定，依其章程之所定。

第二十条　列籍议员之公司，依命令之所定，应推定其代表者。前项之代表者，无论为执行公司业务之股东或董事，又业经注册之经理人，均须系日本臣民。

一人不得于同一商工会议所为两个以上公司之代表者。

第二十一条　有下列各号之一者，不得为前条之代表者。

1. 有第十五条及第十七条各号之一者。

2. 为同一商工会议所之议员者。

3. 于第十二条第一号之议员选举权及被选举权，在停止中者。

第二十二条　议员为名誉职。

第二十三条　议员之任期为四年。

前项之期间，从第十二条第一号之议员总选举之第一日起算。

补缺议员即以其前任者之残任期间在任。

第二十四条　第十二条第一号之议员，倘不有其被选举权者，即失其职，但若失其关于纳税条件时，不在此限。

第十二条第一号之议员，倘停止其选举权及被选举权者，亦与前项相同。

第二十五条 下列事项须经议员总会之议决。

1. 章程之变更。

2. 经费之预算及赋课征收方法。

3. 事业报告及收支决算之承认。

4. 借款。

5. 顾问之选任或解任。

6. 议员及役员之解任。

7. 罚款之赋课。

8. 第十二条第一号之议员选举权及被选举权之停止。

9. 商工会议所之解散。

10. 日本商工会议所设立之同意。

11. 其他重要事项。

揭示于前项第一号、第二号、第四号及第九号事项之议决，应得主管大臣之认可。

第二十六条 议员总会由会长召集之。

议员总会之议长为会长，如会长有事故时以副会长充之；会长及副会长有事故时，由出席议员互选议长主席。

议员总会非得议员三分之一以上出席，不得开会。议员总会之议决，依出席议员之过半数。可否同数时，由议长决之。

揭示于前条第一项第一号、第四号及第六号乃至第九号所定事项之议决，须议员三分之二以上出席，以其出席议员三分之二以上之同意为之。

第二十七条 商工会议所置之役员。

会长一人，代表商工会议所总理所务。

副会长一人或二人，辅佐会长，如会长有事故时，得代理其职务。

会长及副会长之外，商工会议所依章程所定得置他之役员。

第二十八条 役员于议员总会由议员中选任之。

第二十九条 役员之任期为四年。

前项之期间，从第十二条第一号之议员总选举之第一日起算。

第三十条　役员失议员之职时，并失役员之职。

第三十一条　列籍议员之公司，被选任为役员后，依第二十条第一项之规定，其代表者移转职务时，其公司即失其役员之职。

第三十二条　役员之职务终了，恐于所务进行发行障碍时，则退职役员依章程之所定，迄其后任者就职以前，得仍继续执行其职务。

第三十三条　商工会议所依章程之所定，对于重要事项之咨询，得置一定员数之顾问，但须不超过议员定数五分之一。

顾问就对于商工业有学识经验者，或曾任十年以上议员而功劳显著者选任之。

第三十四条　商工会议所置理事一人。

理事承会长之命，掌理庶务。

理事之外，商工会议所依章程之所定，得置他之职员。

第三十五条　商工会议所为应必要起见，得置商业部、工业部及其他各部。

部之名称、组织权限及关于其他各部之必要事项，以章程定之。

第三十六条　商工会议所对于第十二条第一号之议员有选举权者，得赋课经费。

关于商工会议所经费赋课额之限制，及经费赋课之方法，以敕令定之。

第三十七条　商工会议所依章程之所定，得向违反章程者征收罚款。

第三十八条　如遇有滞纳经费及罚款者，经会长之请求市町村，得依市町村税之例处分之，惟商工会议所应交付其征收金额百分之四于市町村。

前项之征收金，次于市町村及其他相类之征收金，有先取特权，其时效依市町村税之例。

关于经费之赋课及罚款之征收，依敕令之所定，得为异议之声请诉愿及行政诉讼。

第三十九条 商工会议所依章程之所定，得征收使用费及手续费。

关于前项使用费及手续费之征收，得提起民事诉讼。

第四十条 商工会议所得解任怠于职务及其他不正行为之议员及役员。

第四十一条 商工会议所对于滞纳经费者，其滞纳时依前条之规定，已被解任者，从解任之时四年以内得停止第十二条第一号之议员之选举权及被选举权。

第四十二条 商工会议所应报告收支决算于主管大臣。

第四十三条 商工会议所虽解散，后于清算目的之范围内，仍视为继续存在。

第四十四条 商工会议所解散时，应于议员总会选任清算人，清算人缺额时亦同。

第四十五条 依前条之规定，无被任为清算人者，由行政官厅选任清算人。

第四十六条 清算人有代表商工会议所，从事清算及其一切必要行为之权限。

第四十七条 清算人定清算及财产处分之方法，经议员总会之决议，受主管大臣之认可。

议员总会不为或不能为前项之决议时，清算人受主管大臣之认可，须定清算及财产处分之方法。

第四十八条 商工会议所虽解散后，得征收赋课必要金额，以偿还其债务。

关于前项之赋课征收，准用第三十六条及第三十八条之规定。

第四十九条 主管大臣认为必要时，得命为章程经费之预算及赋课征收方法，又清算及财产处分方法之变更，并发其他监督上必要之命令而处分之。

第五十条 第十二条第一号之议员违反选举法令及章程时，主管大臣得取消其当选。

第五十一条　商工会议所之议决，又议员役员及清算人之行为违反法令或章程，或认为妨害公益时，主管大臣得为如下之处分。

1. 议员役员及清算人之解任。

2. 商工会议所议决之取消。

3. 商工会议所事业之停止。

4. 商工会议所之解散。

第五十二条　主管大臣对于因有不正行为，基于第五十条之规定取消其当选者，又基于前条第一号之规定被解任之议员及役员，从取消及解任之时四年以内，得停止其第十二条第一号之议员选举权及被选举权。

第五十三条　商工会议所为共同达其目的，得设立日本商工会议所。

日本商工会议所为法人。

凡设立日本商工会议所时，须以六个以上商工会议所为发起人，得商工会议所总数三分之二以上之同意，开创立总会，规定章程及其他必要事项，并选任役员，应受主管大臣之认可。

第五十四条　日本商工会议所设立时，商工会议所均视为已加入者。

日本商工会议所受主管大臣之认可，得于朝鲜、台湾、桦太、关东州及其他外国，加入其准商工会议所所设立之法人及其他团体。

第五十五条　置总会于日本商工会议所。

总会依命令之所定，以其所属之各商工会议所及其他团体所选定者组织之。

第五十六条　置常议员会于日本商工会议所。

常议员会依章程之所定，以其所属之商工会议所及其他团体所选定者组织之。

常议员会得议决属于照章程所委任总会的权限之事项，但不得为章程之变更，及日本商工会议所解散之议决。

第五十七条　日本商工会议所之役员，由其所属商工会议所及其他团体之役员中选任之。但有特别事由时，限于会长及副会长，非于其所属商工会议所及其他团体之役员中选任之。

日本商工会议所由其所属商工会议所及其他团体之役员中所选任之役员，倘失其商工会议所及其他团体役员之职时，亦即失日本商工会议所役员之职。

第五十八条 日本商工会议所依章程之所定，对于其所属商工会议所及其他团体，得分赋经费及征收罚款。

第五十九条 第五条第一项，第六条乃至第十条，第二十条乃至第二十二条，第二十五条乃至第二十七条，第二十九条第一项，第三十二条乃至第三十五条，第三十六条第三项，第三十八条第三项，第三十九条，第四十条，第四十二条乃至第四十九条，及第五十一条之规定，日本商工会议所准用之。

第六十条 主管大臣得委任其规定于本法职权之一部于行政官厅。

第六十一条 第三条及第三十八条中所谓町村者，于未施行町村制地方，亦准之。

附则

本法施行之期日以敕令定之。

商业会议所法废止之。

本法施行之际，依商业会议所法，现尚存在之商业会议所，得视同依本法设立之商工会议所。

依前项规定之商工会议所，凡关于议员选举及选定之规定，自下届总选举时施行之。在施行以前，关于议员选举之事项，仍依旧法之规定。

依第三项之规定，商工会议所当本法施行之际，如有必要之规定，以命令定之。

日本银行及横滨正金银行，于本法适用时，得以公司视之。

本法之适用，凡应处明治十三年第三十六号布告，刑法上重罪之刑者，可视同应处六年之惩役及禁锢以上之刑。

二　《香港日本商工会议所月报》
基本内容一览

号次及发行时间	基本内容
第1卷第1号 1939年5月25日	1.香港总商业会议长发表的演说概要：1938年10月日军占领广东；珠江封闭；广九铁道不通；香港造船业；海运相关的问题；有关借地契约的期限问题；靴制造工业；汉语学校；2.1939年香港对日贸易输出输入统计表；3.香港日本商工会议所记事（1939年4月1日到5月20日）：贸易照会、会员变动、会议所的图书
第1卷第2号 1939年6月	1.1938年度香港的经济情势——香港总商业会议所年度报告；2.1939年3月、4月香港对日贸易统计；3.杂报栏：广东与香港之间的乘船交通问题；取缔危险物法令；香港5月中旬银行的纸币流通额；5月香港对日贸易；4.会议所记事：商工业照会、会员变动、新到图书
第1卷第3号 1939年7月	1.有关更新香港借地条约的问题；2.对1938年度香港对外贸易中不同进出口商品的调查；3.5月香港对日贸易的统计；4.杂报栏：香港、广东之间开始电信通信；更改香港与广东之间运行的广东丸的运费问题；5.会议所记事：商工业照会、会员变动、新到及寄赠的图书
第1卷第4号 1939年8月25日	1.有关最近香港输入我国的棉布问题；2.1938年度船舶以及商业航空进出香港的统计表；3.广东日用品零售物价；4.在香港的港湾仓库以及运送货物等诸多设施的调查（一）；5.1939年6月中旬对日贸易统计；6.1939年上半年香港对日贸易统计；7.会议所记事：商工业照会、会员变动、新到图书
第1卷第5号 1939年9月	1.最近香港的对外贸易统计；2.在香港的港湾仓库以及运送货物等诸多设施的调查（二）；3.7月的香港对日贸易统计；4.汽船运费的更改；5.日本商船会社不同路线价格上涨：香港上海线、香港南美线等；6.会议所记事：商工业照会、会员变动、新到图书
第1卷第6号 1939年10月25日	1.香港政厅非常时期的预算案；2.有关香港非常时期的对策；3.8月香港对日贸易统计；4.杂报栏：现在世界商业船只的状况；日币兑美元制度的实施；5.会议所记事：商工业照会、会员变动、新到图书
第1卷第7号 1939年11月25日	1.香港商工会议所的会员（1939年11月为止）；2.不同商品类别的香港对日贸易统计（一）；3.非常时期的香港杂观；4.9月香港对日贸易统计；5.杂报栏：广九铁道的营业成绩；电信审查制度的缓和；邮船照国丸遭难；6.会议所记事：商工业照会、会员变动、新到图书

号次及发行时间	基本内容
第 1 卷第 8 号 1939 年 12 月 25 日	1.香港日本商工会议所会员（1939 年 11 月为止）；2.澳门情况（一）；3.非常时期的香港杂观、不同商品类别的香港对日贸易统计（二）；4.10 月的香港对日贸易统计；5.杂报栏：香港的批发零售物价；对海南岛的进出口；在华中实施军票统一化；6.会议所记事：商工业照会、会员变动、新到图书
第 2 卷第 1 号 1940 年 1 月 25 日	1.澳门情况（二）（产业、贸易）；2.1939 年度香港贸易状况回顾；3.寄赠的书目；4.不同商品类别的香港对日贸易统计（三）；5.11 月香港对日贸易统计；6.杂报栏：巴西丸初次入港；广东商工会议所设置的进展；日本人在海南岛的进出；7.会议所记事：商工业照会、会员变动
第 2 卷第 2 号 1940 年 2 月 25 日	1.澳门情况（广东沦陷后的澳门贸易，以香港、澳门为中心的华南秘密贸易）；2.香港战时年收入委员会报告书——有关新财源问题（主要涉及战时日本人在香港发展的预算）；3.寄赠的书目；4.12 月的香港对日贸易统计；5.杂报：上海在留日本人的人口统计；6.会议所记事：商工业照会、会员变动
第 2 卷第 3 号 1940 年 3 月 25 日	1.香港上海银行年度股东总会——总裁演说全文；2.香港战时的年收入法案；3.1 月中旬香港对日贸易统计；4.会议所记事：商工业照会、会员变动；5.寄赠的书目
第 2 卷第 4 号 1940 年 4 月 25 日	1.香港贸易近况概说；2.论现在的对外贸易统制机构；3.中国的铁矿石贸易；4.珠江的开放以及乡音；5.珠江的再开放；6.不同商品类别的香港对日贸易统计（四）；7.2 月的香港对日贸易统计；8.杂报栏：香港批发零售物价指数；珠江的一般开放；处女航海与新田丸到港；9.会议所记事：商工业照会、会员变动、新到图书
第 2 卷第 5 号 1940 年 5 月 25 日	1.1939 年度香港市场状况；2.物价：香港批发零售物价指数；香港批发零售物价；3.金融及货币汇兑：1940 年 5 月中旬的货币汇兑市场；4.2 月末香港补助货物流通额；5.贸易统计：1940 年 1—3 月的香港贸易统计；6.1940 年 3 月、4 月香港贸易统计；7.资料：此次世界大战爆发以及丧失的船只（到 5 月 8 日为止）、第一次世界大战各国丧失的船只（不同原因）；9.会议所记事：商工业照会、会员变动；10.寄赠购入书目
第 2 卷第 6 号 1940 年 7 月 10 日	1.概说：前进中的香港；香港的战时体制；2.金融及货币汇兑：6 月中旬汇兑概况；6 月中旬汇兑市场；纸币与补助货物流通额其他；3.物价：5 月至 6 月中旬香港批发零售物价；4.贸易统计：5 月至 6 月中旬香港贸易统计；1940 年上半期累计的香港贸易统计；不同商品类别的香港对日贸易统计；5.会议所记事：会员变动

续表

号次及发行时间	基本内容
第 2 卷第 7 号 1940 年 8 月 20 日	1.概说:战时中国的对外贸易状况;所谓的香港危机和撤回妇女儿童问题;2.金融汇兑:7 月香港金融汇兑情况;7 月货币汇兑市场;7 月纸币以及补助金的流通额;3.物价:7 月、8 月香港的批发零售物价;4.贸易:7 月香港的贸易统计;美印的贸易统计;美印对香港的贸易统计;美印对华南诸港口的贸易统计;5.法令;6.杂报;7.会议所记事
第 2 卷第 8 号 1940 年 9 月 25 日	1.香港的工业制品以及最近的输出状况;2.香港对日货币汇兑基准发生变化的问题;3.7 月香港的对外贸易以及前途;4.香港的经济统计:金融货币汇兑状况(8 月中旬);香上银行汇率表(8 月中旬);纸币货币流通额(各月中旬平均);补助金流通额(各月末至现在);法币汇兑率市场表(9 月上半月);最近三年不同月份的香港贸易额对照表;香港 1939 年 1 月以后不同月份贸易比较表;批发零售物价(8 月、9 月);股票价格(9 月上半月、1—8 月);5.香港汇报:限制中国人进入;厂商联合会对外贸易交易条件;香港、韶关路线的活跃化;减少战时税的决定;烟草价格上涨;有关变更战时税的陈情;澳门米价基准的设定;8 月香港贸易;戒严追加启德机场;在港的日本人商社支店长变更;6.日本南洋杂货进出口组合、日东棉绢制品进出口组合;7.统制对香港的毛织物输出贸易;8.香港日志;9.杂录:评议员变动、会员变动、本所记事
第 2 卷第 9 号 1940 年 10 月 20 日	1.中国物产经由香港的对外贸易出口近况;2.西南经济建设与法币的关系;3.1940 年 1—8 月中国的对外贸易状况;4.香港汇报:7 月的香港政治经济状况;从购买的基金外汇的收益中拿出 20 万英镑献给国家;香港代表团出发参加东方经济会议;中国航空公司开通香港到韶关的航线;防空洞等工事的建设;5.9 月的金融汇兑情况;6.香港的经济统计:香上银行汇率表(9 月到 10 月上半月);最近三年不同月份的香港贸易额对照表;1939 年 1 月以后不同月份的香港贸易额对照表;纸币货币流通额(各月平均);补助金流通额(各月末至现在);法币市场;批发零售物价;股票价格;7.香港日志;8.本所记事:第二次临时总会;评议员变动;会员变动
第 2 卷第 10 号 1940 年 11 月 20 日	1.滇缅公路为何存在;2.1939 年英属印度对香港的贸易;3.中国对美出口铁矿石贸易;4.香港汇报:公布进行货物审查;针对移民的新的统制法公布;英国人停止强制妇女儿童撤回;政府对妇女儿童施行登记制度;滇缅公路二次修缮的工程内容;经由滇缅公路运输的普通商品的贸易动向;鱼翅的输入额;5.经济统计:最近三年不同月份的贸易额比较表;1939 年 1 月以后不同月份的贸易比较表;主要输入产品的逐年统计表(1—9 月);主要输出产品的逐年统计表(1—9 月);不同国家贸易占比逐年统计表;香上银行的汇率表(10 月、11 月);纸币流通额(每月平均);补助金流通额(各月末);法币市场(10 月、11 月);装卸物价(10、11 月);批发零售物价指数;主要股票价格;7.香港日志;8.本所记事:评议员变动、会员变动;9.杂报:新加坡日本商工会议所的扩充;日本商工会议所总会

245

号次及发行时间	基本内容
第 2 卷第 11 号 1940 年 12 月 20 日	1.中国产桐油的研究；2.香港汇报：决定米的贩卖价格；评 10 月份的香港贸易；香港工业的发展；着手渔业研究所的建设；上水道给水限制令实施；更正娱乐税率；中国航空现在经营的航线；开设法币平衡委员会；3.11 月的金融汇兑情况；4.香港经济统计：贸易统计；最近三年不同月份的贸易额比较表；1939 年 1 月以后不同月份的贸易比较表；10 月香港主要的输出入产品；香上银行的汇率表（11 月、12 月）；纸币流通额（每月平均）；补助金流通额（各月末）；法币市场（11 月、12 月）；批发零售物价（11 月、12 月）；主要的股票价格（11 月、12 月）；最近三年主要股票价格对比表；政厅的财政统计：政厅 8 月份的财政账目；到 8 月中旬政厅的年收入；到 8 月中旬政厅的年支出；5.香港会社的营业状况：中华电力；桑达坎电力；6.香港日志（1940.11.18—12.17）；7.本所记事：会员营业所的转移；受赠图书
第 3 卷第 1 号 1941 年 1 月 25 日	1.英国东方经济会议；2.1941 年到 1942 年的政厅预算；3.100 年的香港政厅财政；4.缅甸路径与少数民族问题；5.香港汇报：移民法实施；现在香港汇兑基金额；酒类燃料油问题；九龙铁道运货价格上调；本年的假日表；会社事务所；临时移转令；给在华南的劳动者赠送钱；6.香港统计资料：最近三年不同月份的贸易额比较表；1939 年 1 月以后不同月份的贸易比较表；11 月中旬香港主要的输出入产品；香上银行的汇率表（12 月、1 月）；纸币流通额（每月平均）；补助金流通额（各月末）；法币市场（12 月、1 月）；批发零售物价（12 月、1 月）；主要的股票价格（12 月、1 月）；最近两年主要股票价格对比表；7.香港日志（1940.12.17—1941.01.23）；8.杂报：最近公布的主要法令；最近主要赠书；新设商社；新领事；最近新设会议所；9.香港的贸易（1940 年全年）
第 3 卷第 2 号 1941 年 2 月 25 日	1.香港的物价指数；2.1940 年的中国物产以及经由香港的出口额；3.1940 年中国全国贸易；4.滇缅公路的不正当运输问题；5.香港汇报：东方物资统制本部在印度组成；组成了必备物资调整委员会；制定须储备物资；取缔转移米谷；清凉饮料水税；营养研究会的调查；香港的生活费；华侨的捐资与香港；南洋华侨归国激增；广东省粮食购入会；中国商品陈列室；不同种类的汽车贸易输入额；1941 年政厅预算；粮食统制委员会；电费上涨；豆商的陈情；香港、汕头的新线路；6.香港经济统计：最近三年不同月份的贸易额比较表；1939 年 1 月以后不同月份的贸易比较表；1 月中旬香港主要的输出入产品；香上银行的汇率表（1 月、2 月）；纸币流通额（每月平均）；补助金流通额（各月末）；法币市场（1 月、2 月）；期票、汇票交换额（1940 年）；大洋券市场（1939 年、1940 年的比较）；批发零售物价（1 月、2 月）；主要的股票价格（1 月、2 月）；7.香港会社的经营成绩、香港电车、土地建筑；8.香港日志；9.杂事：最近公布的主要法令；新设的会议所；评议员的变更

号次及发行时间	基本内容
第3卷第3号 1941年3月25日	1.大屿山岛的存废问题；2.香港总督的演讲；3.香上银行行长的演说；4.出港货物与船运货物的检查表；5.香港汇报:遗产税上涨；严格执行货物检查令；粮食的定义；电灯燃气费上涨；更改出租车费用；粮食输入商登记；公定米零售价格；英国封闭海外航空；香港与重庆的陆上线路；更改娱乐税；渔船渔民数量；广东省政府鼓励创设工厂；6.香港统计资料:最近三年不同月份的贸易额比较表；1939年1月以后不同月份的贸易额比较表；香上银行的汇率表(2月、3月)；纸币流通额(每月平均)；补助金流通额(各月末)；法币市场(2月、3月)；批发零售物价(2月、3月)；主要的股票价格(2月、3月)；7.香港会社的营业成绩:九龙仓库；东亚银行；实业信纯；香港电话；香港宾馆；8.香港日志(1941.02.24—03.24)；9.杂报:会员变动；最近接受赠送的新资料；各会议所月报
第3卷第4号 1941年4月30日	1.从香港出口的禁制品；2.香港工业制品的输出近况；3.香港汇报:劳动争议调停法；染料等输入许可制度实施；粮食的手续报告、化妆品的课税；交通劳动统制委员会；柴火、米的公定价格；政府公开买卖美米；香港的新线路；飓风信号发布所；香港的人口统计；中国的工业建设；4.香港的市场状况:金融汇兑概况(3月)；5.香港会社营业成绩:九龙船渠；广东银行；九龙仓库；香港电灯；6.香港日志(1941.03.25—04.25)；7.香港经济统计
第3卷第5号 1941年5月30日	1.香港的港湾改建计划书；2.粮食产品等公定的最高价格；3.香港汇报:香港总商议会长演说；米的专卖；中国人的国货证明；化妆品税下调；报告手头所有金属；统制美国的输入品；统制钢铁半成品；厂商联合会役员；去年的航空运输状况4.香港市场状况:金融汇兑业务概况(4月)；5.香港会社成绩:澳门电灯；联盟给水；中国土地建筑；中华娱乐建筑；中华百货店；6.香港日志(1941.04.22—05.23)；7.杂报；8.香港经济统计:贸易统计；香上银行市场；纸币流通额；补助金流通额；法币市场；期票；汇票交换额；生活费；物价指数；中国移民；政厅财政；批发零售物价；股票价格
第3卷第6号 1941年6月30日	1.去年香港各业营业状况；2.中国内地工业建设问题；3.香港汇报:香港总督辞任；展示经济委员会；阳光节约令；船舶看守法；米专卖制度；鱼类买卖；储存盐；需要报告的手中持有物；粮食产品的公定价格；开发新界；重庆生建协会；结核病死亡数；更改后的战时税；事业的担心增大；香港对法属印度贸易；4.香港市场状况:金融汇兑业务概况(5月)；5.香港会社营业状况:道格拉斯汽船；香港火灾；山顶电车；联合保险；安乐园；广东保险；渣打银行；6.调查在港中国工厂:广万隆爆竹；益丰搪瓷；虎镖制药；济隆砂糖；新亚制药；国民制漆；7.香港日志；8.香港经济统计:贸易统计；香上银行市场；纸币流通额；补助金流通额；法币市场；票据交换额；生活费；物价指数；中国移民；政厅财政；批发零售物价；股票价格；运费

近代在华日本商业会议所对中国的调查

号次及发行时间	基本内容
第3卷第7号 1941年7月30日	1.甘氏英国在华投资调查；2.评重庆政府的战时经济建设；3.香港汇报：陆军长官的更迭；建议设置战时经济委员会；战时捐款；粮食食品的价格报告；银行证券额；出国许可制度；南洋视察团；香港的市场状况；金融汇兑业务概况(6月)；4.调查在香港的中国工厂：香港制钉、陈氏橡胶、灿华电机、合众汽车、天厨味素；5.香港会社的经营成绩：香港矿业、联合保险、印度支那航线；6.香港日志(1941.06.24—07.23)；7.香港经济统计：贸易统计；香上银行市场；纸币流通额；补助金的流通额；法币市场；票据的交换额；生活费；物价指数；中国移民；政厅财政；批发零售物价；股票价格；运费
第3卷第8号 1941年8月30日	1.日本·中国资金的冻结；2.1940年度政厅的财政决算；3.香港的批发零售物价指数；4.香港汇报：战时经济调整指令；资金冻结令；对日禁出口令；处理汇兑办法；追加预算、储存必要的物资；专卖米；经济顾问；教育概况；中国国货陈列所；华商总会；取缔中国人入境；募集国民党干部；香港的经济论调；5.调查在香港的中国工厂：南洋烟草；美亚丝绸；良业织物；6.香港经济统计：贸易统计；香上银行市场；纸币流通额；补助金的流通额；法币市场；票据的交换额；生活费；物价指数；中国移民；政厅财政；批发零售物价；股票价格；运费
第3卷第9号 1941年9月30日	1.香港贸易与"东亚共荣圈"；2.南洋华侨经济危机论；3.香港汇报：新任总督上任；橡胶工业的危机；滇缅运输与香港；行商人数；减少中国人入境；医疗非常时期体制；欧亚的香港到韶关线；取缔去重庆的空运；中国文化协会；劳动调停委；冻结法币存款；对华禁输令；冬季时间；限制澳门线的煤炭运输；4.香港经济论调；5.香港日志(1941.08.23—09.24)；6.调查在香港的中国工厂：华艺织造厂；周艺兴织造厂；青山陶业；7.香港经济统计：贸易统计；香上银行市场；纸币流通额；补助金的流通额；法币市场；票据的交换额；生活费；物价指数；中国移民；政厅财政；批发零售物价；股票价格；运费
第3卷第10号 1941年10月30日	1.香港非常时期体制(一)；2.中国工业建设上的诸多问题；3.桐油汽车的经济价值；4.香港汇报：战时经济委员会；三国(英美中)金融会谈；物价与工资；香港港的命运；英国殖民地的捐款；追加预算；战时保险；法币市场；法币存款冻结；自古以来的香港到马来航线；中国步兵；统制木柴；华侨教育；中国文协；民主政团同盟民政长官更迭；5.香港经济论调；6.调查在香港的中国工厂：大兴织造厂；香港魔法瓶；大华铁工厂；协同和机器；大行橡胶；7.香港日志(1941.09.24—10.23)；8.香港经济调查：贸易统计；香上银行市场；纸币流通额；补助金的流通额；法币市场；票据的交换额；生活费；物价指数；中国移民；政厅财政；批发零售物价；股票价格；运费

248

号次及发行时间	基本内容
第3卷第11号 1941年11月20日	1.香港非常时期体制(二);2.法币存款的冻结与商工业;3.重庆方面的贸易管理问题;4.香港汇报:法币取缔令;官厅的事务监察;民防团;补助纸币;储存物资;禁止蔬菜水果出口;征用船只;出港检疫霍乱;取消每天登记用水量;零售小贩;铁道新时期;华侨制品证明,家庭避难计划;第三季、第四季物价;吸收重庆的资本;中国商品展;统制木柴;改组金银交易市场;统制棉纱;5.香港经济论调;6.调查在香港的中国工厂:大华铅笔;淘化罐头;7.香港日志(1941.10.23—11.14);8.香港经济统计:贸易统计;香上银行市场;纸币流通额;补助金的流通额;法币市场;票据的交换额;生活费;物价指数;中国移民;政厅财政;批发零售物价;股票价格;9.附录:美国华侨

三 《北京日本商工会议所所报》基本内容一览

号次及发行日期	基本内容
第1号 1938年11月	1.社论:对于通货问题的考察,工艺品图案及色彩表现出的北京人的嗜好;2.调查资料:北京零售物价(9月中旬调查),北京市面粉行情(6—9月),北京市棉布棉纱棉花行情(8—9月),北京市特殊工业商品情况(七宝、毛毡、茶、药器、骨角加工、锦箱制造、藤竹加工、行灯制造、推油、玉器、砚台檀木加工)(8月),北京市内交通工具数量(7月上旬调查),北京煤炭价格,卢沟桥事变前后北京物价(8月末调查),北京市内劳工工资(9月末),北京市内及北京地区日本人口统计(1—9月)、职业统计(8月末),北京市内外人口统计表(9月末调查);3.北京商工会议所事务及照会事项;4.日本内地及满鲜各地至北京商工会议所访问者统计

号次及发行日期	基本内容
第 2 号 1939 年 1 月	1.社论:商工会议所存在的意义,北京一年内的煤炭消费统计及需求分析;2.统计资料:北京市屠宰场屠畜统计(1938 年 9—11 月,以下均为 1938 年),北京市内商品物价与物价指数(10—11 月),北京市内木材行情变动(7—12 月),北京市内零售物价行情(11 月末),11 月北京产杂谷行情,11 月张家口产杂谷行情,12 月北京市内肉类及蔬菜行情,12 月北京市面粉行情,1938 年北京市在留日本人户口统计,10 月末北京市内外国人统计,10 月末北京市内外中国人人口及户口统计,10 月末、11 月末北京市内各区日本人人口统计,1937 年、1938 年两年间北京市内日本人人口变动,1938 年 10—11 月北京市内管内日本人人口统计;3.杂务事项(事务所转移、关于联银券使用的宣传、精神宣传周);4.日本内地及满鲜各地至北京商工会议所访问者统计;5.附图:华北(山东、山西、河北)煤矿所在地一览表(1939 年 1 月)
第 3 号 1939 年 2 月	1.社论:华北棉花概念与河北省产棉情况,关于京包沿线杂谷上市情况的考察;2.统计资料:北京市内零售物价及物价指数表(1938.12—1939.1),北京市日本商品物价表(1939.1),北京市棉纱棉布行情(1938.12),两年内北京市内日本人人口变化(1937—1938),北京警察署管内在留日本人人口统计(1938.12),华北在留日本人人口统计(1938.12 末),1939 年度北京市在留日本人户口统计,北京市日本人职别统计(1938 年 11 月末—1939 年 1 月末。按:原表或有误,写成了昭和 14 年 11 月末),东安市场华人职业统计(1938.12),北京市内华人人口统计(1938.12),北京全市人口统计(1939.1),北京市内外中国治安人员统计(1938.12),北京市内日本人职业统计(1938.12),北京市肉类蔬菜行情(1939.1),北京市面粉行情(1939.1),北京产杂谷行情(1939.1);3.杂务事项(北京市日华商工协会成立准备委员会相关事宜);4.日本内地及满鲜各地至北京商工会议所访问者统计
第 4 号 1939 年 4 月	1.纪实:当访日华北经济调查团来日之际,关于铁路货物运输规定;2.统计及资料:华北全线铁路货物运输量统计(1938 年全年+1939.3),北京领事馆警察署管内在留日本人人口统计(1939.3),北京市内零售物价及价格指数(1939.2—1939.3),日本商店日用品零售物价(1939.4),北京市面粉行情(1939.2—3),北京市肉类蔬菜行情(1939.2—1939.3),北京附近产杂谷行情(1939.2—1939.3),张家口杂谷行情(1939.2—1939.3),北京市屠宰场屠畜统计(1938.12—1939.3),北京环城线各车站发送货物统计表(1939.2—1939.3),北京(正阳门站)到达及发送货物统计表(1938.9—1939.2);3.杂务事情(第五次评议员会,日华商工协会议员);4.日本内地及满鲜各地至北京商工会议所访问者统计;5.在京日本公司一览

续表

号次及发行日期	基本内容
第 5 号 1939 年 5 月	1.北京日本商工会议所规则；2.调查资料：北京所有商品交易额，北京市内零售物价及物价指数(1939.4)，日本商店日用品零售物价(1939.5)，日本人所需副食类零售价格表(1939.4 下旬 5 上旬)，正阳门车站到送货物统计表(1939.3—1939.4)，煤炭输送量统计(1938.4—1939.3)，日本产水果输入统计(1938.5—1939.4)，铁路输送食材统计(1938.10.1—1939.2.11)，北京市在留日本人职业统计表(1939.3)，北京特别市内外城及四郊人口统计(1939.3)，北京特别市在留日本人人口统计(1939.4)；3.日本及满鲜各地主要来访者，日本国内来的经济视察团一览表(4—5 月)
第 6 号 1939 年 6 月	1.日满实业协会视察班欢迎会上伍党会长的讲话(5.24—5.26 来京)；2.统计及资料：面粉行情(1939.4—1939.5)，本地杂粮行情(1939.5)，口粮行情(1939.4—1939.5)，华人商店日用品零售价格表(1939.6 上旬)，日本人商店日用品零售价格(1939.6 上旬)，北京市内零售价格及物价指数(1939.5)，纯金行情(1938.11—1939.6)，正阳门站发着货物统计(1939.5)，北京市车辆统计(1939.5.16)；3.杂务事项；4.日本及满鲜各地主要来访者
第 7 号 1939 年 7 月	1.北京日本商工会议所规则；2.统计及资料：关于北京城内日本人商工业者分布状态，北京制冰冷藏公司工厂落成，北京无限公司开业，北京人口统计(1939.5)，北京在留日本人人口统计(1939.5)，正阳门站到、发货物统计(1939.6)，面粉行情(1939.5—1939.6)，本地杂粮行情(1939.5—1939.6)，本地口粮行情(1939.5—1939.6)，中国人商店日用品零售价格(1939.6 下旬—7 上旬)，日本人商店日用品物价(1939.6 下旬—1939.7 上旬)，北京市内商品物价及物价指数(1939.6)，北京市批发物价(1939.7 上旬)，土建材料价格(1939.7 上旬)；3.杂务事项；4.日本及满鲜各地来访者，北京城内日本人营业者分类图表(1939 年 5 月末)
第 8 号 1939 年 8 月	1.北京都市计划的内容；2.统计及资料：北京在留日本人职业统计(1939.7)，北京领事馆警察署管内日本人统计(1939.6 末)，北京在留日本人每月增加统计(1938.1—1939.6)，正阳门站乘降人员统计(1939.4—1939.5)，北京正阳门站发着货物统计(1939.7)，华人商店日用品零售物价(1939.7 中—1939.8 上)，日本人商店日用品零售物价(1939.7 中—1939.8 上)，面粉行情(1939.7)，口粮行情(1939.7)，布匹行情(1939.7)，日米行情(1939.7)，北京市内交通量调查表(1939.6.26 早 8 时—晚 8 时)；3.华北房产股份公司要领；4.自行车租金更正；5.停止接受"满洲国"百元券；6.北京日本商工会议所会员名册

号次及发行日期	基本内容
第9号 1939年9月	1.物价监管规则,中国海关输出入禁止及限制品目录;2.统计及资料:北京市内的中国工厂,北京市警察署管内在留日本人人口统计(1939.6)、正阳门站发着货物统计(1939.8),北京市内零售价格指数(1939.7—1939.8),华商商店日用品零售物价(1939.8中—1939.9上),日本人商店日用品零售物价(1939.8—1939.9上),华商批发物价(1939.8下—1939.9上),日商批发物价(1939.8下—1939.9上),建材价格(1939.8下—1939.9上),面粉行情(1939.8),口粮行情(1939.8),白米行情(1939.8),棉布行情(1939.8),北京市屠宰场屠牲统计(1939.8),北京市劳动者协定佣金(1939.9);3.北京土木建筑协会组成,第一次议员总会召开;4.北京日华商工协会记事;5.北京日本商工会议所议员及役员名簿
第10号 1939年10月	1.北京西郊新街区计划概要,朝鲜米同业者座谈会;2.统计及资料:北京总领事馆警察署管内在留日本人人口统计(1939.8),正阳门站发着货物统计(1939.9),华人商店日用品商品物价(1939.9中—1939.10上),日本商店日用品商品物价(1939.9中—1939.10上),北京批发物价指数(1939.5—1939.8),华商批发物价表(1939.9中—1939.10上),日商批发物价表(1939.9中—1939.10上),口粮行情(1939.7—1939.9),北京市布匹供需(1939.8),布匹行情(1939.9),北京小本借贷处贷出金额统计(1939.3—1939.7),北京市米面杂粮售出购入统计(1939.8—1939.9),北京市屠宰场宰牲统计(1939.9);3.北京鱼菜市场开业、北京炼瓦制造业协会成立;4.杂务事情:第一次役员会,第二次议员总会,照会事项,证明事项,会员变动
第11号 1939年11月	1.北京的日本窑瓦制造业,华北日本人食粮配给统制,北京五协商场开业,北京日本人食品行业协会成立,日本米北京统制协会成立;2.统计及资料:北京市内零售价格指数(1939.9—1939.10),北京公署公布北京米面杂粮公定价格(1939.9.11、1939.10.25),华人商店日用品零售物价(1939.10中—1939.11上),日本人商店日用品零售物价(1939.10中—1939.11上),华商批发物价(1939.10中—1939.11上),日商批发物价(1939.10中—1939.11上),土建材料价格(1939.10中—1939.11上),正阳门站发着货物统计(1939.10),北京市屠宰场牲畜屠宰统计(1939.10),北京市粮站杂粮库存(1939.10末),北京市户口统计(1939.9末),北京市车辆统计(1939.10);3.杂务事项,会员变动
第12号 1939年12月	1.11月市场情况(中国人方面报告);2.统计及资料:北京市内零售价格指数表(1939.10—1939.11),华人商店日用品零售物价(1939.11中—1939.12上),日本人商店日用品零售物价(1939.11中—1939.12上),中国商人批发物价(1939.11中—1939.12上),日本商人批发物价(1939.11中—1939.12上),北京市杂粮在仓数量表(1939.11末),土建材料价格表(1939.11中—1939.12上),北京特别市公布米面公定价格(1939.11.28—1939.12.1),正阳门站发着货物统计(1939.11),北京煤炭库存量(1939.11.14),华北各地工人佣金(1939.10.1),北京总领事馆警察署管内在留日本人人口统计(1939.10);3.第二次、第三次役员会,第三次议员总会等

号次及发行日期	基本内容
第 13 号 1940 年 1 月	1.华北物资的对策及食粮问题的动向,1939 年北京重要商品行情的回顾(一),12 月的市场情况;2.调查资料——华北火柴业的近况;3.统计及资料:北京市各月批发物价指数(以 1936 年全年平均值为 100,对 1939 年 5—12 月物价进行比较),北京市 12 月批发物价指数,北京市批发物价指数(以 1936 年为 100),北京市零售物价指数(以 1937 年 4 月为 100,对 1939 年 11 月和 12 月两月比较),华人商店日用品零售物价(1939.12 中—1940.1 上),日本人商店日用品零售物价(1939.12 中—1940.1 上),华商批发物价(1939.12 中—1940.1 上),日商批发物价(1939.12 中—1940.1 上),土建材料价格(1939.12 中—1940.1 上),北京市棉布批发情况(1939.7—1939.12),北京市面粉进货统计(1939.12),北京市布业主要商品消费状况(1939),北京市屠宰场牲畜屠宰统计(1939.12),北京市煤炭库存、进货统计(1939.12),北京及近郊日本在留人口统计(1939.12);4.第四次议员总会,杂务事项,寄赠书目
第 14 号 1940 年 2 月	1.物资统制、输出振兴:日本商工会议所意见书("关于调整物资配给统制机构的意见""关于振兴输出贸易紧急对策的意见");2.棉纱布防止投机方针警告,华北电业公司成立,1 月北京市场情况,公正价格表记制实施方案,经济警察委员会成立,1939 年北京重要商品行情回顾(二),(海关)汇价集中制免除目录;3.统计及资料:北京市各月批发物价指数(1939.5—1940.1),北京市 12 月各旬物价批发指数,北京市批发物价指数(1939.10—1940.1),北京市内零售物价指数(1939.12—1940.1),华人商店日用品零售价格(1940.1 中—1940.2 上),日本人商店日用品零售价格(1940.1 中—1940.2 上),华商批发物价(1940.1 中—1940.2 上),日商批发物价(1940.1 中—1940.2 上),土建材料价格(1940.1 中—1940.2 上),北京市输入粮食数量调查统计(1939.12),北京市粮食消耗量调查(1939.12),北京市粮食库存调查(1939.12),北京市煤炭库存、进货量调查(1939.12),北京市棉布批发状况(1939.8—1939.12),北京市调味料库存及价格表(1939.12),北京市杂货类库存及价格(1939.12),北京铁路管内各站货物发着统计(1940.1),北京附近各站货物到着统计(1940.1),北京及近郊在留日本人口统计(1939.12),北京市在留日本人职业统计(1940.1),各国人统计(1940.1),北京户口及人口统计(1940.1);4.杂务事项

续表

号次及发行日期	基本内容
第 15 号 1940 年 3 月	1.输出调整令修订,华北开发公司改组,中华民国面粉统税诸条例说明,北京三菱公司分店升级,关于西郊新街市土地租用问题;2.统计及资料:统计 1 月全中国海关税收,北京各月批发物价指数(1939.5—1940.2),北京 2 月各旬批发物价指数,北京市批发物价指数(1939.11—1940.2),北京市零售物价指数(1940.1—1940.2),华人商店日用品零售价格(1940.2 中—1940.3 上),日本人商店日用品零售价格(1940.2 中—1940.3 上),华商批发物价(1940.2 中—1940.3 上),日商批发物价(1940.2 中—1940.3 上),土建材料批发价格(1940.2 中—1940.3 上),北京市棉布批发行情(1939.9—1940.2),北京市布业主要产品消费状况(1939),北京市屠宰场宰牲量(1940.2),北京市煤炭库存、进货及消费量(1940.2),北京市燃料库存、进货、消费量及价格(1940.2),北京市食粮库存、进货、消费量及价格(1940.2),北京市调味品库存、进货、消费量及价格(1940.2),北京市鱼及肉类库存、进货、消费量及价格(1940.2),北京市被服类库存、进货、消费量及价格(1940.2),北京市杂货类库存、进货、消费量及价格(1940.2),主要城市劳动者佣金指数比较(1939.12),本年度到达北京无烟煤与去年比较(1940.2.15),北京及近郊在留日本人人口统计(1940.2);3.杂务事项
第 15 号 1940 年 3 月 25 日	华北地区小麦面粉供需情况——以京津地区为主的调查
第 16 号 1940 年 4 月	1.华北物价的变化与中国联合银行的业绩,天津海关输入货物主要注意事项;2.调查与统计天津港输出入统计,内地各商品最高价格确定,关于物品贩卖价格表示实施方的注意事项,北京日本料理店、旅馆各社团饮食及住宿费上涨,北京各月批发物价指数(1939.5—1940.3),北京市 3 月各旬批发物价指数,北京市批发物价指数(1939.12—1940.3),北京市内零售物价指数(1940.2—1940.3),北京市华商日用品零售价格(1940.3 中—1940.4 上),北京市日商日用品零售价格(1940.3 中—1940.4 上),北京市华商批发价格(1940.3 中—1940.4 上),北京市日商批发价格(1940.3 中—1940.4 上),土建材料批发价格(1940.3 中—1940.4 上),北京市棉布批发行情(1939.10—1940.3),北京市屠宰场宰牲数量(1940.3),北京市煤炭库存、进货及消费量(1940.3),北京市在留日本人人口(1940.4);3.杂务事项

号次及发行日期	基本内容
第 17 号 1940 年 5 月	1.关于北京的工业情况,华北六港海关金单位国币换算;2.调查与统计北京市各月物价批发指数(1939.5—1940.4),北京市 4 月批发物价指数,北京市批发物价指数(1940.1—1940.4),北京市内零售物价(1940.3—1940.4),北京市华商日用品零售物价(1940.4 中—1940.5 上),北京市日商日用品零售物价(1940.4 中—1940.5 上),北京市华商批发物价(1940.4 中—1940.5 上),北京市日商批发物价(1940.4 中—1940.5 上),土建材料批发价格(1940.4 中—1940.5 上),北京市棉布批发行情(1939.11—1940.4),北京市屠宰场宰牲统计(1940.4),北京市煤炭库存、进货及消费量(1940.4),北京市在留日本人人口统计(1940.5.1);3.杂务事项;4.警察署关于北京街市广告监管要点
第 18 号 1940 年 6 月	1.日元收付停止与大陆航渡限制,本地商卖许可制实施;2.华北棉纱布商社团成立及其分配的任务;3.调查与统计北京工业情况,北京日本人商业状况,北京各月批发物价指数(1939.5—1940.5),北京 5 月各旬批发物价指数,北京市批发物价指数(1940.2—1940.5),北京市内零售物价指数(1940.4—1940.5),石门市(今石家庄)各类批发物价指数(1940.1—1940.3),石门市各种零售物价指数(1940.1—1940.3),北京市华商日用品零售价格(1940.5 中—1940.6 上),北京市日商日用品零售价格(1940.5 中—1940.6 上),北京市华商批发物价(1940.5 中—1940.6 上),北京市日商批发物价(1940.5 中—1940.6 上),北京市土木建材批发价(1940.5 中—1940.6 上),北京棉布批发行情(1939.12—1940.5),北京市屠宰场屠牲统计(1940.5),北京市煤炭库存、入库及消费统计(1940.5),北京市在留日本人人口统计(1940.6.1),华北在留日本人人口统计(1940.5.1),北京大使馆警务部管下主要城市日本人户口比较(1940.5.1);3.杂务事项

号次及发行日期	基本内容
第 19 号 1940 年 7 月	1.告华北进出的日本商工业者书,关于设立按商品类别输入组织的意义,华北地区输出入分配调整纲要,华北小麦的收购分配调整,北京石油输入组织成立及其机构;2.调查与统计北京工业情况,北京日本人商业状态,华北各主要都市物价总指数(1934—1940.5),华北批发物价指数(1927—1940.5),天津工人生活费指数(1927—1940.5),北京市各月批发物价总指数(1939.5—1940.6),北京 6 月各旬批发物价指数,北京市批发物价指数(1940.3—1940.6),北京市零售物价指数(1940.5—1940.6),石门市各类商品批发物价指数(1940.1—1940.5),石门市各种商品零售物价指数(1940.1—1940.5),北京华商日用品零售物价(1940.6 中—1940.7 上),北京日商日用品零售物价(1940.6 中—1940.7 上),华商批发物价(1940.6 中—1940.7 上),日商批发物价(1940.6 中—1940.7 上),北京棉布批发行情(1940.1—1940.6),北京市屠宰场宰牲统计(1940.6),北京市煤炭库存、购入及消费统计(1940.6),北京市金块行情(1940.6),华北各地工人佣金及主要食品价格(1940.6.1);3.杂务事项
第 20 号 1940 年 8 月	1.社论:华北物价的跌落现象及今后的趋势;2.关于商标申请登记的心得、事务资金计划及实绩报告书记载上的注意,华北通货限制办法实施,暴利行为等监管规则公布,绢及绢纱布汇兑许可申请,北京吴服及洋杂货商同业组织规定;3.调查及统计华北的酱油酿造,北京工业情况,北京日本人商业情况,华北主要都市物价指数(1934—1940.7),华北批发物价指数(1927—1940.7),天津工人生活费指数(1927—1940.7),北京各月批发物价总指数(1939.5—1940.7),北京 7 月各旬批发物价指数,北京市批发物价指数(1940.4—1940.7),北京市零售物价指数(1940.6—1940.7),石门市各类商品批发物价指数(1940.1—1940.6),石门市各种商品零售物价指数(1940.1—1940.6),北京市日商批发物价(1940.7 中—1940.8 上),北京市华商批发物价(1940.7 中—1940.8 上),北京市日商日用品零售价(1940.7 中—1940.8 上),北京市华商日用品零售价(1940.7 中—1940.8 上),北京市棉布批发行情(1940.2—1940.7),北京市屠宰场宰牲统计(1940.7),北京市煤炭库存、购入及消费统计(1940.7),北京市金块行情(1940.7),北京市在留日本人职业统计(1940.7),北京市在留日本人人口统计(1940.8.1),北京市内在留各国人人口统计(1940.8.1),北京市内外华人户口及人口统计(1940.8.1);3.杂务事项

256

号次及发行日期	基本内容
第 21 号 1940 年 9 月	1.社论:输入配给组织成立的意义及指标；2.对满对华输入物资价格调整令概要,关于蒙疆的贸易统制及汇兑管理,日本内地对华北地区贸易外送费申请手续,天津日本面粉输入配给组织章程及业务规定,土木建筑工程监管规则公布,天津、青岛、芝罘输入组织一览表,关于经济团体新体制的纲要；3.调查与统计北京日本人商业状况,华北各主要都市物价总指数(1934—1940.8),华北批发物价指数(1927—1940.8),天津工人生活费指数(1927—1940.8),北京日本人生活费指数(1937.12—1940.8),北京各月批发物价总指数(1939.5—1940.8),北京 8 月各旬批发物价指数,北京市批发物价指数(1940.5—1940.8),北京市零售物价指数(1940.7—1940.8),石门市各类商品批发物价指数(1940.3—1940.8),石门市各种商品零售物价指数(1940.3—1940.8),北京日商批发物价(1940.8 中—1940.9 上),北京日商日用品零售物价(1940.8 中—1940.9 上),北京华商批发物价(1940.8 中—1940.9 上),北京华商日用品零售物价(1940.8 中—1940.9 上),北京市棉布批发行情(1940.8 中—1940.9 上),北京市屠宰场宰牲数(1940.8),北京市煤炭库存、购入、消费量(1940.8),北京市金块行情(1940.8),华北在留日本人人口统计(1940.9.1)；4.调查科业务事项(以后都有此项目)
第 22 号 1940 年 10 月	1.贸易调整恳谈会摘要,关于华中华北的实物交易,德国的战时物价政策,全中国对日输入机构一览表,9 月北京批发零售物价概况；2.统计及资料:北京工业概况,贸易外汇自由限度一览表,旅行携带金额限制一览表,北京日本人同业协会一览表,华北主要城市物价指数(1934—1940.9),华北批发物价指数(1927—1940.9),天津工人生活费指数(1927—1940.9),北京日本人生计费指数(1937.12—1940.9),北京各月批发物价指数(1939.5—1940.5),北京 9 月各旬批发物价指数,北京批发物价指数(1940.5—1940.9),北京零售物价指数(1940.8—1940.9),石门市各类商品批发物价指数(1940.4—1940.9),石门市各种商品零售物价指数(1940.4—1940.9),北京市日商批发物价表(1940.9 中—1940.10 上),北京市华商批发物价表(1940.9 中—1940.10 上),北京华商日用品零售物价(1940.9 中—1940.10 上),北京日商日用品零售物价(1940.9 中—1940.10 上),北京市棉布批发行情(1940.4 中—1940.9),北京市屠宰场宰牲数(1940.9),北京市煤炭库存、购入及消费量(1940.9),北京被服类库存、购入、消费量及价格表(1940.9),北京杂货类库存、购入、消费量及价格表(1940.9),北京市食材及调味品库存、购入、消费量及价格(1940.9),北京市金块行情(1940.9)；3.杂务事项,4.附:北京日本人同业组合一览表

257

号次及发行日期	基本内容
第23号 1940年11月	1.关于经济机构再编成方案,1937年以后的华北物价,华北日本商工会议所联合会总会议事摘要,关于中华民国商标法更改请愿的交涉,10月北京批发零售物价概况,天津杂货输入组织统制章程,输入组织开始运行;2.统计及资料:华北各主要城市物价总指数(1934—1940.10),华北批发物价指数(1927—1940.10),天津工人生活费指数(1927—1940.10),北京日本人生计费指数(1937.12—1940.10),北京各月批发物价总指数(1939.5—1940.10),北京10月各旬批发物价指数,北京批发物价指数(1940.6—1940.10),北京零售物价指数(1940.9—1940.10),北京日商批发物价(1940.10中—1940.11上),北京华商批发物价(1940.10中—1940.11上),北京日商日用品零售物价(1940.10中—1940.11上),北京华商日用品零售物价(1940.10中—1940.11上),石门市各类商品批发物价指数(1940.5—1940.10),石门市各种商品零售物价指数(1940.5—1940.10),各种车辆统计(1940.10.15),北京市棉布批发行情(1940.5—1940.10),北京市屠宰场宰牲数(1940.10),北京市煤炭库存、购入、消费量(1940.10),北京被服类库存、购入、消费量及价格表(1940.10),北京杂货类库存、购入、消费量及价格表(1940.10),北京市食材及调味品库存、购入、消费量及价格(1940.10),北京市金块行情(1940.10),北京在留日本人人口统计(1940.10);3.杂务事项;4.调查科业务事项
第24号 1940年12月	1.社论:对于华北在留日本商工业者的期望;2.年末日本社金融状况调查报告,华北交通小件行李的运费及其影响;3.日本商工会议所第十三次定期总会,东亚经济恳谈会第二次总会,调味品大量输入问题,华北商人商标申请登记办法;4.调查及统计:11月北京批发零售价格,北京土木建筑材料商品明细,北京机械工业组织会员名单,华北各主要都市物价总指数(1934—1940.11),华北批发物价指数(1927—1940.11),天津工人生活费指数(1927—1940.11),北京日本人生计费指数(1937.12—1940.11),北京各月批发物价总指数(1939.5—1940.11),北京11月各旬批发物价指数,北京批发物价指数(1940.7—1940.11),北京零售物价指数(1940.10—1940.11),石门市各类商品批发物价指数(1940.5—1940.11),石门市各种商品零售物价指数(1940.5—1940.11),北京日商批发物价(1940.11中—1940.12上),北京华商批发物价(1940.11中—1940.12上),北京日商日用品零售价(1940.11中—1940.12上),北京华商日用品零售价(1940.11中—1940.12上),北京市棉布行情(1940.6—1940.11),北京市屠宰场宰牲数(1940.11),北京煤炭库存、购入及消费量(1940.11),北京在留日本人人口统计(1940.11.1);5.杂务事项;6.调查科业务事项

号次及发行日期	基本内容
第 25 号 1941 年 1 月	1.社论:新体制运动的意义,1942 年华北经济界的展望;2.华北经济界的回顾与展望座谈会,日本商工会议所第十三次总会建议事项,军需轻工业原料统制及伴随的输出检查规定;3.调查与统计对日期待必需品物资一年间所要量调查,12 月北京批发零售价格,北京工业情况,华北各主要都市物价总指数(1934—1940.12),华北批发物价指数(1927—1940.12),天津工人生活费指数(1927—1940.12),北京日本人生计费指数(1937.12—1940.12),北京各月批发物价总指数(1939.5—1940.12),北京 12 月各旬批发物价指数,北京批发物价指数(1940.8—1940.12),北京零售物价指数(1940.11—1940.12),北京日商批发物价(1940.12),北京华商批发物价(1940.12),北京日商日用品零售价(1940.12),北京华商日用品零售价(1940.12),北京市棉布行情(1940.7—1940.12),北京市屠宰场宰牲数(1940.12),北京煤炭库存、购入及消费量(1940.12),北京市被服类库存、购入、消费量及价格(1940.11),北京市杂货库存、购入、消费量及价格(1940.11),北京市食材调料库存、购入、消费量及价格(1940.11);3.杂务事项;4.调查科业务
第 26 号 1941 年 2 月	1.1937 年 12 月以来北京日本人生计费的变化,华北交通运费平均上涨30%,首先上涨的物价;2.调查与统计对日期待物资一年间所需量调查报告,关于北京的工业情况,华北各主要都市物价总指数(1934—1941.1),华北批发物价指数(1927—1941.1),天津工人生活费指数(1927—1941.1),北京日本人生计费指数(1937.12—1941.1),北京各月批发物价总指数(1939.5—1941.1),北京 1 月各旬批发物价指数,北京批发物价指数(1940.9—1940.1),北京零售物价指数(1940.12—1941.1),北京日商批发物价(1941.1),北京华商批发物价(1941.1),北京日商日用品零售价(1941.1),北京华商日用品零售价(1941.1),北京市棉布行情(1940.8—1941.1),北京市屠宰场宰牲数(1941.1),北京煤炭库存、购入及消费量(1941.1),北京市被服类库存、购入、消费量及价格(1940.12),北京市杂货库存、购入、消费量及价格(1940.12),北京市食材调料库存、购入、消费量及价格(1940.12),3.杂务事项;4.调查科业务

续表

号次及发行日期	基本内容
第 27 号 1941 年 3 月	1.北京商工会议所第七次总会议事摘要,有关本地配给机构座谈会,第五次北京日华商工协会理事会议事摘要,关于北京劳务费组成;2.调查与统计北京对日依存品日商、华商间的差价,2 月北京零售批发价,北京工业情况,许可济物价品名表,关于华北向日本增送杂物,兴亚院华北联络部盐泽部长讲话,华北各月主要都市物价总指数(1934—1941.2),华北批发物价指数(1927—1941.2),天津工人生活费指数(1927—1941.2),北京日本人生计费指数(1937.12—1941.2),北京各月批发物价总指数(1939.7—1941.2),北京劳务费统计(1940.12),北京 2 月各旬批发物价指数,北京批发物价指数(1940.10—1941.2),北京零售物价指数(1941.1—1941.2),北京日商批发物价(1941.2),北京华商批发物价(1941.2),北京日商日用品零售价(1941.2),北京华商日用品零售价(1941.2),华北纤维组织北京最高贩卖价格表(1941.3),北京市棉布行情(1940.8—1941.2),北京市屠宰场宰牲数(1941.2),北京煤炭库存、购入及消费量(1941.2),北京市被服类库存、购入、消费量及价格(1941.1),北京市杂货库存、购入、消费量及价格(1941.1),北京市食材调料库存、购入、消费量及价格(1941.1);3.杂务事项;4.调查科业务
第 28 号 1941 年 4 月	1.社论:华北新经济体制的诸问题,北京日本人投资的基本分析;2.1940 年中国联合准备银行业绩,关于天津汇款申请的诸问题;3.调查与统计 3 月北京批发零售价,北京工业情况,日华旅费携带汇款新限度,华北各主要都市物价总指数(1934—1941.3),华北批发物价指数(1927—1941.3),天津工人生活费指数(1927—1941.3),北京日本人生计费指数(1937.12—1941.3),北京各月批发物价总指数(1939.5—1941.3),北京劳务费统计,北京 3 月各旬批发物价指数,北京批发物价指数(1940.11—1941.3),北京零售物价指数(1941.2—1941.3),北京日商批发物价(1941.3),北京华商批发物价(1941.3),北京日商日用品零售价(1941.3),北京华商日用品零售价(1941.3),华北纤维组织北京最高贩卖价格表(1941.3—4),北京市棉布行情(1940.9—1941.3),北京市屠宰场宰牲数(1941.3),北京煤炭库存、购入及消费量(1941.3),北京市被服类库存、购入、消费量及价格(1941.2),北京市杂货库存、购入、消费量及价格(1941.2),北京市食材调料库存、购入、消费量及价格(1941.2);4.杂务事项;5.调查科业务

号次及发行日期	基本内容
第 29 号 1941 年 5 月	1.社论:关于当下的务实精神;2.第二次本地配给机构整备订合会摘要,最近北京的劳动情况,关于华北蒙疆中国法人公司事变后资本异动问题,关于北京日商协会最高价格设定情况;3.调查与统计 4 月北京批发零售物价,华北各主要都市物价总指数(1934—1941.4),华北批发物价指数(1927—1941.4),天津工人生活费指数(1927—1941.4),北京日本人生计费指数(1938.6—1941.4),北京各月批发物价总指数(1939.5—1941.4),北京劳务费统计,北京 4 月各旬批发物价指数,北京批发物价指数(1940.12—1941.4),北京零售物价指数(1941.3—1941.4),北京日商批发物价(1941.4),北京华商批发物价(1941.4),北京日商日用品零售价(1941.4),北京华商日用品零售价(1941.4),北京市日本人口统计(1937.12—1941.3),华北纤维组织北京最高贩卖价格表(1941.4—5),北京市棉布行情(1940.10—1941.4),北京市屠宰场宰牲数(1941.4),本地银行券发行量(1940.3、1940.4、1940.12、1941.3、1941.4),北京煤炭库存、购入及消费量(1941.4),北京市被服类库存、购入、消费量及价格(1941.3),北京市杂货库存、购入、消费量及价格(1941.3),北京市食材调料库存、购入、消费量及价格(1941.3);4.杂务事项;5.调查科业务
第 30 号 1941 年 6 月	1.第九次议员总会议事录,1941 年度事业计划,北京走私对策座谈会摘录,转化期与华北现行同业组织的情况,食材、陶器、杂货类走私破损情况,北京对日依存品的日华商差价情况,1940 年事业报告纺织制品基准价格修正措施;2.调查与统计北京的工业情况,5 月北京零售批发物价,华北各主要都市物价总指数(1934—1941.5),华北批发物价指数(1927—1941.5),天津工人生活费指数(1927—1941.5),北京日本人生计费指数(1938.6—1941.5),北京各月批发物价总指数(1939.5—1941.5),北京劳务费统计,北京 5 月各旬批发物价指数,北京批发物价指数(1941.1—1941.5),北京零售物价指数(1941.4—1941.5),北京日商批发物价(1941.5),北京华商批发物价(1941.5),北京日商日用品零售价(1941.5),北京华商日用品零售价(1941.5),北京市日本人口统计(1937.12—1941.5),华北纤维组织北京最高贩卖价格表(1941.5—1941.6),北京市棉布行情(1940.11—1941.5),北京市屠宰场宰牲数(1941.5),天津外汇行情(1941.5),北京煤炭库存、购入及消费量(1941.5),北京市被服类库存、购入、消费量及价格(1941.4),北京市杂货库存、购入、消费量及价格(1941.4),北京市食材调料库存、购入、消费量及价格(1941.4);3.杂务事项;4.调查科业务

号次及发行日期	基本内容
第 31 号 1941 年 7 月	1.关于北京商工会议所章程修改及议员选举并选定细则更正,关于英美等国资金冻结措施,北京日本总领事馆告示,华北中小工业诸问题,华北劳动力诸问题,6 月北京批发零售价格、军管工场返还;2.调查与统计华北各主要都市物价总指数(1934—1941.6),华北批发物价指数(1927—1941.6),天津工人生活费指数(1927—1941.6),北京日本人生计费指数(1938.6—1941.6),北京各月批发物价总指数(1939.5—1941.6),北京劳务费统计,北京 6 月各旬批发物价指数,北京批发物价指数(1941.2—1941.6),北京零售物价指数(1941.5—1941.6),北京日商批发物价(1941.6),北京华商批发物价(1941.6),北京日商日用品零售价(1941.6),北京华商日用品零售价(1941.6),北京市日本人口统计(1937.12—1941.6),华北纤维组织北京最高贩卖价格表(1941.6—1941.7),北京市棉布行情(1940.12—1941.6),北京市屠宰场宰牲数(1941.6),天津外汇行情(1941.6),北京煤炭库存、购入及消费量(1941.6),北京市被服类库存、购入、消费量及价格(1941.5),北京市杂货库存、购入、消费量及价格(1941.5),北京市食材调料库存、购入、消费量及价格(1941.5);3.杂务事项
第 32 号 1941 年 8 月	1.社论:华北经济发展的回顾;2.东亚经济恳谈会华北本部组织官民经济恳谈会议事摘录,华北的中小工商业诸问题,关于华北的公债消化计划,华北劳动力诸问题,资产冻结与英美商店价格变动情况,关于北京对日依存品中日商人差价问题,九一八价格与新公定价格状况,7 月北京批发零售价格,从日满鲜出发输入货物通关改正方法利用铁路由山海关经由华北通关改正方法;3.调查与统计华北各主要都市物价总指数(1934—1941.7),华北批发物价指数(1927—1941.7),天津工人生活费指数(1927—1941.7),北京日本人生计费指数(1938.6—1941.7),北京各月批发物价总指数(1939.5—1941.7),北京劳务费统计(1941.7),北京 7 月各旬批发物价指数,北京批发物价指数(1941.3—1941.7),北京零售物价指数(1941.6—1941.7),北京日商批发物价(1941.7),天津、上海汇兑行情(1941.7),北京华商批发物价(1941.7),北京日商日用品零售价(1941.7),北京华商日用品零售价(1941.7),北京市日本人口统计(1937.12—1941.7),北京市棉纱布标准品平均行情(1941.7),唐山市场行情(1941.6),北京市屠宰场宰牲数(1941.5.6),北京煤炭库存、购入及消费量(1941.7),北京市被服类库存、购入、消费量及价格(1941.6),北京市杂货库存、购入、消费量及价格(1941.6),北京市食材调料库存、购入、消费量及价格(1941.6);4.本所录事(役员会事宜),事务局各科日志

号次及发行日期	基本内容
第 33 号 1941 年 9 月	1.会议所机构特别调整,议事选举情况,商工访学团记事,杂务局记事(含事务科业务科协调科调查科会计科日志),各行业组织记录,关系馆令及告示,有关商业交易的照会,杂务(收发文书及印刷物、证明事项、本所会议室利用情况、寄赠及购买书目、中国有关合办公司的适用法律); 2.北京市日用品零售价调查
第 34 号 1941 年 10 月	商工会议所问题的具体解决,本地统制行业组织的一个事例(用以说明如何组织行业统制组织),本所记录(议员会情况、法人会记录),事务局日志,行业组织记录,有关商业交易的照会,杂务(收发文书及印刷物、本所会议室利用情况、寄赠及购买书目),北京市日用品零售价调查
第 35 号 1941 年 11 月	关于第三次治安强化运动与兴亚产业展览会,内外的紧张局势与华北工商业者的觉悟,本所记录(法人会记录、部会记录,对日本银行总裁一行欢迎恳谈会及晚宴记录),事务局日志,行业组织记录,有关商业交易的照会,杂务(收发文书及印刷物、本所会议室利用情况、寄赠及购买书目),北京市日用品零售价调查
第 36 号 1941 年 12 月	1.大东亚战争与华北业界指导的新方向,向必胜一起突进;2.日本商工会议所的新活动方针,兴亚产业振兴展览会报告,所址建成仪式;3.本所记录,事务局日志
第 37 号 1942 年 1 月	1.社论:以捷报之春为题,关于工业方面联合协力,大东亚战争与中日经纪人的决心,临时华北经济恳谈会宣言;2.第十二次定期议员总会记录
第 38 号 1942 年 2 月	1.临时金融部会令人瞩目的成果,星港陷落庆祝宣言;2.紧急议员会、第二次同联理事会、商业部会记录,关于北京中日协会新行动,关于北京日本同业行会的动态,第二十八次法人会;3.北京日本商工会议所 1942 年度调查实施计划、1 月物价;4.事务局日志,关于中华民国商标注册证整理办法时间截止的文件,收发文书,寄赠书目
第 40 号(含第 39 号)1942 年 3 月、4 月	1.(汪伪)国民政府迁都两周年纪念及华北经济的去路;2.本地生产力扩张及日本人业界的对应制度,腌制品统制有限公司的机构及特色,第二十九(紧急)、三十次法人会、北京同业组织联合会规章及一览表,第二、三次工业部会;3.北京日用品零售价;4.华北时局与勤俭增产
第 41 号 1942 年 5 月	1.社论:华北经济的一元一体性;2.1942 年事业计划,3.北京证件交换所规定,北京同业组织联合会总会第二次议事记录,北京日用品零售价格

号次及发行日期	基本内容
第 42 号 1942 年 6 月	1.社论:物价对策推进的根本要求;2.第 34、35 次法人会记录;3.当局谈华北物价紧急对策纲领,合理设定商品价格表,北京日华商工协会会议记录,1941 年度北京商工会议所事业成绩报告书,北京同业组织联合会第三次议事记录,最近山海关通关事项,保税仓库设定希望理由书,第十三、十四次议员总会议事记录
第 43 号 1942 年 7 月	配给机构调整与北京业界、日本从业者协力推进物价对策;北京同业组织增减一览,北京日用品零售价;旧报纸回收捐献运动(给当地部队);北京票据交换总结算(1942.6.30)、事务局日志(1942.6);大东亚博览会商工振兴馆设置准备情况
第 44 号 1942 年 8 月	物价紧急对策与今后的动向;经济协商业会议所设置纲要,第三十六、三十七次法人会,临时商业部会,北京同联理事会情况;北京日用品零售价,北京配给制机构整备推进方案;第十四次议员总会议事记录,事务局日志
第 45 号 1942 年 9 月	第五次治安强化运动与华北经济界的使命,北京日用品零售价格 9 月 7 日以来商工会议所召开经济统制机构调整对策委员会议及会议记录
第 46 号 1942 年 10 月	关于华北经济面对的问题,华北中央物价协力会议纲要,华北中央物价协力会议章程中央物价协力会议议员名单,北京地区第一次日华联络会记录,第三十八次法人会议事记录,防空措施,事务局日志;北京日用品零售价
第 47 号 1942 年 11 月	华北物价的现阶段及物价对策;华北中央协力会议议题纲要,北京地区物价协力会第一次常议员会;北京日用品零售价,事务局日志
第 48 号 1942 年 12 月	拜谒神宫;经济协商业会议所事务概要,北京商工报国联盟设立纲要及章程,北京工业联合会设立纲要及章程,北京同业组织联合会第五次总会纲要,第四十次法人会
第 49 号 1943 年 1 月	关于日华关系的新进展及在华日本商工业者协力体制,北京商工报国联盟青年队队规,事务局日志,第四十一次法人会,第五次治安强化运动与北京地区同业组织的近况,北京日用品零售价
第 50 号 1943 年 2 月	中野会长在华北日本商工会议所临时恳谈会上的致辞,在华北日本商工会议所临时恳谈会记录;华中视察记录,北京日用品零售价;第四十二次法人会,议员调动公示,事务局日志
第 51 号 1943 年 3 月	告华北在留日本人诸位书;华中视察记录,北京日用品零售价,第四十三次法人会,事务局日志,杂务日志

号次及发行日期	基本内容
第 52 号 1943 年 4 月	第十五次议员总会议事记录,经济协商业会议所概况,1943 年北京商工会议所经费收支预算,北京日用品零售价,杂务日志
第 53 号 1943 年 5 月	新形势下商工会议所的任务;第十六次议员总会议事记录,保税输送恳谈会(1943.5.31);1943 年事业计划大纲,北京商工报国运动实施计划,第四十四次法人会议事记录,事务局日志,杂务日志;北京日用品零售价
第 54 号 1943 年 6 月	关于战时财政与确保对日物资低价问题,北京日用品零售价,华北各省市食粮采运社资金垫付办法,事务局日志,杂务日志
第 55 号 1943 年 7 月	第四十五次法人会议事,第九次满鲜支商工会议所理事会出席记,华北各省市食粮采集社支付输送交易费办法,事务局日志,食粮管理局麻袋使用管理办法,北京日用品零售价,杂务日志
第 56 号 1943 年 8 月	第十七次议员总会议事记录,官选及选定新议员北京商工会议所规定及关系细则,北京日用品零售价,经济协商业会议所业务概况,经济协商业会议所一年回顾,第四十六次法人会议议事记录,治外法权撤销与工业所有权问题,青岛出差记,事务局日志,杂务日志
第 57 号 1943 年 9 月	后方战斗力的集结与业界的新使命,第十八次议员总会议议事记录,第四十七次法人会会议议事记录,事务局人事调整,1942 年北京商工会议所经费收支决算;事务局储蓄组织规定,北京日用品零售价,经济协商业会议所业务概况,事务局日志,杂务日志
第 58 号 1943 年 10 月	第四十九次临时法人会议议事记录,第一次通报课税恳谈会,事务局职员从业心得,事务局日志,杂务日志,北京日用品零售价
第 59、60 号合并号 1943 年 11 月	写于大东亚战争三年之际华北产业科学研究所视察记,关于最近物资被盗损失问题,在华日本人生活必需物资临时配给统制规则发布,关于缴纳印花税问题,事务局日志、杂务日志、会员调动情况,关于敌国商标专用权处理问题,北京日用品零售价
第 61 号 1943 年 12 月	关于新价格制度,北京日用品零售价,事务局日志,杂务日志经济协商业会议所业务概况,会员议员调整

参考文献

一 档案

日本亚洲历史资料中心国立公文书馆、外务省外交史料馆藏档案

『在外邦人商業(商工) 会議所関係雑件』第 1—4 卷

『本邦商業会議所関係雑件/在外邦人商業団体調査』第 2 卷

『本邦商業会議所関係雑件/在支ノ部』

『在支那本邦人商業会議所連合会関係一件』第 1、2 卷

二 资料集等

陈灿编著，王孝通增订《中国商业史》，商务印书馆，1938。

李茂杰主编《伪满洲国政府公报全编》，线装书局，2009。

辽宁省档案馆、辽宁社会科学院编《"九·一八事变"前后的日本与中国东北——满铁密档选编》，辽宁人民出版社，1991。

刘仁：《日寇开发华北的阴谋》，黎明书局，1938。

日本防卫厅战史室编纂《日本军国主义侵华资料长编——〈大本营陆军部〉摘译》，天津市政协编译委员会译校，四川人民出版社，1987。

王铁崖编《中外旧约章汇编》第 1—3 册，三联书店，1957、1959、1962。

杨端六、侯厚培等：《六十五年来中国国际贸易统计》，《国立中央研究院社会科学研究所专刊》第 4 号，1931 年。

中国国民经济研究所编《日本对沪投资》，商务印书馆，1937。

萩原昌彦『奉天經濟十年誌』奉天商业會議所、1918。

商業會議所聯合會編『日本商業會議所之過去及現在』商業會議所聯合會、1924。

大連商業會議所編『大連商業會議所事務報告』、1917、1918、1921、1925。

安東商工會議所『安東商工會議所事務報告』、1929—1931。

上海居留民団編『昭和七年上海事変誌』上海居留民団、1933。

小穴毅訳編『戦争経済と商工會議所』商工行政社、1939。

佐佐木孝三郎編『奉天經濟三十年史』奉天商工公會、1940。

香港日本商業會議所編『香港年鑑』、1941。

外務省編『日本外交文書』日本国際連合協会、1959—2000。

三　报刊

《大公报》《东方杂志》《民国日报》《钱业月报》《申报》

『満州日日新聞』『奉天商業會議所月報』『奉天經濟旬報』『奉天商工月報』『奉天商工公會月報』『北京日本商工會議所報』『上海日本商工會議所所報』『台北商工會議所所報』『金曜会』『香港日本商工會議所月報』『臺灣日日新報』

四　论著

〔日〕滨下武志：《近代中国的国际契机——朝贡贸易体系与近代亚洲经济圈》，朱荫贵、欧阳菲译，中国社会科学出版社，2004。

〔日〕滨下武志.《香港大视野——亚洲网络中心》，商务印书馆（香港）有限公司，1997。

〔日〕草柳大藏：《满铁调查部内幕》，刘耀武等译，黑龙江人民出版社，1982。

　　陈小冲：《日本殖民统治台湾五十年史》，社会科学文献出版社，2005。

　　陈小冲：《日据时期台湾与大陆关系史研究（1895—1945）》，九州出版社，2013。

　　东亚同文会编《对华回忆录》，胡锡年译，商务印书馆，1959。

　　杜恂诚：《日本在近代中国的投资》，上海社会科学院出版社，2019。

　　〔英〕菲利浦·约瑟夫：《列强对华外交（1894—1900）——对华政治经济关系的研究》，胡滨译，商务印书馆，1959。

　　费驰：《清代中国东北商埠研究》，吉林文史出版社，2012。

　　〔日〕服部卓四郎：《大东亚战争全史》，张玉祥等译，世界知识出版社，2016。

　　〔日〕高纲博文、陈祖恩主编《日本侨民在上海（1870—1945）》，上海辞书出版社，2000。

　　〔美〕何保山：《台湾的经济发展（1860—1970）》，上海市政协编译工作委员会译，上海译文出版社，1981。

　　胡赤军：《近代中国东北经济开发的国际背景（1896—1931）》，商务印书馆，2011。

　　黄福才：《台湾商业史》，江西人民出版社，1990。

　　霍启昌：《香港与近代中国》，商务印书馆（香港）有限公司，1992。

　　居之芬主编《日本对华北经济的掠夺和统制——华北沦陷区经济资料选编》，北京出版社，1995。

　　〔日〕井上清、铃木正四：《日本近代史》，杨辉译，商务印书馆，1959。

　　孔经纬主编《清代东北地区经济史》，黑龙江人民出版社，1990。

　　〔美〕雷麦：《外人在华投资》，蒋学楷、赵康节译，商务印书馆，1959。

　　雷鸣：《日本战时统制经济研究》，人民出版社，2007。

　　林友兰：《香港史话》，香港上海印书局，1978。

　　连横：《台湾通史》，商务印书馆，1996。

　　刘克祥、吴太昌主编《中国近代经济史（1927—1937）》，人民出版社，2010。

刘培华：《近代中外关系史》，北京大学出版社，1986。

马敏主编《中国近代商会通史》（1—4卷），社会科学文献出版社，2015。

〔日〕满史会：《满洲开发四十年史》，东北沦陷十四年史辽宁编写组译，东北师范大学出版社，1988。

米庆余：《近代日本的东亚战略和政策》，人民出版社，2007。

米庆余：《日本近代外交史》，南开大学出版社，1988。

庞宝庆：《近代日本金融政策史稿》，吉林大学出版社，2010。

漆树芬：《经济侵略下之中国》，三联书店，1954。

〔日〕石井宽治：《日本的对外战略（1853—1937年）：帝国主义思想的演变》，周见、周亮亮译，社会科学文献出版社，2018。

〔苏〕斯拉德科夫斯基：《中国对外经济关系简史》，郗藩封等译，财政经济出版社，1956。

宋志勇、田庆立：《日本近现代对华关系史》，世界知识出版社，2010。

苏崇民：《满铁史》，中华书局，1990。

孙玉琴：《中国对外贸易史》，对外经济贸易大学出版社，2004。

滕利贵：《伪满经济统治》，吉林教育出版社，1992。

汪敬虞主编《中国近代经济史（1895—1927）》，人民出版社，2000。

王赓武主编《香港史新编》，三联书店（香港）有限公司，1997。

王力：《政府情报与近代日本对华经济扩张》，中国人民大学出版社，2013。

王希亮：《近代中国东北日本人早期活动研究》，社会科学文献出版社，2017。

王晓秋：《近代中日关系史研究》，中国社会科学出版社，1997。

王芸生编著《六十年来中国与日本》，三联书店，1980。

吴密察：《台湾近代史研究》，台北，稻乡出版社，1990。

吴松弟主编《中国百年经济拼图——港口城市及其腹地与中国现代化》，山东画报出版社，2006。

〔日〕武田晴人：《财阀的时代》，王广涛译，社会科学文献出版社，2021。

解学诗：《评满铁调查部》，人民出版社，2015。

解学诗：《伪满洲国史新编》，人民出版社，1995。

徐建生：《民国时期经济政策的沿袭与变异（1912—1937）》，福建人民出版社，2006。

徐雪筠等译编，张仲礼校订《上海近代社会经济发展概况（1882—1931）——〈海关十年报告〉译编》，上海社会科学院出版社，1985。

许金生：《近代日本对华军事谍报体系研究（1868—1937）》，复旦大学出版社，2015。

严中平主编《中国近代经济史（1840—1894）》，人民出版社，1989。

杨栋梁：《日本近现代经济史》，世界知识出版社，2010。

余绳武、刘存宽主编《十九世纪的香港》，中华书局，1994。

虞和平：《商会与早期中国现代化》，上海人民出版社，1993。

臧运祜：《近代日本亚太政策的演变》，北京大学出版社，2009。

翟新：《近代以来日本民间涉外活动研究》，中国社会科学出版社，2006。

章开沅主编《比较中的审视：中国早期现代化研究》，浙江人民出版社，1993。

张晓辉：《香港近代经济史（1840—1949）》，广东人民出版社，2001。

张晓辉：《香港与近代中国对外贸易》，中国华侨出版社，2000。

郑友揆：《中国的对外贸易和工业发展（1840—1948年）》，程麟苏译，蒋学桢、汪熙校，上海社会科学院出版社，1984。

中国社会科学院近代史研究所编《日本侵华七十年史》，中国社会科学出版社，1992。

朱荫贵、戴鞍钢主编《近代中国：经济与社会研究》，复旦大学出版社，2006。

　　朱英：《转型时期的社会与国家——以近代商会为主体的历史透
视》，华中师范大学出版社，1997。

　　吉田松陰著、安藤紀一訓註『訓注吉田松陰先生幽囚錄』山口県
教育會、1933 年。

　　南滿洲鐵道株式會社産業部編『滿洲国に於ける商工團體の法制
的地位——在滿邦人商工會議所及び滿人商會に就て』南滿洲鐵道株
式會社、1937 年。

　　入江寅次『邦人海外發展史』井田書店、1942 年。

　　大藏省管理局編『日本人の海外活動に關する歷史的調査』大藏
省管理局、1943 年。

　　許世楷『日本統治下の台湾』東京大学出版会、1972 年。

　　西村成雄『中国近代東北地域史研究』法律文化出版社、1984 年。

　　角山栄編著『日本領事報告の研究』同文館出版、1986 年。

　　金子文夫『近代日本における対満州投資の研究』近藤出版社、
1991 年。

　　疋田康行編著『南方共栄圏：戦時日本の東南アジア経済支配』
多賀出版株式会社、1995 年。

　　波形昭一『近代アジアの日本人経済団体』同文館出版、1997 年。

　　柳沢遊『日本人の植民地経験：大連日本人商工業者の歴史』青
木書店、1999 年。

　　曽田三郎編著『近代中国と日本：提携と敵対の半世紀』御茶の
水書房、2001 年。

　　塚瀬進『満洲の日本人』吉川弘文館、2004 年。

　　柳沢遊『戦時下アジアの経済団体』日本経済評論社、2004 年。

　　上田貴子『奉天の近代：移民社会における商会・企業・善堂』
京都大学学術出版会、2018 年。

五 论文

费驰、孟二壮：《近代在华日本商业会议所对中国经济调查研究》，《史学集刊》2022 年第 4 期。

费驰：《"在华日本人商业会议所联合会"相关"山东问题"的"极密"议案研究》，《东北师大学报》2019 年第 5 期。

李湘、张仲礼：《1905—1937 年中国人民抵货运动对棉纺织品市场的影响》，《商业研究》1963 年第 3 期。

李淑娟、王希亮：《从染指渗透到聚积强势——以九一八事变前中国东北的日本人流为中心》，《史学月刊》2015 年第 6 期。

刘会军：《关于中国近代社会发展的几个问题》，《史学集刊》1996 年第 3 期。

陆伟：《日本在沪资产阶级与一二八事变——九一八事变前后的上海商工会议所》，《上海党史与党建》1997 年第 4 期。

王建朗：《日本与国民政府的"革命外交"：对关税自主交涉的考察》，《历史研究》2002 年第 4 期。

王耀振：《在华日本商业会议所对抵制日货运动的因应（1915—1923）》，《日本侵华南京大屠杀研究》2021 年第 4 期。

薛子奇、周彦：《海外雄飞论——日本"大陆政策"的思想渊源》，《北方论丛》1997 年第 1 期。

张传宇：《广东日本商工会议所的制度创设与人事构成探析》，《抗日战争研究》2016 年第 4 期。

张传宇：《抗战与华南日本经济团体的蜕变》，《暨南学报》2018 年第 4 期。

赵铁锁：《日本殖民者对台湾的经济掠夺》，《台湾研究》1999 年第 1 期。

郑成林：《1927—1936 年国民政府与商会关系述论》，《近代史研究》2003 年第 3 期。

周启乾：《第一次世界大战与日本经济》，《历史教学》1994 年第 9 期。

朱英：《近代中国商会的"联动"机制及其影响》，《史学集刊》2016 年第 3 期。

朱英：《近代中外商会比较研究》，《华中师范大学学报》（哲学社会科学版）1990 年第 5 期。

董瑞军：《近代东北商会研究（1903—1931）》，博士学位论文，吉林大学，2013。

韩笑：《近代大连日本商业会议所研究》，硕士学位论文，东北师范大学，2019。

卢仕豪：《奉天日本商业会议所研究》，硕士学位论文，东北师范大学，2020。

孟二壮：《近代中国东北地区日本商业会议所研究》，博士学位论文，东北师范大学，2021。

任润元：《伪满时期齐齐哈尔日本人经济团体研究》，硕士学位论文，东北师范大学，2021。

万鲁建： 《近代天津日本侨民研究》，博士学位论文，南开大学，2010。

村井幸恵「上海事変と日本人商工業者」近代日本研究会編『政党内閣の成立と崩壊』山川出版社、1984 年。

山村睦夫「満州事変期における上海在留日本資本と排日運動——上海日本商工会議所を中心に」『和光経済』第 20 巻第 2、3 号、1988 年。

飯島渉「戦前期日本人商業会議所(中国) 及び国内主要商業会議所中国関係出版物目録(稿) 」『参考書誌研究』第 42 号、1992 年 11 月。

飯島渉「『商業会議所資料』について——『商業会議所資料』の利用と中国近代史研究」『中国近代史研究』第 7 集、1992 年。

柳沢遊「在『満洲』日本人商工業者の衰退過程：1921 年大連商業会議所会員分析」『三田学会雑誌』第 1 号、1999 年。

須永徳武「植民地期台湾の商工会議所と植民地性」『アジア太平洋討究』第 22 号、2014 年。

陳來幸『中国近代における商会の研究』博士学位論文、神戸大学文学部、2002 年。

池田健雄『華北占領地居留民社会の研究：太原・石家庄・済南と北京・天津・青島の特別市』博士学位論文、千葉大学文学部、2016 年。

图书在版编目（CIP）数据

近代在华日本商业会议所对中国的调查 / 费驰著.
北京：社会科学文献出版社，2025.3. -- ISBN 978-7
-5228-5076-4

Ⅰ. K250.7

中国国家版本馆 CIP 数据核字第 20257ZZ317 号

近代在华日本商业会议所对中国的调查

著　　者／费　驰

出 版 人／冀祥德
责任编辑／邵璐璐
文稿编辑／徐　花
责任印制／岳　阳

出　　版／社会科学文献出版社·历史学分社（010）59367256
　　　　　地址：北京市北三环中路甲 29 号院华龙大厦　邮编：100029
　　　　　网址：www.ssap.com.cn
发　　行／社会科学文献出版社（010）59367028
印　　装／三河市龙林印务有限公司

规　　格／开　本：787mm×1092mm　1/16
　　　　　印　张：17.5　字　数：251 千字
版　　次／2025 年 3 月第 1 版　2025 年 3 月第 1 次印刷
书　　号／ISBN 978-7-5228-5076-4
定　　价／98.00 元

读者服务电话：4008918866